横浜近代史研究会
横浜開港資料館 ……編

横浜近郊の近代史

橘樹郡にみる都市化・工業化

日本経済評論社

「神奈川県橘樹郡農政要覧」(1916 年)

目次

序　章

大豆生田　稔

第一節　橘樹郡研究会の発足と活動

本書は、近代の神奈川県旧橘樹《たちばな》郡地方を対象として、横浜開港資料館に組織された横浜近代史研究会の研究成果をまとめた論文集である。横浜開港資料館は一九八一年の開館以来、館内の調査研究員と館外の研究者とにより、いくつかの共同研究を組織してきたが、この横浜近代史研究会もそうした研究会のひとつである。本研究会は、横浜の近代を特徴づける貿易や都市形成、地方政治などをテーマに研究を続けており、これまでその成果として、『横浜近代経済史研究』（一九八九年）、『近代横浜の政治と経済』（一九九三年）、『横浜の近代』（一九九七年）の三編の論文集を刊行してきた。また本研究会は論文集の刊行のほか、調査研究・展示・出版など横浜開港資料館の多彩な活動を支えるため、研究成果や基礎資料などを提供してきた。

この横浜近代史研究会のなかに一九九八年六月、小研究会として「橘樹郡研究会」（以下、研究会）が発足した。研

表0－1　橘樹郡研究会報告一覧

年月日	報告者	報告題目
1998.6.6	大豆生田稔	横浜近代史研究会小部会の発足について
	吉良芳恵	橘樹郡研究のテーマについて
	平野正裕	橘樹郡の史料状況について
1998.8.22	羽田博昭	橘樹郡に関する郷土誌・自治体史について
	平野正裕	旧橘樹郡関係の史料状況について①
	西川武臣	横浜開港資料館での橘樹郡及び横浜市街地に関する調査・研究事業について
1998.12.12		川崎市市民ミュージアム調査
1999.2.12	大豆生田稔	川崎市市民ミュージアムの史料調査報告
	平野正裕	旧橘樹郡関係の史料状況について②
	佐藤孝	『佐久間権蔵日記』（明治16年）の翻刻から
1999.4.24	大豆生田稔	農業技術の普及と農会組織の形成
	吉良芳恵	明治43年の佐久間権蔵・飯田助夫日記について
	平野正裕	旧橘樹郡関係の史料状況について③
2000.1.8	中村尚史	日露戦後期における横浜電気と富士瓦斯紡績
2000.3.11	老川慶喜	橘樹郡における「電力戦」と電力会社
2000.6.3	大西比呂志	日記にみる飯田助夫の選挙活動—横浜市域編入前後の大綱村と橘樹郡
2000.7.26	八田恵子	恐慌期横浜近郊の農村問題
2001.3.3	平野正裕	富士瓦斯紡績保土ヶ谷工場と第一次大戦下の労働者対策
	松本洋幸	大正期における郡政の展開—市村慶三・郡長時代を中心に
2001.9.1	柴田善雅	七十四銀行と横浜貯蓄銀行の破綻と整理
2001.10.27	百瀬敏夫	桃産地形成と園芸組合—綱島果樹園芸組合を事例として
2001.11.24	本宮一男	大正後期における大綱村と道路問題
2001.12.8	吉良芳恵	横浜市の屎尿処理問題について

究会は、戦前期に数次にわたる拡張で近郊農村地域を市域に取り込んできた横浜の都市形成を考える場合、こうした周辺地域に展開する諸問題を具体的に検討することがきわめて有効であると認識し、それらを総合的に研究することを目的とする。旧橘樹郡域は、口絵に示したように横浜や川崎の市街地に近接し、その背後には農村地帯が広がっていた。これは現在の川崎市と横浜市鶴見区のほぼ全域と、横浜市港北区・神奈川区の東横線沿いから保土ヶ谷方面にいたる地域にあたる。この橘樹郡では、その南部において日露戦後期から本格的に工業地帯や市街地の形成がはじまったが、北部にもその影響は多様な形でおよんでいった。同郡域の政治や産業の特質、都市化の進

展とその影響の過程を具体的に検討することは、横浜の都市形成を解明するうえできわめて重要であることはいうまでもない。

この研究会が発足する頃には、横浜開港資料館による資料調査・収集と整理作業がすすみ、「関口家文書」「飯田家文書」「池谷家文書」「佐久間家文書」「添田家文書」「椎橋家文書」「鈴木家文書」など旧橘樹郡地域の旧家の文書の利用が可能となったほか、「飯田助夫日記」「佐久間権蔵日記」など名望家たちの日記を解読する基礎作業も進捗していた。この地域の総合的な研究を深める条件は、かなり整っていたのである。

研究会はまず、資料をさらに調査・収集するため、旧橘樹郡内に残る原資料の調査を続行した。調査・確認された資料は、マイクロフィルム撮影などによって収集され、開港資料館に収められた。さらにこうした調査によって収集した資料のうちから、基礎的なものとして二つの長期にわたる日記を翻刻した。橘樹郡大綱村北綱島（以下、地名は便宜上すべて行政村と大字を併記する）の飯田助夫による「飯田助夫日記」、および同郡生見尾村（のち鶴見町）鶴見の佐久間権蔵による「佐久間権蔵日記」であり、横浜開港資料館では『佐久間権蔵日記』を一九九八年度から刊行している。

また研究会はほぼ隔月、開港資料館で例会を開催して参加者による研究報告を重ねた。会員は当初二五名で、それぞれ最低一回、各自テーマを設定して報告した（表0－1）。これらの報告が、本書に収めた諸論文のベースとなっている。なお、こうした研究会の資料調査・収集や研究の成果は、横浜開港資料館の企画展示「橘樹郡役所ものがたり――都市近郊農村の半世紀 1878～1938」（二〇〇二年一月三〇日～四月二一日）などにも生かされた。

第二節　人口動態からみた橘樹郡の変貌

本書に収められた一〇編の論文は、それぞれ独自の問題関心によって作成されたものであり、時期も一八九〇年代から一九三〇年代におよぶ。しかしこの間、橘樹郡は、都市化・工業化の核になる京浜地区をその一角において人口が増加した。またそれに隣接する内陸の農村地帯も、宅地化がすすんだり労働力の流出が本格化するなど、都市化の多様な影響をうけたことはいうまでもない。本書の多くの論文は、京浜地区の都市化とその地域社会への多様な影響を明らかにするという、基本的な問題関心を共有している。

そこで、この間の都市化の一端を、人口の推移により概観しよう。一八九〇年代以降の神奈川県および橘樹郡域の人口の推移を示した図０‐１によれば、県下の現住人口は、三多摩地方が神奈川県から東京府に移管された一八九三（明治二六）年に減じたのち、ゆるやかに増加していった。その増加傾向は一九二〇（大正九）年頃まではほぼ一定であったが、二三年の関東大震災をはさんで、二〇年代後半からは顕著になっている。また現住人口が本籍人口を常に上回っているが、その傾向は二〇年代後半に一層明瞭になっている。これは、県内での人口移動や県外から県内への人口流入が継続したことを示すものであろう。

一方、橘樹郡の人口の変化はさらに変化にともむものであった。ただし、橘樹郡はこの間、横浜市への市域編入、および川崎町・大師町・御幸村の合併・市制施行と川崎市への編入が続いて、郡域を逐次縮小していった。図０‐２の不連続な人口の減少は、郡域の縮小によるものである。郡域の変化を図０‐３によってみると、まず一九〇一年には神奈川町が、一一年には子安村と保土ヶ谷町それぞれの一部が横浜市に編入され、また二四年からは川崎町他二町村が市制を施行して郡域が縮小した。とくに二七年には大規模な合併があり、まず横浜市が大幅に市域を拡張して、橘

図0-1 神奈川県の人口の推移

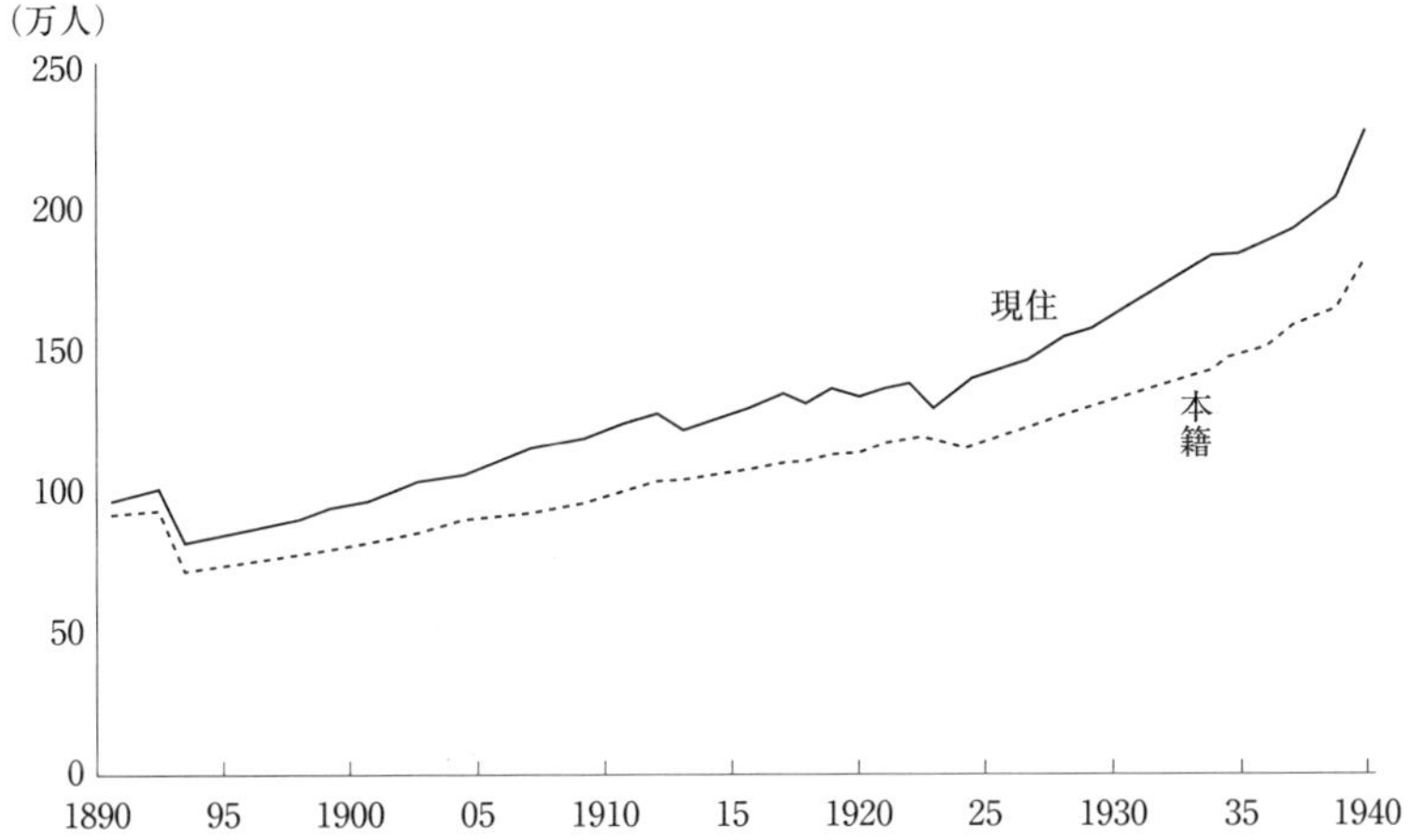

出典：『神奈川県統計書』各年次.

図0-2 橘樹郡の現住人口・本籍人口

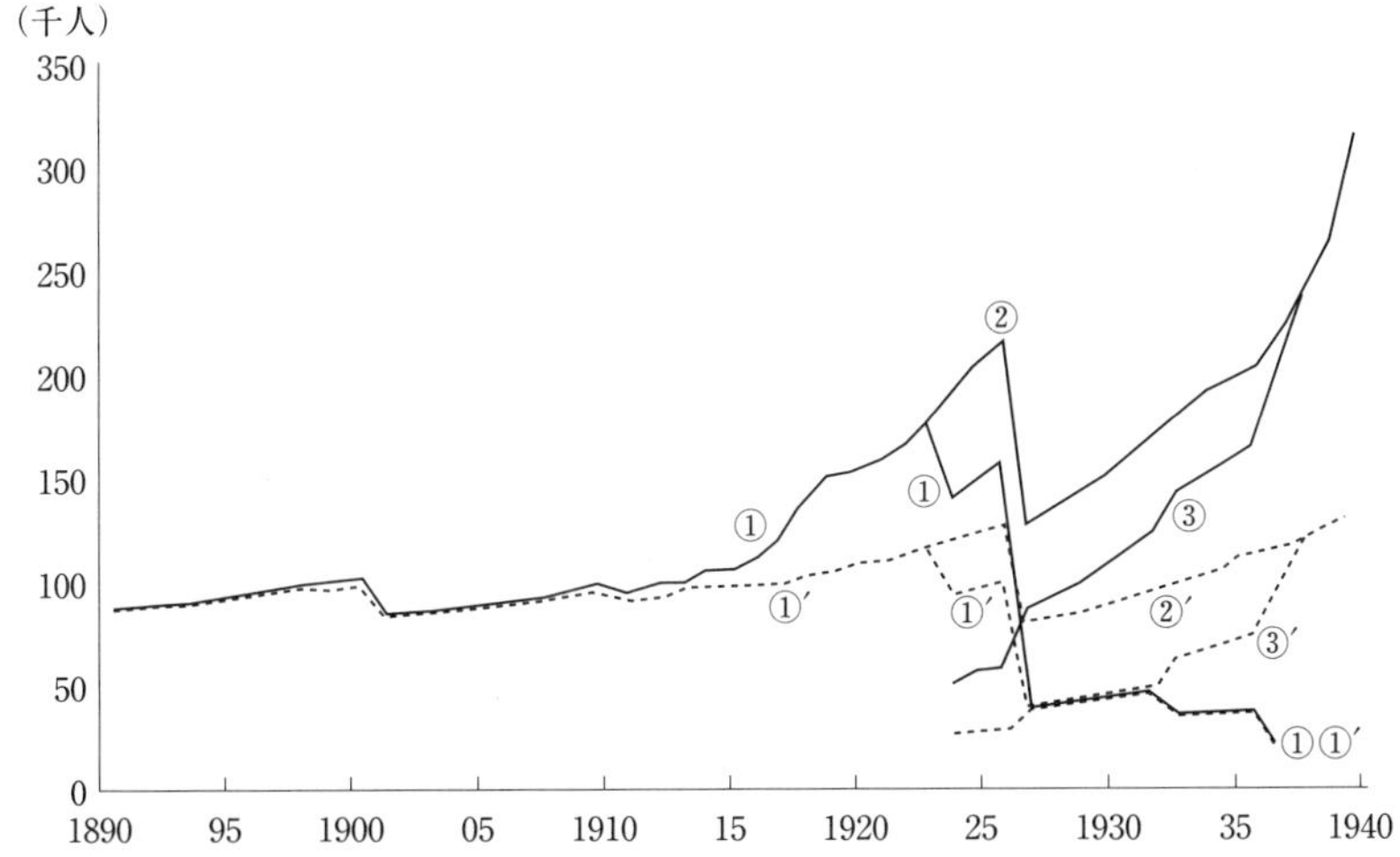

出典：『神奈川県統計書』各年次.
注：①橘樹郡の現住人口，②橘樹郡＋川崎市の現住人口，③川崎市の現住人口
①′橘樹郡の本籍人口，②′橘樹郡＋川崎市の本籍人口，③′川崎市の本籍人口

図0－3　横浜・川崎の市域変遷

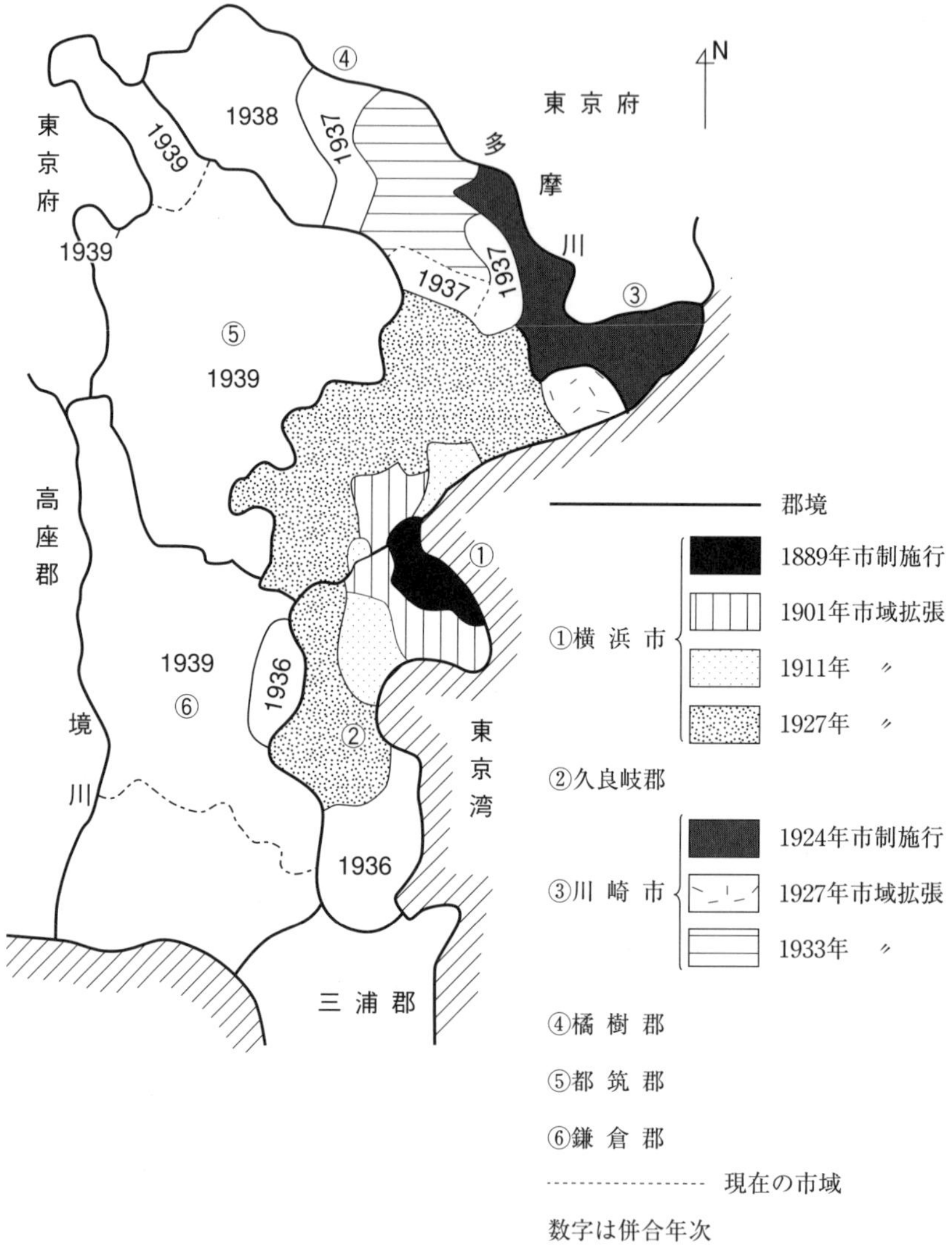

樹郡域のうち東海道沿いの西部全域を編入した。すなわち鶴見町・旭村・大綱村・城郷村・保土ヶ谷町の五町村である。また同年には田島町が川崎市に編入された。以後、残った多摩川沿いの橘樹郡は、数次にわたって川崎市に合併されていくことになる。つまり、三三年には中原町が、三七年には高津町と橘村、および日吉村の一部が、さらに三八年には宮前村・向丘村・生田村・稲田町が川崎市に合併された。ここに橘樹郡北部も完全に川崎市に編入され、橘樹郡域は消滅した。なお日吉村の残りの部分も、三七年に横浜市に編入された。したがって、橘樹郡は三八年までに、その全域が横浜市と川崎市に編入されたことになる。なお、隣接する久良岐郡はすでに一九三六年には全域が横浜市に合併された。また、都筑郡は一九三九年にそのほとんどが横浜市に併合され（一部は川崎市へ）、鎌倉郡北部・中部も同年に横浜市に合併された。また鎌倉郡南部は三九年発足の鎌倉市に順次編入されていくことになる。

以上のような郡域の変遷を念頭におきながら、橘樹郡の人口の推移をみよう（図０－２）。同郡の現住人口は、一九一〇年代はじめ頃までは微増する傾向にとどまっていた。しかし人口増加は一〇年代後半に急増した。一〇年代前半から二〇年代後半にかけて、川崎市を含めた橘樹郡の人口は約二倍になっている。また現住人口と本籍人口の乖離も同じ頃までは比較的小さかったが、二〇年頃になると現住人口の増加が顕著になり、両者の乖離も大幅になった。これは郡内において、ないしは郡外から郡内への人口移動が急増したことをうかがわせる。

一九二七年の合併で、橘樹郡の現住人口は翌年にかけて一五万五四三二人から三万九九六九人へと、一一万五四六三人を減じている。これは、同郡の西部五町村が横浜市へ、海岸部の田島町が川崎市へ編入されたことによるものである。この二七年の合併による人口の不連続から、郡内のいくつかの地域の人口を推しはかることができる。まず川崎市編入の田島町の人口は川崎市人口の増加から二万数千人であることがわかる。したがって、郡域縮小による橘樹郡の人口減が一一万数千人であったことから、横浜市編入地域である郡西部五町村の人口は九万人程度であったと推測できる。また、橘樹郡として残った多摩川流域の地域は四万人程度の人口であった。横浜市編入の旧橘樹郡五町村

表0－2　橘樹郡各町村の人口（1910～1920年）

	1910		1920		増加率
	現住	本籍	現住	本籍	(現住)(%)
城郷村	4,893	4,858	5,294	5,294	8.2
大綱村	4,547	4,547	5,226	5,299	14.9
旭村	3,635	3,675	4,141	4,461	13.9
生見尾村	6,223	5,923	13,904	8,313	123.4
川崎町	8,219	6,044	24,040	10,361	192.5
大師河原村	6,832	6,405	8,588	7,541	25.7
田島村	4,047	4,114	12,492	5,635	208.7
町田村	3,903	4,084	16,542	6,195	323.8
御幸村	4,063	4,285	7,266	6,118	78.8
住吉村	3,102	3,280	2,749	3,409	-11.4
日吉村	4,342	4,375	3,883	4,772	-10.6
高津村	4,920	4,809	5,448	5,203	10.7
中原村	4,595	4,676	4,593	4,626	0.0
橘村	2,467	2,633	2,516	2,832	2.0
宮前村	3,410	3,586	3,683	4,049	8.0
向丘村	3,095	3,118	3,057	3,275	-1.2
生田村	3,264	3,312	3,422	3,799	4.8
稲田村	5,591	5,782	5,285	5,808	-5.5
保土ヶ谷町	11,354	8,470	20,403	11,095	79.7
合　計	94,740	87,976	152,532	108,085	61.0

出典：『神奈川県統計書』各年次．
注：1910年の合計はのちに横浜市に合併された子安村を除外した．

は、比較的多くの人口をかかえていた。保土ヶ谷町や鶴見町のような人口の多い町村だけでなく、城郷村・大綱村・旭村にも一定の人口があった。

ここで、一九一〇年から二〇年に至る橘樹郡内各町村の人口の推移を表0－2でみると、郡内の地域差が著しいことがわかる。大幅な増加があったのは生見尾村・川崎町・田島村・町田村の四町村で、これらは臨海部に位置し京浜工業地帯の中心となる地区であった。一方で住吉村・日吉村では人口が一割以上も減少し、向丘村・稲田村でも微減している。住吉・日吉の二村は工場地帯や市街地に隣接する地域で、本籍人口はむしろ増加しているから、人口流出がきわめて激しかったことをうかがわせる。

また、横浜市域に編入される城郷村・大綱村・旭村は一割前後の増加を示しており、内陸の農村地帯でも人口は漸増していた。保土ヶ谷町には、富士瓦斯紡績保土ヶ谷工場が一九一〇年に開設されたほか、宅地化がすすんで人口は八割の激増となった。京浜地区の工業化・都市化は橘樹郡内において地域差をともないながらすすみ、その影響は周辺に波及したことがうかがえる。

次に、橘樹郡内の人口流入の地域差の一端を、一九二〇年における郡内各町村の入寄留人口によってみると、郡内の全入寄留人口約六万人は生見尾村・川崎町・田島村・町田村および保土ヶ谷町の五町村に集中しており、その割合は八六%を占めている（表0-3）。また、その七一%は県外からもたらされたものであった。それ以外は、県内他郡二一%、橘樹郡内各町村八%である。

表0-3　橘樹郡各町村の入寄留人口（1920年）

	郡内他町村より	県内他郡市より	他府県より	合計	（%）
城郷村	84	362	112	558	0.9
大綱村	19	22	62	103	0.2
旭村	128	113	77	318	0.5
生見尾村	811	1,832	3,815	6,458	10.8
川崎町	1,945	1,571	11,822	15,338	25.6
大師河原村	132	260	1,455	1,847	3.1
田島村	321	1,319	5,905	7,545	12.6
町田村	403	1,592	8,968	10,963	18.3
御幸村	263	141	1,554	1,958	3.3
住吉村	28	13	43	84	0.1
日吉村	51	13	33	97	0.2
高津村	145	176	835	1,156	1.9
中原村	32	180	190	402	0.7
橘村	30	15	94	139	0.2
宮前村	65	57	79	201	0.3
向丘村	68	25	90	183	0.3
生田村	41	21	114	176	0.3
稲田村	28	17	220	265	0.4
保土ヶ谷町	164	3,644	7,178	10,986	18.4
合計	4,779	12,373	42,646	59,798	100.0
（%）	8.0	20.7	71.3	100.0	

出典：『神奈川県統計書』各年次.

川崎町など京浜地区への人口流入は他府県からが圧倒的であったが、橘樹郡内や近隣各郡においても同様の動きは活発化したものと思われる。

また流出についてみると、橘樹郡内各町村の出寄留人口は、川崎町・保土ヶ谷町の数値が突出しているほかは、各町村に大きな差はなく、比較的まんべんなく郡内各町村から流出していることがわかる（表0-4）。出寄留先は他府県が約半数を占めており、おそらく東京などの大都市を含む府県への流出であろう。そのほかは、県内他郡市と郡内がほぼ同数であり、郡内臨海部や横浜市への流出であると考えられる。とくに川崎町や保土ヶ谷町で県内他郡市が大きいのは、橘樹郡臨海部から横浜市への人口流出が激しかったことをうかがわせる。

以上のように、橘樹郡の人口は一九二〇年代を画期に増加傾向を顕著にし、橘樹郡を含む県内各郡や県外から京浜地区への移動が本格化したのである。

第三節　橘樹郡大綱村と飯田家

本書に収録した論文のうち、数編がフィールドとしてとりあげる橘樹郡大綱村は、東海道沿線からやや内陸に入った位置にあり、一九二七（昭和二）年に横浜市に編入された。同村は、南綱島・北綱島・樽・大曽根・太尾・大豆戸・菊名・篠原・白幡の九大字からなり、横浜の市街地の北部に位置する近郊農村地帯であった。二〇年代後半には東横線が同村を貫いて宅地化がすすむほか、東京や横浜への移動が至便となって就業機会が増加し、農村社会は急速に変貌することになる。

ところで大綱村は、入寄留人口も出寄留人口も、郡内に占める割合はかなり低く、比較的農村の色彩を残した地域といえる。ただし表0－2によれば、一九一〇年から二〇年にかけての人口増加率は一五％であり、この間の県の平均値九％を上回っている。京浜地区の町村のように激増せず、また流出もわずかであり住吉村・日吉村などのように現住人口が減少することもなく、比較的順調に人口が増加していったものと思われる。

この大綱村北綱島を居村とし、本書が対象とする時期に名望家として、同村内や橘樹郡で要職を歴任して多彩な活動を展開したのが飯田家の助太夫広配・助大夫（幼名快三）・助夫、つまり飯田家一〇代から一二代に至る三代の当主たちであった。以下、品川貞一『飯田家三代の俤』（一九四一年）によって、三人の横顔を簡単に紹介しよう。

表0－4　橘樹郡各町村の出寄留人口（1920年）

	郡内他町	県内他郡	他府県へ	合計	（％）
城郷村	61	352	99	512	3.8
大綱村	47	50	30	127	0.9
旭村	211	205	185	601	4.5
生見尾村	243	255	313	811	6.0
川崎町	325	1,827	922	3,074	22.8
大師河原村	130	119	392	641	4.8
田島村	128	104	210	442	3.3
町田村	230	153	200	583	4.3
御幸村	263	104	396	763	5.7
住吉村	194	113	413	720	5.3
日吉村	270	255	425	950	7.0
高津村	95	96	678	869	6.4
中原村	114	95	193	402	3.0
橘村	90	79	265	434	3.2
宮前村	136	80	329	545	4.0
向丘村	70	35	262	367	2.7
生田村	50	80	408	538	4.0
稲田村	68	63	595	726	5.4
保土ヶ谷町	75	1,009	518	1,602	11.9
合計	3,050	3,593	6,835	13,478	100.0
（％）	22.6	26.7	50.7	100.0	

出典：『神奈川県統計書』各年次.

飯田家は江戸時代はじめ、一七世紀前半の寛永年間に没した飯田助右衛門を初代とする。幕末から明治初年の当主は一〇代助太夫広配（一八一三～一八九五）で、都筑郡新田村吉田から養子として飯田家に入り、九代助大夫義儔が一八三六（天保七）年に没すると「名主役人」にあげられ、「綱島寄場大総代」に推された。慶応年間には荒蕪地の開墾をはじめ、また横浜港内の屎尿汲取りを一手に引き受けて肥料会社を設立し、開墾地に供給したといわれ、開港場へ氷を供給するため製氷事業も起こした。さらに養蚕・製茶をはじめて、それらの奨励にも尽力した。

一一代助大夫（一八五二～一九二五）は高座郡大和村深見の生まれで、幼名は快三、一〇代助太夫の養子沢吉が早世したため、一八七五年に養子として入籍した。七八年に一一代となり、一〇代助太夫が没したのちは助大夫を名乗った。一一代助大夫は、飯田家に入る前には大区の書記をつとめるほどの「才幹徳望の器」であったといわれ、入籍後は、村会議員・県会議員や、町村制により誕生した行政村・大綱村の初代村長となるなど、同村の公職を歴任した（表0－5）。また、勧業にも深く関わり村農会の創立や県農会の設立にも尽力するほか、養蚕・製茶・製氷など一〇代のはじめた家業もひきつ

表0-5　飯田助大夫（快三）・助夫の主な公職

■助大夫（快三）1852-1925
村議 1878-1913，県議 1888-94，大綱村長 1889-94

■助夫 1878-1961
〈村長・議員など〉村議 1913-27*，村長 1917-27*／郡議 1913-1915／市議 1927-現，市参事会員 1930-現／県議 1924-32，県参事会員 1925-26，県会議長 1928-29／衆議院議員 1936-42

〈農会，農業関係〉大綱村農会代表者 1903-05，同評議員 1905-13，同常務員 1910-23，同農会長 1923-27*／橘樹郡農会議員 1914-15，橘樹郡農会副会長 1926-27*／横浜市農会創立委員長 1927，横浜市農会副会長 1927-現／県農会議員 1927-現，同評議員 1927-現，同副会長 1932-現，同顧問 1941-現／帝国農会予備議員 1927-同議員 1931-32／橘樹郡横浜市養蚕業組合組合長 1931-現，橘樹郡川崎市畜産組合副組合長・評議員 1925-28，横浜市果物組合聯合会長 1928-現

〈耕地整理・治水など〉綱島第一耕地整理組合長 1927-，綱島第二耕地整理組合長 1930-，綱島第三耕地整理組合長 1931-，早渕川沿岸耕地整理組合組合長 1937-，神奈川県耕地協会理事 1931-現，鶴見川水害予防組合常設委員 1934-現

〈村行政〉大綱村学務委員 1908-17，大綱城郷両村組合改議員・同組合管理者 1913-27*，大綱村病虫害予防委員 1914-27*，大綱村教育会長 1924-大綱学童後援会長 1929-

〈町村長会〉県町村長会評議員 1920-27*，郡町村長会幹事 1922-，郡町村長会副会長 1924-27*

〈大政翼賛会〉大政翼賛会神奈川県支部顧問 1940-現，大政翼賛会横浜支部顧問 1941-現

〈国勢調査〉第一回国勢調査員 1920，同第二回 1925，同第三回 1930，同第四回 1935

〈その他〉小作調停委員 1924-現，自作農創設維持審議会員 1926-，横浜市連合青年団評議員 1929-現，横浜市防空委員会委員 1938-

出典：品川貞一『飯田家三代の俤』（1941年）28～83頁.
注：「現」は本資料に1941年現在で現職と記載されているもの．*は横浜市との合併による退任．本資料により退任年次が確認できないものは空欄のまま記した．

いでいる。

一二代助夫（一八七八〜一九六二）は一一代助大夫の長男として生まれ、二〇歳台から多様な公職についた（表0-5）。その分野は多岐にわたっており、横浜市合併まで村長をつとめるほか、村議を振り出しに県議、衆議院議員となり、また農会や農業関係の主要なポストを歴任した。そのほか、数多くの肩書きを有し、まさに地方名望家として橘樹郡地方に重きをなしてきたのである。

第四節　本書の構成

本書の一〇編の論文は次のように構成されている。第Ⅰ部には橘樹郡地域の政治・行政、道路事情、市街地の屎尿処理問題などを通じて、地域社会の特質や政治の状況を明らかにしようとする四編の論文を収めた。

第1章の松本洋幸「大正前期・橘樹郡政の展開——郡道問題を中心として」は、一九一〇年代はじめから一〇年代末の「大正前期」を対象に、郡行政と郡会とを総合的にとらえる「橘樹郡政」を、この時期新たな展開をみせる郡道整備とその予算配分を通じて分析する。京浜地区の都市化を背景に道路整備の要望が郡内で高まるなか、第一〇代郡長市村慶三、第一一代郡長羽田格三郎がすすめようとする郡道政策と、それをめぐる郡会の動向がえがかれる。市村から羽田へ、「総花的」から「選択的」な施行方式への移行は、郡内地域間の競合を生んで政友・刷新の党派対立をもたらし、また都市部と農村部の対立が絡んで郡会は混乱した。こうした新たな問題の表面化は、一〇年代末から二〇年代にかけて、次代の隈元清世郡長の課題となっていく。

第2章の大西比呂志「大正期における地方名望家と地域政治——大綱村飯田助夫の政治活動」は、一九一〇年代はじめから二〇年代半ばの時期を対象に、同郡大綱村の名望家飯田助夫をとりあげ、地方政治家の活動を具体的に解明したものである。郡や村レベルにまでおりて、政党政治の実態、および政友派から刷新派へ転身するとともに、村議から村長をへて郡議、県議、さらに衆議院議員と活動の場を広げていく飯田助夫の政治活動が具体的に跡づけられる。それは「名誉職政治家」が、政党組織を背景とする「地方政治家」へ成長する過程にほかならなかった。

次いで近郊農村を舞台に展開する地域社会の特徴をさぐる論文を二本収める。まず第3章の本宮一男「都市化の進展と横浜近郊農村の道路事情——第一次大戦後、市域編入までの橘樹郡大綱村の状況」は、横浜市街地にその一部を突き出した一九二〇年代の大綱村を事例として、労働力不足を背景とした県道の急峻切り下げ改修運動、乗合自動車により深まる都市部との緊密性、自動車通行を想定した村道改修による宅地化の促進の三点を検討する。県道・村道などの道路事情をみながら、二七年の市域編入に先立つ時期を分析し、大綱村がすでに「都市部との連続性」を明確にしていたことを解明している。しかもそうした都市化は、村内地域差を含みながらすすんでおり、村内の都市接近地域となお農村的な地域とのあいだの対立をはらむものであった。

もう一つ、横浜市街地と直接接する橘樹郡の地域社会を、屎尿処理の問題を通じて解明するのが吉良芳恵「屎尿処理をめぐる都市と農村——一九二一年の横浜市街地と近郊地域」である。屎尿は都市においては不要な「排泄物」であるが、農村では貴重な肥料でもあり、特に野菜や果実などの商品作物栽培がさかんな橘樹郡においてはなおさらであった。従来農村側が代金を支払って市街地の地主・家主から屎尿を購入していたが、一九二一年に飯田助大夫・助夫が中心となり、同盟して逆に汲除（汲み取り）料金を要求し、汲除中止の手段によってそれを実現しようとした。農村（地主や農民）・市街地（地主・家主）・横浜市当局それぞれの対応がえがかれ、都市問題として、「都市対農村」の様相を呈した屎尿処理の課題が浮上していくという興味深い過程が検討されている。

吉良論文が指摘するように、農村では屎尿の処理＝運搬について金銭感覚が鋭敏になっていた。農民が、運搬の手間代・草鞋代を含めた屎尿代金と、硫安など金肥の購入価格とを比較し、また「百姓」より「土方」の方がよいとする気風の蔓延が指摘されているように、都市の労賃水準は二〇年代に入り農村地帯に波及し、多様な影響をおよぼすようになっていた。商品作物の栽培に特徴がある橘樹郡においては、一層その傾向が強かったといえよう。

そこで続く第Ⅱ部には、橘樹郡大綱村など近郊農村地帯を舞台に、農業生産や農業問題の展開を取りあげる三編の論文を収めた。第5章の大豆生田稔「農業技術の普及と農会組織の形成——明治中後期の橘樹郡」は、第6・7章の前史であり、一八九〇年代から日露戦後に至る時期を対象に、橘樹郡内の農会組織の形成過程を検討したものである。農業技術の普及のため、農会組織が県―郡―村―大字のそれぞれの段階で形成されると同時に、県だけでなく郡レベルにも農事試験場が開設されて、地域に即した農業技術の研究と普及の組織が形成されていく。東京や横浜の消費市場をひかえて商品作物栽培が活発化する橘樹郡では、実地に即した新たな技術への需要が高まりつつあり、県下各地の実情に応じた、個々の農家にまで至る技術普及の組織が形成されていった。

こうした商品作物のなかで、橘樹郡の特産のひとつであるモモ栽培と、その販売の組織化をテーマとしたのが第6章の百瀬敏夫「桃産地形成と園芸組合——綱島果樹園芸組合を事例として」である。綱島のモモは一般によく知られているものの、その発達の経緯や市場との関係を実証的に明らかにした研究は少ない。百瀬論文は、大綱村南綱島の先駆的モモ栽培農家である池谷光朗家の資料などを用いながら、販売過程の共同化・組織化の実態とその限界、とりわけ綱島における出荷組合の形成とその分裂の経緯を検討し、一九一〇年前後から三〇年代に至るモモ栽培の展開を跡づけたものである。

ところで、第一次大戦期や震災などを契機に加速する都市化は、労働力の流出や都市の賃金水準の波及、地価の上昇などを通じて、農地問題をひきおこす原動力となった。第7章の八田恵子「恐慌期都市近郊の農村問題——横浜・川崎周辺を中心に」は、昭和恐慌期における都市近郊の農業問題を、都市部の労働市場の収縮、農産物価格の低落、宅地化と地主自作化による小作地取上げという三要因から解き明かそうとする。対象地域は橘樹郡のほかそれに近接する都筑郡や高座郡にもおよび、一九二〇年代と対比しながらこれらの諸要因が検討され、近郊農村地帯への恐慌の波及の仕方の特徴が解明される。

第Ⅲ部は、橘樹郡のなかでも都市部の京浜地区に注目し、都市化・工業化を支える電力をテーマとする二論文、および七十四銀行の破綻処理を扱う論文からなる。第8章の中村尚史「日露戦後における電気供給システムと京浜地域――横浜電気と富士瓦斯紡績を中心に」は、日露戦後期の横浜市・橘樹郡に対する電気供給システムの形成過程を検討したものである。地域独占の崩壊と水力発電業者の参入による企業再編がすすみ、横浜電気が成立して水火併用のシステムが構築されるが、これにより電力に余力が生じて電力利用が拡大したと指摘する。さらに橘樹郡内では、大工場のみならず中小工場への電力供給も広がり、また東京・横浜に隣接するという条件を前提に、農村部でも精米・精麦などの機械化がすすんだことを明らかにしている。

続く第9章の老川慶喜「『大横浜市』の電力問題と東京電力」は、震災後から昭和恐慌期を対象に、電力供給が横浜市の工業化や一九二七年の市域拡張にいかなる意味があったかを検討する。電力の不足と価格上昇は深刻な問題となったが、供給力を増大させた東京電燈と東京電力が競争を展開して電力料金を低下させ、横浜市・橘樹郡地域の工業化に大きく貢献する過程をえがき、「電力戦」が地域の工業化（電化）を促進したと指摘している。

最後の第10章の柴田善雅「七十四銀行と横浜貯蓄銀行の破綻と整理」は、横浜の生糸輸出業者茂木合名の傘下にあった七十四銀行・横浜貯蓄銀行が、一九二〇年恐慌により破綻する経緯、および横浜興信銀行が設立されて破綻処理と整理がすすむ過程を検討したものである。茂木商店の「機関銀行」として「道連れ破綻」した七十四銀行は、二〇年恐慌で破綻した銀行のなかでは最大で、預金者への影響は大きかった。横浜興信銀行を設立して預金払い戻しを部分的にはじめ、景気回復を期待して不良債権を処理するという計画の行方を丹念に解明したものである。

以上のように、これらの論文はそれぞれ独立したものであるが、その多くは、京浜地区を核とする都市化や工業化とその条件、その近郊の農村地帯への波及、地域社会の変貌などのそれぞれの局面を具体的に検討している。それがどの程度成功しているかは、読者各位の判断に委ねるほかないが、この論集をひとつの中間報告として、今後さらに共同研究を深めていきたいと考えている。

最後に、本書を刊行するにあたって、横浜開港資料館や本研究会による資料調査・資料収集に御協力をたまわった資料所蔵者の方々、資料所蔵機関や研究機関に関係された各位に対し、厚く御礼申し上げたい。また研究会参加者のうち、報告や討論には加わっていただいたが今回は執筆されていない、飯田助知・上山和雄・斉藤司・櫻井良樹・佐藤孝・杉山浩一郎・鈴木邦夫・高村直助・丹治雄一・中林真幸・西川武臣・羽田博昭・花井俊介・平野正裕の各氏にも感謝したい。さらに、本書の公刊をすすめていただいた横浜開港資料館、出版を引き受けてくださった日本経済評論社、とりわけ栗原哲也社長、および編集の労をとられた谷口京延氏と奥田のぞみ氏に深く感謝の言葉をささげたい。

第Ⅰ部　変容する地域社会と政治

第1章　大正前期・橘樹郡政の展開
――郡道問題を中心として――

松本洋幸

はじめに

戦前期の「郡」は、県と町村の中間にある地方行政区画であると同時に、ある時期まで不十分ながら「自治体」としての性格を有していた。すなわち一八九〇（明治二三）年に公布された郡制は、郡に郡会及び郡参事会を設置し、地主を中心とする有産者の郡行政への参加を部分的に認めるものであった。神奈川県では九九年に郡制が施行されている(1)。しかし郡には課税権がなく、郡財政の多くを町村からの分賦金に依存するなど、自治体としては不完全な側面を持っており、一九〇五年以降郡制廃止法律案が衆議院に提出され、原敬内閣下の二一（大正一〇）年「郡制廃止に関する法律」の公布を受けて、二三年四月一日郡制が廃止され、郡は「自治体」としての役割を終える(2)。

従来の地方政治史研究において、郡や郡役所については、国家権力の末端機関としての性格付けを与えられてきた(3)。これに対して、近年、郡の官治的なイメージの修正や、郡政をトータルに理解しようとする試みがなされている(4)。本章で使用する「橘樹郡政」というタームは、こうした近年の研究動向を受けて、郡行政と郡会の体系的分析の必要性を強く意識したものである。本章では、一方で郡長の個性やその政策に注目しながら、他方で個人文書の中に残された郡会議事録の検討を通して、大正前期における橘樹郡政の展開を描き出すことにつとめたい。

第一節では、橘樹郡における工業化の始動期にあたる明治末年から大正前期にかけて郡長をつとめた市村慶三と、彼が神奈川県内で初めて導入した郡道制度について述べる。次に郡会内の党派対立が激化し、同時にこの郡道制度が町村間の競合状態を生み出す様子を第二節で見る。第三節では市村の後を襲った羽田格三郎の郡政改革諸案が郡道費の増額を要求する郡会によって挫折し、また郡会内でも郡道費分担をめぐり都市部と農村部との間の格差問題が党派対立と絡み合って起こる様子を述べる。最後に大正後期・橘樹郡政の展望として、その後郡道費用は膨張を続ける一方、羽田に代わった隈元清世郡長が羽田の構想を部分的に実現していくことを述べる。

第一節　市村慶三と郡道制度の導入

1　第一〇代橘樹郡長・市村慶三

市村慶三は、一八八四（明治一七）年京都府綴喜郡草内村（現京田辺市）に生まれ、三高を経て一九一〇年東京帝国大学法律科卒業後、北海道庁属となり、同年文官高等試験に合格する。同期には鶴見祐輔、河合良成、下村寿一等がいる。北海道庁警視に進んだ後、橘樹郡長に就任した。橘樹郡長在任は一九一二年五月から一六（大正五）年一月まで三年半に及ぶが、これは比較的在任期間の短い橘樹郡の歴代郡長（表1-1）の中でも長い方である。また就任時二八歳という新進気鋭の内務省出身官僚で、それまでの橘樹郡長の年齢・経歴から言えば異例の人事であったと言え

表１－１　橘樹郡長一覧

代	郡長名	前職	橘樹郡長在任期間	後職
1	松尾豊材	神奈川県五等属	1878.11.18～1888.10.1	足柄上郡長
2	増田知	横浜区長(兼任)	1888.10.1～1889.6.19	横浜市長
3	中山信明	鎌倉郡長	1889.6.19～1891.11.28	足柄下郡長
4	安達安民	南多摩郡長	1891.11.28～1898.5.11	(依願免本官)
5	白根鼎三	鎌倉郡長	1898.5.11～1900.12.26	中郡長
6	松尾豊材	愛甲郡長	1900.12.26～1907.4.15	(依願免本官)
7	樋口忠五郎	足柄下郡長	1907.4.15～1909.4.30	(依願免本官)
8	三浦助一郎	神奈川県属	1909.4.25～1911.8.31	神奈川県事務官補
9	国松英太郎	愛甲郡長	1911.8.31～1912.5.31	(依願免本官)
10	市村慶三	北海道庁警視	1912.5.31～1916.1.10	千葉県理事官
11	羽田格三郎	久良岐郡長	1916.1.10～1917.8.25	東京府理事官
12	隈元清世	都筑郡長	1917.9.10～1921.7.3	香川県内務部長
13	川島一郎	都筑郡長	1921.7.13～1922.5.5	北海道庁理事
14	武田巌作	三浦郡長	1922.6.9～1923.3.6	(死亡)
15	伊東匡義	三浦郡長	1923.3.20～1925.8.7	(死亡)
16	福本柳一	復興局	1925.10.1～1926.6.30	神奈川県事務官

出典：『神奈川県公報』，『郡制有終記念帖』，『川崎市史　通史編 3』46 頁などをもとに作成.

る。その後千葉・兵庫県各理事官、奈良県警察部長、皇宮警察長兼宮内事務官、神奈川県内務部長、警視庁書記官・官房主事を経て、福井県知事（一九二六・八～一九二八・五）、愛媛県知事（一九二八・五～一九二九・一一）、三重県知事（一九二九・一一～一九三一・一二）、鹿児島県知事（一九三一・一二～一九三五・一）を歴任し、京都市助役から京都市長（一九三六・六～一九四〇・六）をつとめた[5]。市村は各赴任地で教育・土木開発事業を推進した。愛媛県では「県立学校拡張及び設備充実を図る六か年継続教育事業や三津浜港・三瓶港修築継続土木補助事業などの新規施設を成立させ」たほか[6]、京都市では鴨川発電所の建設計画と洛西工業地区造成による近代産業基地の建設、すなわち「大京都振興の構想」を企図していた[7]。また一方で、「生来柔和で如才のない男、それが永らく宮内省生活をしたので何れの方面にも触りがよく、その上政党政派には超然としてゐるので、内閣が幾ら変つても彼には一向冷たい風が吹かず、福井から愛媛、愛媛から三重へと転じて今尚浪人の味を知らず、同輩から羨望されてゐる[8]」といった具合に、党派色を表に出さずに内務省の階梯を着実に昇っていくエリート、という見方もあった。

市村在任中の橘樹郡は、多摩川改修運動が頂点に達し、郡南部の埋立造成・工場進出が開始されるなど、その後の橘樹郡を考える上で重要な転換期を迎えていた。多摩川沿岸では、一九〇七年・一〇年の大水害を契機に本格的に改修運動が開始されたにもかかわらず、日露戦後の財政事情や旧慣維持を主張する東京府側の反対によって改修・築堤工事は進展せず、一九一四年九月には御幸村ほか三カ村民数百人が神奈川県庁に大挙して陳情に赴くというアミガサ事件が起こった。この事件の直後に関係町村の代表が集合して多摩川築堤期成同盟会が結成される。会長に推戴された市村は、神奈川県庁へ頻繁に陳情に赴いたほか、東京府荏原郡の対岸町村への説得工作にあたるなど、精力的な活動を続けた(9)。一方川崎・鶴見地域臨海部の埋立事業は、浅野総一郎の鶴見埋築会社を中心に、一部の地域では一九一三年から着工に入っていた。町田村潮田で海苔養殖を行っていた荒井熊次郎は、この頃同地域の海面埋立をめぐって鶴見埋築会社と補償交渉を続けていたが、市村はその仲介を行い、地域有力者と埋築会社との関係の円滑化に尽力している(10)。また橘樹郡役所は当初神奈川町に置かれていたが、一九〇一年同町が横浜市に編入されて以降も移転せず、郡外に郡役所が存在するという状態であった。市村は一九一三年四月、明治末年頃からの工場招致によって郡の中心地となりつつあった川崎町に、郡役所を新築移転した。このほか『橘樹郡公報(11)』を発刊して、郡令・告示・郡達・通牒等の周知を図り、郡役所の活動と橘樹郡の現況について広く住民の理解を求めようとした。市村郡政下では、郡政や橘樹郡の沿革・現況を分かり易く述べた行政刊行物が複数発行されているが、一九一五年に出された「橘樹郡施設事業の概要」の序文で市村は次のように述べている。

郡治が挙がれば、それは十万郡民の喜びであつて……郡の自治を発達せしめるには郡民が自治の民として自覚することが必要である、即ち自治の効果を自覚し、協同の利益を自覚して、始めて充分に協同一致の仕事をすることが出来る、それには、先づ我々が如何なる仕事を為しつゝあるか、我々の協同の力が何処まで及んで居るかと

図1-1　橘樹郡歳出一覧推移（1899～1920）

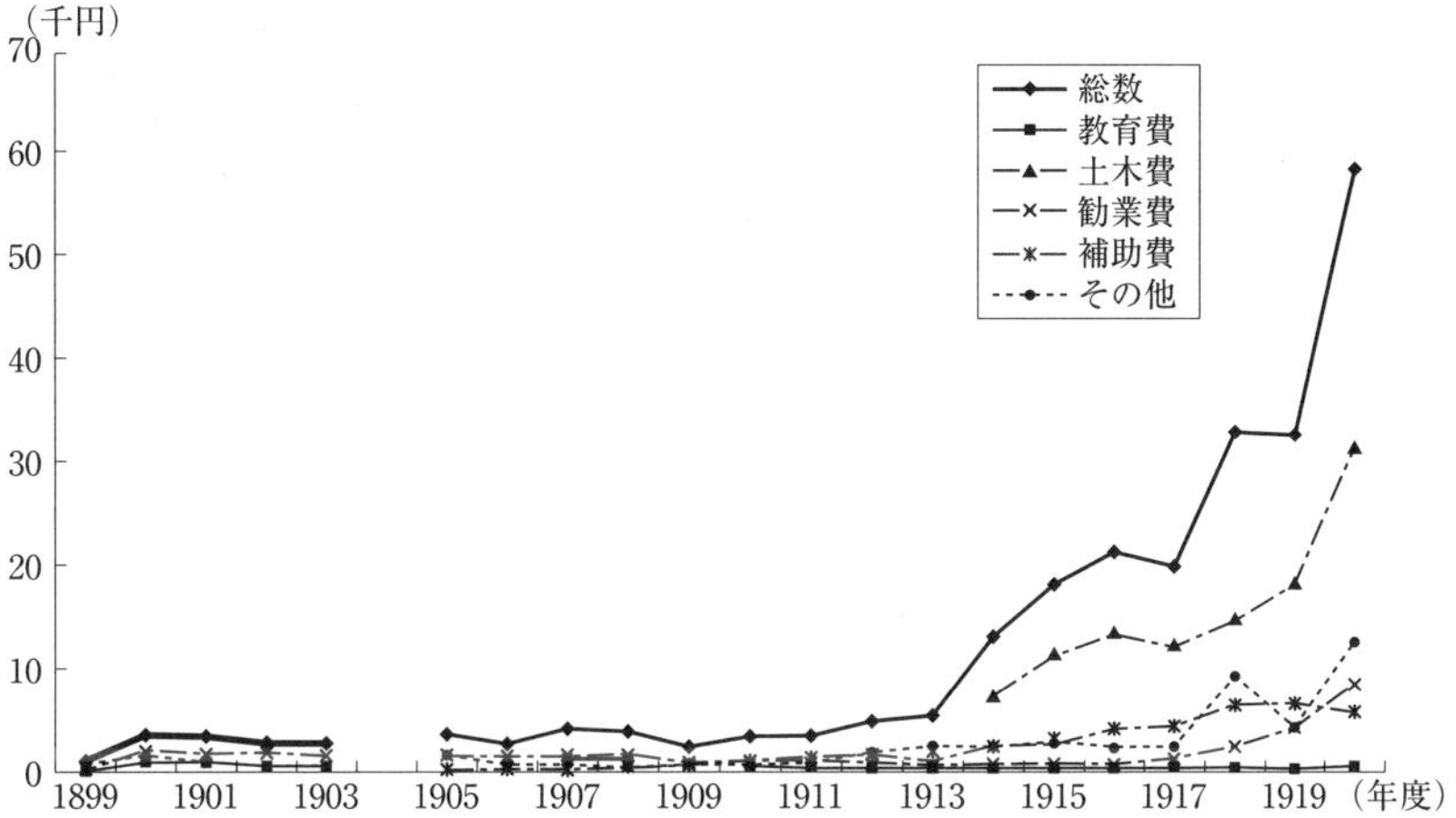

出典：『神奈川県統計書』各年次.

いふことを知つて置く必要がある(12)

郡役所の行政一般についての理解と「郡民」としての覚醒を求めているのである。このパンフレットは三〇〇〇部（全戸数の五分の二）が無償配布された。

こうした市村の郡政への貢献度を反映して、その風評も「橘樹郡長市村慶三氏は先年同郡長に奉職して以来克く郡務に精励し、郡務の改良を初め郡民を指導し、教育の改善、農業の奨励、防水の用意、灌漑水利の利便、耕地の整理等に尽砕し、殊に其処決果断に富み生見尾村生麦の海苔場問題、宮前村の小学校合併其他の難問題を解決したる等其壮年有意の頴才には郡民大に喜服し居れり(13)」という具合に、概ね好評であった。また橘樹郡農会長であった飯田助大夫は市村の栄転の噂を聞き、「郡道の制を設け其他勧業教育に衛生に於ても亦新面目を発揮せらる、不少、洵に郡長として難得徳望手腕の当器なりと云ふへし」と、郡長留任を県知事に陳情している(14)。

ここで図1-1により橘樹郡の財政支出を概観してみる。一九一四年以降新たに支出項目として登場した「土木費」が歳出の過半を占め、それに導引されるように郡の財政支出が膨張していることが分かる。この土木費の大半は市村が新設した「郡道」にかかる費用であった。先述の飯田助大夫の留任陳情書の冒頭に挙げられていることに象徴される通り、彼の残した治績の中で最大の新機軸は郡道だったのである。

2　郡道制度の設置

郡道とは、それまで町村で管理運営していた里道のうち、重要な路線の改修費の幾分かを郡費から補助する、という制度である。先述の『橘樹郡施設事業の概要』は、郡道設置の理由についてこう述べている。

橘樹郡の道路が悪るいといふことは、郡内を通行した人が、均しく言ふ所で、県道或は県補助里道は相当に出来て居るが、其の他の里道は実際悪るい。道路が悪るいといふことは、只、通行に不便を感ずると云ふだけに止まらないので産業の発達を妨げることが、頗る大きい……産業の発達を図るのには、只勧業方面より、生産の増加を奨励するのみでは、充分でない之れと共に、其の生産品を、東京、横浜の市場、或は最寄の停車場へ搬出する通路を改善して、運搬費の節約を計らねばならぬ[15]

明治期の橘樹郡は、その財政支出の多くを勧業費に投下することで、橘樹郡農会の活動を側面から支援して郡内の産業振興を図っていたが、郡道制度はそうした生産部門ばかりでなく、流通機能の拡充を図ることで郡内の産業振興を図ろうとした点に特徴がある。郡道制度の導入に際しては、一九一四（大正三）年の郡会で市村が「道路の改良は郡の与論として熱望され居たりしものなりしか、理事者に於ても新潟県地方を視察せし、時郡及町村に於て多大の経費を投し道路の修繕改良を施行するを事実に目撃して此大事業決行の意を定めたる[16]」と述べている通り、彼の新潟地方視察の経験が背景にあったようである。また郡内各町村、とりわけ工場進出の相次ぐ郡南部では、道路の改修・新設が急要の課題となっており、郡道制度実施の背景には、こうした町村からの要望もあったと考えられる。

町村里道修繕費郡費支弁（郡道制度）の方針は、一九一三年一一月の町村長会で発表され、町村長に里道再調査の旨が達せられた。宮前村では常設委員等による村内の里道延長の調査等が行われ、「橘樹郡費支弁道路砂利敷其他工事費調附補助額予定表」を完成、一一月二二日「郡費支弁道路延長再調査書」を郡役所に上申している[17]。こうした町村の里道調査の結果をもとにして郡役所当局は、四七本、総延長四万九七三二間を郡道に認定し、この改修工事にかかる総工費二万三二一〇円のうち、一万三七三四円を三年間で郡費補助として支出するという整備計画案を策定し、一九一三年の郡会で予算支出が認められた。この時の郡会議事録が現在のところ未だ発見されていないために詳しい経過は不明だが、「今日〔一九一七年〕は多数決によりて決せられ居るも三四年前新設の当時は十九名の議員中少数者反対大論戦の結果決せられたるもの、由聞及べり[18]」「八番議員〔原文次郎・中原村会議員〕郡会議員たるの故を以て議長〔原半左衛門・中原村長〕と共に郡会の模様及び反対運動の結果等に亘り細密なる説明をなす[19]」などから、郡会で若干の反対論があったことが想定される。

3　郡道費の膨張

郡役所が策定した郡道整備計画は、各町村からの要望・調査に基づく均霑主義を取っている。整備計画を町村ごとにしたものが表1－2である。郡南部の町村への郡費支出が多いのは、この地域の交通量の多さに配慮したものと思われる。この整備計画は一九一五（大正四）年段階では、総延長七万三一二一間（当初計画の一・四七倍）に膨らんだ。市村によれば、「少数の上等道路を作るよりも、多数の中等道路を造ることが急務であるといふ主旨から、当分、改修を行はず、只修繕だけに止めて、なるべく、多数の道路を之れに編入した」という[20]。

一九一四年一二月「橘樹郡町村土木費郡費補助に関する規程」が定められた。それによれば、町村が経営する土木事業中、工費総額金一〇〇〇円を超える「道路新開工事」「道路改修工事」に限り、工費精算額の一〇分二以内を支出する、というものであった[21]。それまで郡道は交通量等に応じて甲・乙・丙に区分され、それぞれ工費の七割、六割、

表 1－2　1914 年郡道施行計画

	甲号(間)	乙号(間)	丙号(間)	道路延長(間)	工費計(円)	補助予定額(円)	町村負担(円)	補助比率(％)
城郷村	—	—	3,018	3,018	1,580	790	790	50.0
生田村	—	—	3,000	3,000	1,258	629	629	50.0
中原村	—	380	1,300	1,680	491	258	233	52.6
高津村	—	650	1,660	2,310	637	337	299	53.0
保土ヶ谷町	—	610	1,583	2,193	1,486	789	696	53.1
田島村	—	1,330	1,350	2,680	1,435	784	650	54.7
橘村	192	—	535	727	239	135	104	56.5
向丘村	1,210	—	2,232	3,442	1,563	895	668	57.3
稲田村	—	2,105	700	2,805	661	380	280	57.5
町田村	840	—	1,320	2,160	1,064	612	451	57.6
住吉村	550	—	940	1,490	474	274	200	57.7
御幸村	1,678	—	1,680	3,358	1,198	719	479	60.0
宮前村	1,666	1,388	1,579	4,633	1,927	1,175	751	61.0
大綱村	2,093	930	1,250	4,273	2,396	1,482	913	61.9
大師河原村	640	600	721	1,961	1,255	778	477	62.0
生見尾村	300	980	—	1,280	691	431	260	62.4
日吉村	2,761	—	800	3,561	1,325	869	456	65.6
旭村	2,300	1,030	—	3,330	1,727	1,153	573	66.8
川崎町	1,429	402		1,831	1,795	1,235	560	68.8
合計	15,659	10,405	23,668	49,732	23,210	13,734	9,476	59.2

出典：「岩崎明子家文書」郡役所 6-1「橘樹郡費支弁道路砂利敷其他工事費調附補助額予定調」（岩崎明子氏所蔵）より作成．小数点以下は切り捨て．

五割を郡費から支出する（残りを町村からの寄付金で支出する）方法が取られていたが、これが最大二割に引き下げられたわけである。郡当局は膨張する土木費に一定の歯止めを掛けようとしたものと思われる。しかしこの規程制定の直後に行われた一九一四年郡会では、新たに郡道架設の橋梁についても郡費負担で修繕すべし、とする意見書が提出され、市村は「一時に凡てを完成する事は財政の許さゝる所なり、故に本建議の精神は頗る可なるも直ちに来年度又は五年度より実行に着手することは困難なり」と応えるが、この意見書が総員賛成で可決し[22]、郡道架設の橋梁も最大で工費の四割を郡費から補助を受けることが可能となった。

以上のように、一九一四年度から開始された郡道改修費は、さらなる増額を求める動きを触発することとなった。ことに郡道改修費は里道改修の補助であり、町村に対する郡費補助というかたちをとったため、郡会は各町村の郡費獲得競争の場となる可能性を秘めていた。これに当時の橘樹郡内の政党間対立の問題が絡み合って、一九一五年以降の郡会は複雑化することとなる。

第二節　橘樹郡会における政争の激化（一九一五年郡会）

1　橘樹郡における政友派の退潮

橘樹郡では明治中期までの県議選では議席・得票率ともに政友派が優勢であったが、一九〇七（明治四〇）年の県議選では議席数で刷新派が政友派を上回り（それまで政友二・刷新一が、政友一・刷新二に）、さらに一一年の県議選では多摩川治水問題など地域問題への積極的な取り組みを見せた刷新派が得票率においても上回り、政友派は候補者選考が難航するなど苦戦し、以後橘樹郡における刷新派の優位が続く[23]。一方郡会議員選挙については県議選の数日後に行われることもあって、明治期の新聞ではあまり報じられておらず、郡会内の各党派の議席数なども不明である。『横浜貿易新報』を見る限り、橘樹郡会では、刷新派の領袖で郡会創設以来一〇数年にわたり郡会議長をつとめていた添田知義の死去（一九一二年一〇月）以後、刷新・政友両派間の対立が顕在化したようである。この年一二月の通常郡会では、添田の後任議長人選をめぐり、副議長の徳植竹之丞（刷新派）を議長に据えて副議長を政友派に譲ろうとする刷新派と、一年間正副議長を刷新派に譲り翌年には政友派がこれに代わるという案を主張する政友派との間で議論が紛糾し、中村瀬左衛門（刷新派）・椎橋仁助（刷新派）・飯田助大夫（政友派）等両派の県議の仲介などにより、議長徳植竹之丞、副議長秋山広吉（政友派）、と刷新派の線で妥結が図られた。(24) 一九一三（大正二）年一二月の通常郡会で正副議長は交代し、議長原文次郎（政友派）、副議長柏木幾次郎（刷新派）となるが、新聞報道等を見る限り、目立った混乱はない。翌一九一四年の郡会議事録でもとくに党派間対立は見られず、郡会における両派対立は小康状態にあったようである。

一九一五年九月二五日の県会議員選挙では、現議員（中村瀬左衛門・椎橋仁助）再選を決めて早々に選挙運動を開始した刷新派に対して、政友派では幹部の田中亀之助・秋元喜四郎が選挙違反で上告中ということもあり再び選考難に陥り、結局池上幸操が一人立候補したため、全く無競争選挙となった。これに対して五日後に行われた郡会議員選挙は、政友派と刷新派との間で激烈な選挙戦となった。大綱村選出の元郡会議員であった飯田助夫は日記の中で「県会議員選挙の静穏に引換て去る三十日の郡会議員選挙は何町村激烈の競争あり、政友派の必勝を期したる大師、田島等は何れも刷派の為に屠れたり、結果十四対七の無惨なる敗北となる、之れ政友派の幹部の援護宜しきを得さるに依るものか」(25) と感情を露わにしている。表1－3は、郡会議員改選前後の議員・所属党派の一覧である。これまで政友派の地盤であった保土ヶ谷町・川崎町の定数が一議席増加したため、二議席を政友・刷新両派で分け合ったこと、また城郷・大綱・大師河原などで刷新派が議席を奪取したため、政友七、刷新一四の議席配分となった。政友会にとって

表1－3　橘樹郡会議員党派一覧

	1914年郡会当時	1915年改選後	1919年改選後
保土ヶ谷	吉野利八（政）	鈴木熊蔵（政） 山田政吉（刷）	足立久光（政） 山田政吉（刷） 尾崎六右衛門（刷）
大綱	飯田助夫（政）	伊東伊輔（刷）	竹生源蔵（刷）
城郷	野口瀬重郎（政）	村岡重太郎（刷）	村岡重太郎（刷）
旭	秋山広吉（政）	秋山広吉（政）	横溝晋平（政）
生見尾	中西重造（刷）	持丸寿輔（刷）	佐久間権蔵（刷） 関口半次郎（刷）
町田	平林勘助（刷）	平林勘助（刷）	平林勘助（刷） 荒井熊次郎（刷）
田島	田辺泰太郎（刷）	田辺泰太郎（刷）	出川太一郎（刷）
大師河原	石渡藤太郎（政）	秋元與吉（刷）	内田誠三（刷）
川崎	小林五助（政）	小宮隆太郎（刷） 高塚幸之助（政）	小宮庄左衛門（刷） 広沢友次（政） 小川松次郎（刷）
御幸	秋元喜四郎（政）	高橋七郎兵衛（政）	増山周三郎（政）
日吉	成川藤七（刷）	成川藤七（刷）	深瀬啓十郎（刷）
住吉	徳植竹之丞（刷）	伊藤彦太郎（刷）	伊藤彦太郎（刷）
中原	原文次郎（政）	原定次郎（政）	原文次郎（政）
高津	岩崎次郎吉（政）	上田安左衛門（政）	石川久次郎（政）
橘	柏木幾次郎（刷）	柏木幾次郎（刷）	柏木幾次郎（刷）
宮前	安藤乾蔵（刷）	安藤乾蔵（刷）	渡辺為三郎（刷）
向丘	猿渡権作（刷）	猿渡権作（刷）	猿渡権作（刷）
稲田	小林福寿（政）	上原喜作（政）	上原喜作（政）
生田	関口熊蔵（刷）	関口熊蔵（刷）	関口熊蔵（刷）
合計	政友10　刷新9	政友7　刷新14	政友7　刷新18

出典：「飯田家文書」大正期の資料3－3，「飯田日記」1915年10月2日，『横浜貿易新報』1919年10月1日．

は三議席減少となったわけだが、選挙戦の経過を見ると、先の飯田の政友派幹部に対する不満の意味がより明確となる。川崎町においては、当初から小宮・高塚の二人で議席を分けることを政刷両派幹部は認容していたが、中途より政友系町会議員小川松次郎が急遽立候補して混乱を招いた。大師河原村では政友派は池上幸操、吉沢忠兵衛ら県議・幹部が運動して楽観の形勢であったが、投票当日の刷新派側の猛烈な運動によって従来の政友派地盤は崩れ、「大師河原の石渡氏は惨酸の想秋元氏に敗れたり(26)」。郡議選における政友派幹部の統制、援助が有効に機能しなくなっていたのである(一九一五年の衆院選、県議選、郡議選と飯田助夫については、本書第2章で詳細に述べられている)。

こうした郡会議員選挙における党派対立の激化、政友派の退潮という事態は、改選後の臨時郡会における役員選挙にも反映された。以下、一九一五年一〇月の臨時郡会前後の状況を「飯田助夫日記」で追ってみると、

郡会議役員選挙の件に関し平和の内に通過する様希の旨小野重行及伊藤彦太郎両氏に発信す(一〇月一〇日)

地方自治革新の為め党派心を超越して誠心誠意郡公益を増進せんとすることを郡会議員上記〔生田村・関口熊蔵、向丘村・猿渡権作、城郷村・村岡重太郎、宮前村・安藤乾蔵〕郵送す(一〇月一一日)

津久井屋より秋元喜四郎両人と共に春日野に至り同志の顔触を見るに高橋、上田、高塚、秋山、原の五名確実政友派に属し、上原、鈴木両氏は中立の体度に付、伊藤彦太郎の意を明示したるに大賛成なり、依て調印の上郡役所に伊藤氏に面会、同氏快諾事順ならず頗る当惑の体、郡長亦困難の体なり、然るに小野重行は他出、前年の例を避け責任を転嫁せんとし五十嵐喜三郎、古屋、山屋等の貿易新聞記者居合言を左右に托して遂に不得要領となり、刷新派のみにて役員選挙をなす(一〇月二〇日)

以上のように飯田助夫は政友派に身を置きつつ、「地方自治革新」「郡公益増進」を名目に両派の融和を図ろうとしたが、結果的には刷新派単独での役員選挙となり、議長に小宮隆太郎、副議長に柏木幾次郎、参事会員は平林勘助・山田政吉・田辺泰太郎・伊藤彦太郎・関口熊蔵、参事会員補充員は持丸寿輔・秋元與吉・猿渡権作・村岡重太郎・安藤

乾蔵、とすべて刷新派が独占するかたちとなった。

2　郡会内における郡費支給額をめぐる議論

郡会の冒頭、市村郡長は一九一六（大正五）年度予算案の概要を次のように説明した。

大正五年度は土木費の自然増加の外土木補助費に於ても補助を要するもの多くして、為めに土木費及同補助費に於て前年度予算に比し四千三百余円の増加を来せり、其他町村立女子実業補修学校の増設、郡農業技手及土木吏員の増俸の必要に迫り、又議場用椅子の新調を要するものあり、一面に於て郡会議員選挙費、神社費、勧業補助費の如き自然減少せる課目もあり、又歳入に於て県補助金町村寄付金の増加ありと雖も、猶歳出の増加を補ふに足らす、従て歳出各款共極力節約したる外、地方事業奨励費の如きは特に大なる減額をなしたるも、尚町村分賦額に於て三千余円の増加を見たるは頗る不本意とする所なり、然れとも之れ自然の結果已むを得さるものにして、此以上削減せんか郡並に郡の助成せんとする団体の発達を阻害するの恐あり[27]

一日の議案審査を挟んで一六日に再開された郡会席上、この原案に対して、参事会員を代表して山田政吉（保土ヶ谷町・刷新派）が、歳出臨時部第二款土木補助費一七七七円（御幸村五〇〇円、向丘村七八五円、大師河原村四九二円）を、一二五〇円（御幸村五〇〇円、向丘村六〇〇円、大師河原村一五〇円）に減額する、という修正案を提示した。参事会側は、既定郡道計画の完成までは新規事業の着手は抑制すべきであるという立場に立った上で、御幸村の道路改修には水害予防という重要な意味も含んでいるため（前年のアミガサ事件以後、御幸村では郡道改修によって、事実上の築堤工事を行おうという動きがあった）に原案維持、向丘村は村内に県道のようなものがなく、以前から地元でも熱心に計画・運動を行っていた点に鑑みて一八五円の減額、大師河原村の場合は向丘村に比較した場合、その重要性が認められないとして、「其村将来且奨励の為」一五〇円のみを認めることにした、と修正理由を述べた。

これに対して高塚幸之助（川崎町・政友派）は、まず御幸村への土木補助費に関して、御幸村の郡道改修・築堤は莫大な経費を要する事業であり、「五〇〇円位の補助にて十分なるや否や」と疑問視して、計画の一時延期説を唱えた。この件は多数決により、原案賛成者七名、延期説一一名となり、御幸村への補助額は全く認められなかった。続く向丘村への補助額をめぐっては、向丘村の猿渡権作（刷新派）、隣村の稲田村の上原喜作（政友派）は、村内に県道が貫通しておらず、年々莫大な経費を投じて村内道路の改修を行っているという窮状と原案七八五円の賛成を訴え、先の高塚幸之助も原案賛成に回った。参事会員の山田政吉は、最も必要性の高い御幸村への補助が全く認められないのに対して、「向丘村改修は必要の程度劣れり」として、修正説を唱えた。採決の結果、参事会修正案が可決した。大師河原村への補助額の審議に際しては、大師河原村の秋元與吉（刷新派）が賛成説を唱えたが、これも修正案が可決。結果的に一九一六年度土木補助費は向丘六〇〇円、大師河原一五〇〇円となった。

以上のように、刷新派から成る郡参事会は、既定路線の完成までは新規土木費支出をできるだけ抑制しようとするが、郡会では政友派、刷新派議員を問わず、各町村への更なる郡費支出を求める声が拡大していた。すなわち郡会には、郡費支出増額を求める各町村間の競合状態が醸成されつつあったのである。

第三節　郡道施行方式の変更と郡道問題の複雑化

1　第一一代橘樹郡長・羽田格三郎と郡道施行方式の変更

市村慶三郡長が一九一六（大正五）年一月に千葉県理事官に栄転したのに代わり、羽田格三郎が第一一代郡長に就任した。羽田は一八八三（明治一六）年に三重県に生まれ、一九〇九年東京帝大法科を卒業、文官高等試験に合格しているので、市村の一期先輩にあたる。神奈川県嘱託を経て、久良岐郡長をつとめた後、橘樹郡長に赴任した。彼はわずか一年半で橘樹郡を去り、その後東京府理事官、兵庫県事務官、和歌山県警察部長、佐賀・沖縄・愛媛各県の内務部長をつとめる（植山淳氏の御教示による）。

第一一代橘樹郡長となった羽田は、将来一大工業地区となるであろう川崎町・大師河原村・田島村・町田村は土木・衛生その他各般の施設を共同で整備すべく「連合是」を確立し、また郡内各村は都市の需要に応じた蔬菜類・果実類の「食糧農業」の充実を図ると同時に、工業地帯に供給する「原料農業」の発展にも力を入れるべきである、と説いていた(28)。彼がとくに力を入れたのが周辺農村における「原料農業」の充実と副業奨励である。彼は一九一六年八月一六日の町村長会においても、「町村是調査に関する件」と並んで「副業の奨励に関する件」として収繭の販路助成、畜産の奨励などを促している(29)。また彼の「原料農業」奨励策のなかで興味深いのが竹林の改良である。羽田は『竹林の改良』(30)という小冊子を発行して、橘樹郡では梨棚・海苔のシビ・蔬菜類の蔓・軽工業の原料としての竹材の需要が大きいことを述べ、その改良を説いている。

その一方で、彼は郡財政を圧迫していた郡道の整理にも着手する。郡道整備の方式を、それまでの総花的整備から、各年度毎に実地調査を経て比較検討を行う、選択的整備へと転換しようとしたのである。実地調査は一九一六年六月五日から三〇日まで行われた。調査員には平林勘助（刷新派）・秋山広吉（政友派）・猿渡権作（刷新派）・伊藤彦太郎（刷新派）及び安藤卯三郎（郡吏）が任命され、道路通行の多少、路面手入の良否、幅員侵墾の有無、他都市との交通、東京府との交通、一般通路か部落的通路か、将来性の有無、所属住民の希望等について調査を行った。郡会から参加した調査員のうち秋山を除く三人が刷新派である。以下、飯田助夫と秋山との往復書簡(31)を中心に、この調査の過程を追ってみることにする。

五名の調査員は、六月二日に郡役所で調査方針等を打合せるために協議会を開催、六月五日生田・稲田村より着手することに決定したが、「今回の調査に付ては別に役場或は議員へも通知をせす、初期より決定しある路を視察し甲乙丙の内転々すべき見込も有之、且つ方法を改め度見込もある為め調査終了迄は秘密になし発表せざること」とされていた（六月四日秋山書簡）。五日に開始された調査は九日までには生田・稲田・向丘・宮前・高津・中原・橘の七村を終了し、若干の中断の後、二一日に再開され二七日に終了し、さらに調査結果について二九日・三〇日の両日で比較検討を行った（六月一一日及び二五日秋山書簡）。この調査の過程で羽田郡長をはじめ郡当局者の方針が徐々に明らかになっていく。まず六月一一日の書簡では、「調査とは云ひながら整理が目的にて余程異動の見込に有之候、外に改正すべき問題有之候間是非御話し致し度」と郡道調査の主目的が財政圧迫を招く郡道の整理にあったことを報じ（六月一一日秋山書簡）、さらに同月二五日書簡では調査結果を比較検討することは「余程異動をなす見込」、「六年度に於ては理事者の希望として町村の寄付金を廃し工夫を設くるの説もあり、一大方法の改正をなす見込に有之候」と伝える（六月二五日秋山書簡）。さらに調査後の二八日の飯田書簡は次のように述べる。

比較調査の際前年より異動の有之候は自然の趨勢にして不得止義に有之候、創設の際は所謂総花的のものに付爾後整理最善の方法を取らるゝは当然と被存候、町村の寄付金を廃して純然たる郡道とし、郡に於て工夫を置き監督するの件は小生前年来の希望にして果して如斯相成候はゝ統一的道路の整備を来たし可申、乍去是れには郡道にあまり関係なき町村に於て反対あるべきかと被存候……（六月二八日飯田書簡）

郡当局の郡道に関する方針を総合すると、総花的な郡費補助の方針を変更し、各郡道の重要性・補修の急務性などの観点から調査した結果を比較検討して、必要急務なものから選択的・優先的に補修を行う、またその際にはそれまで行ってきた町村からの寄付金を募集せず、郡からの資金のみで工夫を派遣して工事を行う、というもので、秋山・飯田もこれには賛成していたようである。しかし飯田が後半部分で述べている通り、この方式ではそれまでの各町村のバランスを考えた方針と異なり、郡道と関係の薄い町村が生じることとなり、そうした町村からの反対が当然予想された。

さて比較検討を行った調査委員は、七月二日付で一六項目についての調査要項を示し、主に直行化などにより郡道を現在の延長数よりも五〇〇〇間減少させるべきであると報告した[32]。さらに、調査委員は「郡道統一的に保護する意見書」と題して、①郡道砂利の保護のため常備工夫を置くこと、②各町村における工事着手の遅速、粗密などの弊害を是正するために寄付金を廃止し、全額郡費支出とすること、③線路の等級を甲（幅員の六割）・乙（幅員の五・五割）・丙（幅員の五割）を以って砂利敷を施工すること、を提言をした[33]。この日秋山が飯田に宛てた書簡では「委員会の意見書通り全員会に於て通過せば却て前より利することに相成候間、左様御承知願たし、先つ大体に於て貴見の如き説に決定致し候、採用に於ては約五千間減。調査の結果直線に改修すべき箇所多々有之候為め理事者より改修を促かすことに決定致し候」（七月二日秋山書簡）と述べている。この提言は郡長の意向を半ば反映したものでもあり、七月一七日に秋山に面会した飯田は、「郡長の見込として予算を経常費に計上しあり、経常費に寄付金は不都合なり、純然たる郡費支弁道路となすを相当と認むる由[34]」を聴取している。

しかし秋山の予想通り、この比較調査及び郡道の方針転換をめぐって、郡会は紛糾した。残念ながらこの会議の議事録は残っていないが、直後に秋山が飯田に送った書簡がその雰囲気を伝えている。

去る十八日郡議協議会開会の処各村に亘り減し居る為め大に議論も起り決定せず、弐日間議案調査として休み弐十一日再会、原案通り協議決定致候間、左様御承引被下度願申候……大正五年度現在は七万四千三百三間なり、改正したる間数は（大正六年度）六万九千〇六十五間となる、減したること五千弐百三十八間、別紙報告書及意見書の通り決定したり（八月二三日秋山書簡）

辛くも先の調査委員の報告書ならびに「郡道統一的に保護する意見書」が郡会を通過したようである。しかしこれは更なる紛糾の幕開けに過ぎなかった。

2　一九一七年度予算案と一九一六年郡会

一九一六（大正五）年の通常郡会冒頭で、羽田は一七年度予算案説明[35]を行い、①郡費支弁道路修理方針の変更、②郡内農家に対する副業の奨励、③「地方改良の第一」たる町村是調査の奨励、④教科研究奨励費の新設、⑤青年団視察費の新設、⑥徴発物件輸送費の新設などを「新事業」として掲げた。①は、町村からの土木費寄付金を全廃し、郡費支弁道路については年々三分一宛を修理する方針から、毎年予算編成前に実地調査の上適宜修理する方針へ変更し、道路工夫を置いて修理に当たらせる、というものであった。②は「本郡は都会に接近するを以て他郡と種々異なる点あり」という橘樹郡の地理的特性と、一九一三年来の米価低落の際に受けた農家の経営損失などを未然に防止する、という目的から、蚕業技術員の新設、一般副業の調査などを行うこととしている。一九一七年度予算案は郡道工事施工方法の変更により土木費を抑制して財政緊縮を図りながらも、郡南部の工業化・都市化に伴う産業構造の変化という事態への羽田自身の対応策を盛り込み、数種の奨励事業費を新設して新鮮味を出そうとするものであった。『横浜貿易新報』は「新施設中青年団員をして優良町村を視察せしむる事と町村是調査の奨励費を計上したのは時機に適したものと思はる[36]」と、これを評価している。

初日の一二月一一日は郡長の予算案説明のみで終了、一日置いて一三日に再開された郡会で予算案の第一次会に入るも、郡書記の予算案朗読のみで散会、実際に審議が開始されたのは一五日からであった。まずこの間の郡会の状況を『横浜貿易新報』で見ることにしよう。

昨十四日は各議員は前日の懸案たりし保土ヶ谷、川崎両町外二三ヶ村議員より提出の郡道廃止案に就き開議前に何かと融和の道を見出さんと種々交渉する処ありしも議容易に纏まらず、結局は党派別問題たるの観を呈し刷新派の大部分は原案の維持に努め政友派の大部分は郡道廃止を主張し、若しくは其の分賦額に応じて郡道修理費割当を増減せんとの説を為す者あり、院外団として小野重行、飯田助夫、五十嵐喜三郎、根本助右衛門其他数氏が両者の間に介在して斡旋の労を執りたるも融和の曙光を認め得ず、為めに羽田郡長百方融和の方法を講じつ、あるも午後四時を過ぐるも開議の運びに至らず形勢混沌たるものありし(37)

郡会が郡道問題をめぐって、刷新派議員の原案維持説と、政友派議員の郡道廃止説、さらには郡道費分配修正説とが激しく対立し、院外有力者が両者の調停につとめていたことが分かる。以下再開された郡会を議事録に沿って経過を追ってみる。

3　挫折する羽田郡長の新機軸

一五日予算案の審議に先立ち、新規郡道編入を求める意見書五通が提出された（表1－4）。意見書は川崎町・大師河原村のような郡南部、及び生田村・稲田村の郡北部、さらには先の調査の結果郡費支弁道路から削除された橘村、から選出された議員を含んでいた。先の新聞報道と合わせて見ると、政友派の高塚・上原等が中心となって、郡道編入要求の強い町村の郡会議員を巻き込んで提出された可能性は強い。すなわち議席数で劣る政友派は、郡道問題を梃子にして郡会での劣勢を挽回しようとしていたのである。この建議案は一旦後回しになり、予算案に関する質疑が開始された。

一六日に参事会より予算案の修正案が出された。その内容は、歳出経常部において道路橋梁費修繕費を四九八円増加、教育費中小学校教科研究奨励費を「人員過多」を理由に八円減額、副業調査費二〇〇円を「目下不必要と認め」全額削除、町村是調査四〇〇円は「目下必要の急なるを認めざるを以て」二〇〇円に減額、青年団視察費九〇円も「目下不必要の下に」全額削除、という新任郡長の打ち出した新事業関連予算をほとんど骨抜きにして土木費に当てようとするものであった(38)。以下郡長の原案と参事会側の修正意見をめぐる攻防である。

表1－4　郡道編入意見書（1916年郡会）

路　　線	提出者	賛成者
大師河原村大師河原字川中島耕地1792番地先北東大師道より字四谷耕地3498番地先に至る	秋元與吉 （大師河原村・刷新派）	高塚幸之助 （川崎町・政友派） 上原喜作 （稲田村・政友派）
①稲田村菅地内字北浦より分岐し渡船場を経て東京府北多摩郡調布町布田に通ずる里道，②県道生田村より分岐し稲田村中野島渡船場を経て調布町国領に通ずる路線	上原喜作 （稲田村・政友派）	関口熊蔵 （生田村・刷新派） 安藤乾蔵 （宮前村・刷新派）
長津田稲田間里道生田村大字生田村字大道より分岐し橘樹郡県道を貫き二ヶ領用水を通過し稲田村登戸地内に於て郡道に接続する道路	関口熊蔵 （生田村・刷新派） 安藤乾蔵 （宮前村・刷新派）	上原喜作 （稲田村・政友派） 安藤乾蔵 （宮前村・刷新派）
①川崎町砂子190番地先国道より分岐し学校役場前を経て堀の内331番地先鍋屋横丁道路に接続道路，②川崎町砂子93番地先より郡役所裏を経て新川石橋に至る接続線，③川崎町鍋屋横丁より一本榎通りを経て田島村渡田皐橋に至る路線，④川崎町堀の内558番地先より田島村大島に至る路線，⑤川崎町久根先万年横丁より池端を経て大師河原村藤崎に至る路線	小宮隆太郎 （川崎町・刷新派） 高塚幸之助 （川崎町・政友派）	秋元與吉 （大師河原村・刷新派） 上田安左衛門 （高津村・政友派）
橘村千年より宮前村野川を経て同村馬絹有馬の境界を過ぎ武相県道に通する里道	安藤乾蔵 （宮前村・刷新派） 柏木幾次郎 （橘村・刷新派）	関口熊蔵 （生田村・刷新派）

出典：「大正五年郡会議事録」（「上田安左衛門家文書」）．

まず副業調査について、「今日の与論にして、農業の困惑烈しき災厄の場合に応ぜしむるためには平素副業を奨励せしめざるべからず、目下必要の急なるを認め決して尚早にあらず」と原案維持説を述べる郡長に対して、参事会員伊藤彦太郎（刷新派）は、「然し乍ら道路の破損甚しく目前に其の痛痒を感ずること切なるが故に道路の方に全力を尽すること必要と認む」と反駁し、総員起立の上修正案が可決。続いて青年団視察については多少の効果を認めつつも「特に流行物即見物の傾あるを免れず、兎角郡の財政上より見るも本年度に於ては必要を認めず」（山田政吉・刷新派）とする参事会意見に対し、羽田は「人数を制限し優良町村を撰び長時間を以て充分研究せしめんとす」と視察調査の効果を挙げる工夫を検討中であることを述べた。ここで猿渡権作が「理事者の説最《ママ》もなれど農会に於ても斯る事業の下に農事視察あるが如し、故に郡に於ては其の必要の急なるを認めず」と修正案に賛成意見を述べ、上原喜作もこれに賛成、総員起立で修正案が可決する。

また郡長が「地方改良の第一」と企図していた町村是調査とは、町村各種の人が一堂に会して町村の将来の方針を樹立するというもので、一カ町村約二五〇円の経費を要するうちの一〇〇円を郡から補助し、一年当たり四〇〇円（四カ町村）、五年間継続で計一九〇〇円（一九カ町村）を支出することになっていた。参事会では全額削除を求める意見もあったが、実行上「相当の見込あ」りという郡長の意を汲んで、半額の二〇〇円のみ計上することとなったと伊藤彦太郎は説明した。間を置かず山田政吉は、「千九百円はおろか四百円若は二百円否な十円の少額と雖も之に反対す」と全額削除説を唱え、町村是調査の不必要な理由を以下のように述べた。

> 本郡は京浜間に介在し各方面に活動し、決して方針定まらざること毫もなく、自治の機関ありて暗々裡の内に町村是存立して山は山海辺は海辺と其れ〳〵各町村方針を有し活動しつゝあり……特に本郡は他府県と異り昨日の農業地も今日は工業地となり、今日の工業地も明日は商業地に変遷するやも知れず、例ば果物を栽培すべしと云ふ町村是あるも養蚕に、養蚕も又蔬菜と種々変更の場合あるべし……特に日進月歩変遷する本郡に於ては現在将

来と雖も絶対的に不必要と認む

これに対し、羽田は「地方改良には種々ありと雖も該事業は最も必要と認め計上せるものなり……町村自身も又我町村の如何なるものなるかを知らざるべからず……町村是の確立は存在とは異なるものと信ず……変遷の急なる所に最も必要と認む」と反論。再び山田は「本郡に於て自覚せざる町村断然なしと信ず、各自其の町村に応じ実行なしつゝあり、又発展の地に肝要なりと云われしが農業地、工業地、商業地、住宅地と変遷極りなく数年間に数回調査の必要を生ずる煩なしとせず」と応じた。ここで猿渡権作（刷新派）が一時延期、調査費視察費の全額を土木費に繰り入れることを提案、山田・鈴木熊蔵・上原喜作・伊藤彦太郎らが賛成、総員起立の上可決した。

4　郡会内の町村間の対立

以上のようにここまでは新機軸を打ち出そうとする郡長と、その緊急の必要性を認めず、土木費の増加を求める郡参事会・郡会とが対立し、郡長の期した新事業はすべて郡会一致で削除され、それらが土木費に繰り入れられることとなった。しかし郡道問題をめぐっては、今度は郡会内での対立が顕在化することとなる。羽田が進める選択的郡道施工方式への不満が、とくに多額の分賦金を支出している町村の議員から、郡道廃止論、あるいは郡費配分変更論として提出されるに至り、郡会は大混乱に陥ったのである。高塚幸之助（川崎町・政友派）は、当時の郡費配分に強い不満を持っており、以下のような郡道廃止論を展開した。

此の方針は交通の統一路面の統一を計ると云ふ立派なる名称なるが既往三年間に如何に使用せられしか、或る所は善く或る所は悪いと云ふ様なことで統一が出来ないならば寧ろ廃すべきものならんと本員は信ず、例ば川崎町の補助せらるゝ所の三百九十九円四十銭にては到底不可能にして砂利を敷均すも僅々一ヶ月位にて消失す……実行の方法悪く連絡の道路全体を統一すること不可能ならば、寧ろ各自町村に於て自ら自由に施工する方可ならん

と本員は思考するが故に廃止を望む次第なり(39)

つまり彼の郡道廃止論は、郡道の存在を原理的に否認するものでは決してなく、現在の各町村に対する郡道補助額の配分方法への不満の表現であった。これに対し郡道調査員で参事会員でもあった伊藤彦太郎〔住吉村・刷新派〕は次のように継続説を唱えて反駁する。

郡全体をして比較的完全に統一したる道路たるをなさしむるが故に町村会議員ならばいざ知らず、郡会議員としては云ふべからざること丶思考す、よしや川崎町の負担多く他村の補助額多しとせよ村に利益を与ふるは同時に町に利益を与ふるものなり……川崎町の繁栄は近来諸工場の設置によること偉大なるも維新以来付近農村に負ふ所頗大なるものと認む

高塚はすかさず反論、

第一補助額を修正せられたし、不公平の原案と思考す、負担大なれば又其れだけの権利あるものなり、第十一番〔伊藤彦太郎〕は町の発展は附近村落の為に負ふ所至大なりと云われしが其れは両々相待つものにして、即ち川崎町の発展は附近農村の発展なり

と切り返した。

この後一四名の賛成で先の削除金額全額を土木費に編入することが決定、郡道をめぐる議論はここで一旦は終了する。以上の議事録を概観した限りでは、先の新聞報道で見たような混乱状況は充分に伝わってこない。実は一五日の郡会開会前に、郡道廃止論者と継続論者の間では既に合意が成立していたのである。次の飯田助夫の日記がそれを示している。

今朝小林〔五助・川崎町〕町長を招待して妥協案を提出して郡円満の件を話したるに兎に角高塚氏を呼んで意見を徴すること丶し、高塚氏結局反対意見は述ふるも賛成す云々　小林町長、磯ヶ谷〔庄蔵・旭村〕村長等の依頼

にて小生の案に同意一任を受け郡長、議長及其他有力者に申込、何れも左記案承諾
金四百九十八円也　参事会修正
金五百円　原案
金二百円　町村是調査費延期
計　金千百九十八円也
右の内金七百円交通頻繁町村、金四百九十八円其他各村、理事会に適宜一任、依て午後二時半開会、二、三次会歳出全部通過す(40)

つまり院外の飯田助夫らの提示した、参事会修正額にさらに町村是調査費延期分を土木費に繰り入れ、その大部分を「交通頻繁町村」へ傾斜配分するという妥協案によって郡道問題は一旦収束したのであり、郡会での議論はいわば儀礼的なものであった。

翌一八日には先の五通の郡道編入意見書が付議された。参事会員の山田政吉は既に調査員を設けて査定したものを八月の協議会で承認しておきながら、新たに郡道編入を求めるのは「郡費支弁の分捕主義の弊に陥るもの」として強く反対していた。一方提出者の一人であった高塚幸之助は先の郡道調査は少額の費用で短時間に行われたものであり、「町村長議員は其の土地に数十年居住しより以上に其の道路のことには明かなるものと思考す」と、新たに調査員を設けて郡道の調査・採択を行うことを主張した。これも一四名の賛成を得て、上田・高塚・伊藤・柏木・秋山の五議員が調査員に任ぜられた。先の調査員の構成と比較すると、政友派議員（上田・高塚・秋山）の参入が顕著である。

さて一九一六（大正五）年通常郡会で選任された郡道調査員は、翌一七年五月一四日調査方法を決定し、同月一八日より実地踏査を行い、さらに二一日に郡役所での机上調査を経て、①大師河原村字川中島耕地－字四谷耕地、②川崎町鍋屋横町－一本榎－田島村渡田皐月橋、③川崎町久根崎万年横町－池端－境橋、④橘村千年角屋脇－宮前村野川

影向寺－郡道、⑤稲田村字北浦中村屋脇－下菅渡船場、⑥稲田村中野島郡道－中ノ島渡船場の六線を郡費支弁道路に編入すべき旨の報告書を郡会議長（小宮隆太郎）宛に提出した[41]。これらは先の郡道編入意見書を大筋で認めたものである。

以上のように、郡道費の縮小を目指す羽田郡長の方針は、更なる郡費支出の増額を求める郡会の反対によって挫折し、また郡会内では支出額の配分方法をめぐって地域間格差が表面化し、議席数で劣勢な政友派の一部ではこれを巧みに利用して郡会の趨勢を有利に進めようとした。この混乱状態は院外有力者等の調停により一旦沈静化し、その後政友派議員と郡費補助の増額を要求する地域選出議員の意を汲んで、新たに数本の里道を郡道に編入することによって収束へと向かったのである。

おわりに

大正前期の橘樹郡政は、市村慶三郡長のもと、郡内の産業振興を目的として一九一四（大正三）年度より導入された郡道制度を主軸に展開した。各町村の里道改修に対する郡費補助という形態をとるこの制度は、各町村から郡費補助の増額を求める運動を喚起し、郡会内では補助費の分配をめぐって議論が活発化した。市村に代わった羽田格三郎は郡道費抑制を目的として、それまでの総花的施工方式から選択的施工方式への移行を進める。しかしこの方法は郡会内の補助費の分配方法をめぐる地域間の競合状態を活性化させ、さらにこれに政友派と刷新派との党派対立が絡んで一九一六年の橘樹郡会はそれまでにない混乱状態に陥る。この混乱は羽田郡長が打ち出した新事業を抑制した分を郡道費に振り向け、更なる郡道費増額によって収束へ向かう。

羽田格三郎が試みた郡道費抑制は次の隈元清世郡長時代へと引き継がれる。すなわち一九一八年、それまでの工費精算額に対する郡費負担の割合を、道路二割、橋梁四割から、道路一・五割、橋梁三割へと引き下げる案を郡会に提示し、可決した。しかし橘樹郡会内における郡道編入を求める声は依然として強く、第一次大戦期における砂利の高騰もあって、郡道費・郡財政は膨張の一途を辿る。これに対して、郡道費分配の公平性に疑問を呈する意見も出された。一九一七年郡会では、山田政吉（保土ヶ谷町・刷新派）は、郡費支出の七割を占める郡道費が郡財政の膨張と町村民の負担増加を招き、各町村の「分捕主義」によって「将来各町村に於て郡道編入の建議起る為めに郡自治上重大なる問題を惹起するに至る」ことは推して知るべし、として郡道全廃、全額町村費による里道改修を訴えている。[42]また翌一九一八年郡会では山田から引き続き郡道全廃説が出されたほか、高塚幸之助（川崎町・政友派）が、交通量が多く、分賦金額の多い川崎町・保土ヶ谷町に限り、これまで通り道路二割、橋梁四割の郡費補助を受けることを主張している。[43]しかしいずれも賛成者少数で否決されている。一九一六年郡会で表面化した都市部と農村部の対立が、第一次大戦期の郡南部の急激な都市化・工業化によって、より鮮明なかたちで表面化していることが分かる。

一方羽田が行おうとして挫折した、「食糧農業」から「原料農業」への転換、副業奨励といった近郊農村に対する勧業政策も、隈元清世の下で次第に具体化されていく。すなわち一九一八年度予算は、養蚕事業及竹林事業奨励を含む勧業費が一二〇〇円余増加しており、また翌一九一九年度予算では、竹林改良費九〇〇円を含む大幅な勧業費増加が見られる。こうした隈元郡政下の勧業政策は、郡内の都市部と農村部との格差の深刻化と、都市部への人口流入による農村部の労働力不足という、第一次大戦後の橘樹郡が直面した課題に応えようとするものであった。

注

（1）郡会議員は郡内の町村会で選挙した議員（定数の三分の二）と、郡内で町村税の賦課を受ける所有地の地価総計が一万円以上の所有者の互選によって選ばれる議員とによって構成されていた。

（2）郡制は一八九九（明治三二）年に改正され、複選制及び大地主議員が廃止され、郡会議員は郡内の各選挙権者（納税要件は、選挙権で直接国税年額三円以上、被選挙権で同じく五円以上）による直接選挙に改められ、各町村から一名（のち人口増などにより二〜三名となった町もある）宛が選出された。改正郡制まで郡制が実施されていなかった府県は三府四県あり、神奈川県の郡制施行も改正郡制以後に行われた（『神奈川県史 通史編 四 近代・現代（一）』神奈川県、一九八〇年、五一七頁）。

（3）代表的な研究としては、亀掛川浩『明治地方制度成立史』（巌南堂書店、一九八〇年）、大石嘉一郎『近代日本の地方自治』（東京大学出版会、一九九〇年）、大島美津子『明治国家と地域社会』（岩波書店、一九九四年）などがある。

（4）飯塚一幸「連合町村会の展開と郡制の成立」（『日本史研究』三二六、一九九八年）、神山知徳「地方三新法期の郡政運営—千葉県の場合」（『千葉史学』三〇、一九九七年）、同「三新法期における郡政運営について—群馬県を事例として」（『ぐんま史料研究』一五、二〇〇〇年）、中島清「南関東における郡制・郡役所に関する研究—実証分析および空間理論からの接近」（『経済と貿易』一七九、一九九九年）、谷口裕信「郡をめぐる地方制度改革構想」（『史学雑誌』一一〇—六、二〇〇一年）などがある。

（5）市村の経歴等については市村眞三氏・敦子氏、京都市歴史資料館の小林丈宏氏、秋元せき氏からご教示を頂いた。

（6）『愛媛県史 人物』（愛媛県、一九八八年）六六頁。

（7）『京都の歴史 9』（学芸書林、一九八六年）九二頁。秋元せき「市村慶三と京都」（『京都市政史編さん通信』第九号、二〇〇二年）。

（8）栗林貞一『地方官界の変遷』（世界社、一九三〇年）四四一頁。

（9）大正前期の多摩川改修運動については『川崎市史 通史編 第三巻』、長島保「多摩川築堤問題と地域住民」（地方史研究協議会『都市周辺の地方史』雄山閣、一九九〇年）、吉良芳恵「一九一〇年代の神奈川県政—多摩川改修問題をめぐって」（横浜近代史研究会・横浜開港資料館共編『横浜の近代』日本経済評論社、一九九七年）を参照。

（10）「大正二年 荒井熊次郎日記」（「荒井孝典家文書」、横浜市歴史博物館蔵）。

（11）「飯田助知家文書」大正期の資料三—一（飯田助知氏蔵、神奈川県立公文書館保管）。

（12）「橘樹郡施設事業の概要」（前掲「飯田助知家文書」大正期の資料一—三）。

（13）『横浜貿易新報』一九一三年六月一二日。

（14）「郡長留任の件請願書」（「飯田助知家文書」大正期の資料四—一②）。

(15) 前掲「橘樹郡施設事業の概要」。
(16)「大正三年郡会議事録」(「岩崎明子家文書」郡役所五、岩崎明子氏蔵)。
(17)「土木に関する書類」(「宮前村役場文書」一三八、川崎市市民ミュージアム蔵)。
(18)「大正六年郡会議事録」(「上田安左衛門家文書」橘樹郡役所一〇、川崎市市民ミュージアム蔵)。
(19)「明治三〇年~大正五年 中原村会会議録」(川崎市公文書館保管)。
(20) 前掲「橘樹郡施設事業の概要」。
(21)『橘樹郡公報』一七(一九一四年一二月一五日)。
(22) 前掲「大正三年郡会議事録」。
(23) 吉良芳恵「日露戦争前後の神奈川県の政治動向」(櫻井良樹編『地域政治と近代日本』日本経済評論社、一九九八年)。
(24)『横浜貿易新報』一九一二年一二月一三日、一五日。
(25)「飯田助夫日記」一九一五年一〇月二日(飯田助知氏蔵)。
(26)「飯田助夫日記」一九一五年一〇月一日。
(27)「大正四年郡会議事録」(前掲「上田安左衛門家文書」橘樹郡役所七)。この項の以下の記述は、断りのない限り、同郡会議事録による。
(28)『横浜貿易新報』一九一六年七月一日。
(29)「指示事項 大正五年八月十六日於町村長会」(前掲「飯田助知家文書」大正期の資料五―一二)。
(30) 前掲「上田安左衛門家文書」橘樹郡役所五。
(31)「自大正二年至五年橘樹郡衙関係書類」(前掲「飯田助知家文書」大正期の資料二―七)。この項の以下の記述は、断りのない限り、同書類による。
(32)(33) 前掲「上田安左衛門家文書」橘樹郡役所七。
(34)「飯田助夫日記」一九一六年七月一七日。
(35)「大正五年郡会議事録」(前掲「上田安左衛門家文書」橘樹郡役所七)による。以下、この項の以下の記述は、断りのない限り、同議事録による。
(36)『横浜貿易新報』一九一六年一二月一三日。

(37)『横浜貿易新報』一九一六年一二月一五日。
(38)前掲「大正五年郡会議事録」。この項の以下の記述は、同議事録による。
(39)同前。この項の以下の記述は、断りのない限り同議事録による
(40)「飯田助知日記」一九一六年一二月一六日。
(41)(42)　前掲「大正六年郡会議事録」。
(43)「大正七年郡会議事録」(前掲「上田安左衛門家文書」橘樹郡役所一〇)。

第2章　大正期における地方名望家と地域政治
――大綱村飯田助夫の政治活動――

大西　比呂志

はじめに

飯田助夫は一八七八（明治一一）年に神奈川県橘樹郡北綱島村（のち大綱村大字北綱島）に、「有識の豪農」とされる家門に生まれた(1)。父の第一一代助大夫（快三）は、大綱村初代村長、橘樹郡会議員、神奈川県会議員を歴任、郡茶業組合長、郡農会長などを務め地方産業開発の指導者でもあった。その長男助夫も一九一三（大正二）年六月同村の村会議員となって以降、郡会議員（同一〇月）、村長（一七年四月）、県会議員（二四年）、横浜市会議員（二七年）、衆議院議員（三六年）を歴任、また父同様多くの団体役員を務めた。飯田助夫は地域の名望家子弟として戦前期日本の代議制の階梯を上昇した典型的な地方政治家であった。

飯田助夫が政治へ関わり始めた時期は、日露戦後から第一次大戦を経た日本資本主義の発展期にあたり、社会的には農村の変貌と都市化が進展し、政治的には大正政変と第一次護憲運動の高揚により地方における大衆の政治参加と政党化が進んだいわゆる大正デモクラシー期である。政治家の軌跡と彼を生み出す社会とは密接に関連し、またすぐれた政治家は推移する情況に適応しかつこれを変革していくとすれば、このような政治的社会的変動の中で飯田はどのように政治的成長を遂げていったのか、そしてその間地域の政治構造はどのように変化していったのだろうか。

地方名望家を対象とした従来の研究は、大きくいって二つの側面から考察されてきた。第一は近代国家の行政村の担い手、第二は政党の支持者としてであり、前者は主に明治期、後者はそれ以降の時期に力点が置かれているといえる。しかしこの両側面は明治後半期以降機能的に緊密化し、また重要性をいっそう高めるものであり、一人の地域名望家を通じてこの両側面の関連を併せて検討し、同時に地域の政治秩序の変化を考察しようというのが本章の視角である。(2)(3)(4)

本章はこのような観点から、飯田助夫が村議から県議となって地方政治家としての地歩を固めるまでの大正期の主に選挙分析を通じてその成長の過程を検討し、都市近郊農村部における地域政治の変容を明らかにしようとするものである。

第一節　村政への登場

1　大綱村と地方選挙

まずこの時期の大綱村の動向について簡単に紹介しておこう。(5)一八八九（明治二二）年に発足した大綱村は九大字（大豆戸、篠原、菊名、太尾、大曽根、樽、南綱島、北綱島、白幡）からなり、一九一二年末の時点で戸数六五五、人口五〇二一人で橘樹郡二町一七カ村の中でも人口緻密順位は最下位であった。また土地利用では田が三九三町七反、畑二八五町、宅地が一三四町、山林原野二六六町あまりで、宅地は一二％程度という農村であった。(6)その後人口は一時減少して二一年八〇一戸、四七八二人となるが、震災後横浜市に接する白幡地区を中心に増加に転じ二五年一〇〇二戸、五七一〇人となった。(7)一九二七年に横浜市に編入されるまで、大綱村は都市近郊農村としては比較的緩やかな変化を辿った地域といえよう。

次に本章で対象とする大正期の一三年間に、大綱村では村会、郡会、県会、衆議院の各選挙が補欠選挙をふくめて一七回実施された（表2-1）。選挙は毎年のように繰り返される村の日常行事であった。これらの選挙は、一九二五年の普選法の成立まで納税資格による制限選挙であり、村会においては一九二一年の町村制改正までは二級の等級選挙制度であった。納税資格からいえばこの時期町村会議員選挙は、直接国税二円以上（一九一一年町村制）、郡会議員、府県会議員は、直接国税三円以上から直接国税を納める者（一八九九年府県制、郡制、一九二二年府県制）、衆議院議員は直接国税および営業税で一〇円から三円（一九〇〇年衆議院議員選挙法、同一九一九年）という変遷であった。制限選挙制度のもと有権者数は、村＞郡＝県＞国の順、割合において村人口の一割以下であった（表2-2）。

このように一部の有権者が頻々と行われる選挙に絶えまなく参加したことは、各段階の選挙相互を密接に関連させ、選挙過程そのものが地域政治の大きな部分を占めることになった。都市化の波及を受けながらも依然農村的様相を強

表2-1　飯田助夫と大正期の地方選挙

1913年	3月31日	大綱村長・村会議員選挙
	11月10日	橘樹郡会議員選挙
1915年	3月25日	衆議院議員総選挙
	9月25日	県会議員選挙
	9月30日	橘樹郡会議員選挙
1917年	3月31日	大綱村会議員選挙
	4月20日	衆議院議員総選挙
	7月16日	大綱村長選挙
	9月30日	橘樹郡会議員選挙
1919年	9月18日	県会議員選挙
	9月30日	橘樹郡会議員選挙
1920年	5月10日	衆議院議員総選挙
1921年	3月31日	大綱村会議員選挙
1924年	5月10日	衆議院議員総選挙
	6月21日	県会議員選挙
1925年	4月 1日	県会議員橘樹郡補欠選挙
	9月21日	県会議員橘樹郡補欠選挙

出典：「飯田助夫日記」，『横浜貿易新報』より．

表2－2　大綱村有権者（1919年時点）

衆議院	180
県会議員	312
郡会議員	308
村会議員	468
人口	5,337
戸数	734

出典：「大正八年三月調査　神奈川県橘樹郡大綱村村勢一覧」（「飯田助知家文書」）．

くとどめていた大綱村の村政は、限られた公民＝有権者によって運営される領域であり、大綱村の政治構造は、都市近郊農村の名望家秩序の典型的な事例を提供すると思われるのである。

2　村の予選体制

飯田助夫は、一九一三（大正二）年に村会議員に当選した。以後二七（昭和二）年に横浜市に編入になるまで四期を務め、その間一七年には村長に就任した。飯田助夫の政治活動の原点というべき村会議員選挙の動向をみてみよう。

飯田助夫は、この時までに大綱村農会の評議員（一九〇五年）、村学務委員（〇八年）などに携わり、父助大夫の後継者として周囲からも目されていた[8]。三月二四日飯田の村議擁立を決定した北綱島公民大会は次のようであった。

「午後三時ヨリ来迎寺ニ於テ北綱島公民大会ヲ開催シ今回大綱村総選挙ニ於ケル村会議員候補者確定ノ為メ協議ノ結果前任者辞退ニ付新候補者トシテ一級飯田助夫、二級小島周助両人ヲ選抜スルコト、右集会ノ決議トシテ南綱島ニ交渉調停ノ筈」（「日記」一九一三・三・二四）[9]

飯田助大夫は大字北綱島出身の村議であったから、その後任も同大字の有権者による公民会で決定され、次いで近世中期まで同じ村であった隣接大字南綱島と「交渉調停」されるという手順であった。各大字単位の公民による候補者の事前銓衡、いわゆる予選は地方選挙の末端では恒常的に行われており、飯田助夫もこの体制を通じて村政に登場した。

こうした各大字での予選は厳しく行われたようで、三月三一日執行された選挙では、定数一二に対し立候補したものは一三人であった。北綱島からは予定通り飯田が当選したほか、南北綱島は一、二級とも地区間相互で近い得票で当選しており両大字間の「交渉調停」が奏功したことがうかがわれる。各大字別当選者は南・北綱島、大豆戸、篠原が各二、樽、大曽根、太尾、菊名が各一で、一九一〇年に編入したばかりの白幡は候補者も当選者もない。これに対し一、二級に一人ずつ議員を擁する南北綱島、篠原の各大字は、村内でも有力な地区であったようだ（表2－3）。

表2－3　1913年大綱村村会議員選挙

		氏　名	得票
2級	当選	金子孝次郎（篠原）	43
		椎橋仁助（大豆戸）	41
		小泉幸助（南綱島）	40
		小島周助（北綱島）	34
		松阪伝太郎（大曽根）	34
		磯部弁蔵（太尾）	14
	次点	田中佐吉（篠原）	13
		鈴木寅蔵（樽）	11
		合計	230
1級	当選	田中佐吉（篠原）	14
		飯田助夫（北綱島）	14
		竹生源蔵（南綱島）	14
		小泉金作（菊名）	11
		鈴木寅蔵（樽）	11
		吉田三郎兵衛（大豆戸）	7
		合計	71

出典：「飯田助夫日記」1913年3月31日.

以上のように飯田が村議として登場した時期の村の政治運営は、事前の話し合いで地域有力者間で議員ポストが配分されるという予選を慣行としていた。この予選体制は、議員ポストという社会的栄誉をめぐって、大字を単位とした名望家秩序を前提とし、「競争」ではなく「配分」を一つの柱としたのである。

この体制のもう一つの原理は、大字の「順番」であった。飯田が村議に次いで当選した同年一一月の橘樹郡会議員選挙をみてみよう。

郡会議員は、郡内町村を選挙区として町村公民が選挙し任期四年の名誉職であった（一八九九年郡制第四条、第六条、第七条）。大綱村から橘樹郡会に選出された議員は表2－4のようであった。

大綱村の郡会議員選出において特徴的なのは、本来任期四年のところ二期目の飯田助大夫以降、正選と補欠の選挙が実施されて二年ごとに交替していることである。これは郡制第八条に郡会議員の欠員や定数や配

表2－4　大綱村選出橘樹郡会議員

氏　　名	大字	選出年	備　　考
石黒重次郎	南綱島	1899	第1期・正選
飯田助大夫	北綱島	1903	第2期・正選
松坂伝太郎	大曽根	1905	第2期・補欠
磯部桑五郎	太尾	1907	第3期・正選
吉田三郎兵衛	大豆戸	1910	第3期・補欠
加藤峯太郎	篠原	1912	第4期・正選
飯田助夫	北綱島	1913	第4期・補欠
伊東伊助	大豆戸	1915	第5期・正選
横溝董次郎	樽	1917	第5期・補欠
竹生源蔵	南綱島	1919	終期・正選
吉原園吉	北綱島	1921	終期・補欠
竹生源蔵	南綱島	1921	終期・補欠

出典：『郡制有終記念帖』1923年.

当に異動が生じた場合、補欠議員を選挙できる規定に基づくものであったが、こうした例は他町村ではほとんどみられず表から明らかなように、大綱村では郡会議員ポストを分割し持ち回りで各大字の有力者に配分することが慣行化されていた。

しかし飯田の郡議擁立は、この慣行を乱すものとなった。飯田は一一月五日、南北綱島の惣代人会の決議によって両大字の候補者として推薦された（「日記」一九一三・一一・五）。次いで他の大字との調整に入ったが、菊名の小泉金作から大豆戸の吉田三郎兵衛を通じて今度の郡議は飯田助大夫以来二度目となる北綱島ではなく「菊名ノ順番」であると抗議された。これに対し南北惣代の竹生源蔵、吉原園吉らは直ちに小泉方に「談判ヲ為スコト」にし、問題は飯田を一気に郡議に就けようとする南北綱島と、慣行を主張して小泉金作を擁立した菊名という大字間の対立となった（「日記」一九一三・一一・六、七）。この対立はさらに篠原地区の有力者らが「菊名ニ於テ譲ラサルヲ不当トシテ大ニ同情」を寄せ、白幡、篠原地区は「総棄権ノ見込」となるなど他の大字も加わり、村長椎橋（菊名）の調停も「談判破裂」するなど、村全体へと拡大した（「日記」一九一三・一一・八、九）。

一〇日の投票の結果は、飯田助夫一三九、小泉金作一一九で飯田がかろうじて当選となった。しかし得票の内訳は飯田の計算によると、南北綱島七六（無効三）、大曽根一三、樽八、太尾一三、篠原九で、小泉を支持した菊名、大豆戸、白幡からの得票はない。菊名とこれを仲介した大豆戸がないのは経緯から当然ではあったが、「総棄権」と見込まれた白幡では「十五票ノ所十四票迄」小泉に流れたとみられ、大綱村各大字は、郡議のポストの配分と順番をめぐって二分された。飯田は出身大字は固めて当選はしたものの、郡議へ上昇する過程で地域間調整の困難に直面し、その克服が今後の政治課題となったのである。

3　村内対立

一九一五（大正四）年春に飯田の本拠南北綱島で起きた郡道工事をめぐる紛擾は、村議から郡議となった飯田が調整能力を示して村内での威信を固めていく上で重要な事件であった。

この問題は、郡費補助による郡道の砂利敷工事の実施にあたり、関係する大綱村の南北綱島の小字、別所組と中村組の対立によるものであった。そもそも鶴見川の流域に位置してしばしば甚大な水害に見舞われてきた大綱村では、河川改修や築堤工事の負担をめぐって、各町村間および町村内の地域利害対立は日常的に生じていたが、この紛擾は鶴見川支流の早渕川下流の別所組と、上流にあたる中村組がそれぞれ郡道の改修工事にあわせて耕地の一部を盛り上げて堰堤としようとしたことから惹起された。これは地域では「掻き揚げ土手」工事と呼ばれるもので[10]、上流地域の堰堤強化は下流に影響を及ぼすうえ、工事の労働力は組で調達されたから上流下流の利害が対立するものであった[11]。

対立のもとになった中村、別所の「組」とは、もと一村であった南北綱島内の小字の単位である[12]。ちなみに南綱島の別所組の構成は、惣代竹生源蔵、副惣代城田孝造以下委員一四名、総員三七名で、惣代竹生源蔵は「特任」として「人民惣代請願委員」、「常任」として「土木常設委員・衛生掛」を務めるとされた[13]。大綱村では一八八九（明治二二）年以来、学務と土木に常設委員が置かれ、土木常設委員は右の竹生の功績として「早渕川通塘ノ改修」や「鶴見川通流域拡張」「堤塘新築」などに「南北綱島惣代人ト協力一致日夜苦心焦慮殆ント家政ヲ忘レテ之ガ解決ニ尽瘁」したとされ、出身の大字を「担任」し土木事業の実施などに従事した[14]。つまり組は、人民代表となる「惣」組織であると同時に、常設委員を通じて村行政とくに土木行政の補助機関であり、末端地域の自治組織と村の行政補助機関という二重の存在であった。

一月両組の問題が発生し有力者間の調停が失敗すると、二月二〇日南北綱島協議会が開かれ、南綱島の竹生源蔵委員と北綱島の小島周助委員に両組間の「調停一任」することになった（「日記」一九一五・二・二〇）。組＝小字の問題は、常設委員を通じて大字の問題へ上げられたのである。しかし中村組では別所組の盛土にはあくまで反対して工事の決行を決議し、三月二日の南北協議会で竹生源蔵は委員を辞任した。こうして次いで飯田が「別所対中村組紛擾即チ郡道工事盛土ノ件ニ付善後策ヲ調停方依頼」されたのであった（「日記」一九一五・三・四）。

北綱島村の大北谷に属した飯田はこの問題に対し「両組以外超然」とした立場で調停に乗り出した。三月八日開催された南北綱島協議会で飯田が解決策として提示したのは、「工事ハ郡道ノ性質トシテ認定スルコト」および「現在工事道路ヲ平均二寸鋤取相方ノ意志ヲ折中スルコト」で、公共事業として村全体で工事を扱い、両大字に譲歩を要求するものであった（「日記」一九一五・三・八）。飯田は、「郡道」の公共性を訴えて地域内の協力を要請したのである。

飯田はこの案を常設委員を通じて両組へ通知するとともに、郡役所と連繫して直ちに工事の実施を進めた。すなわち四月二〇日郡の土木吏員と郡費支弁道路を「契約通リ着手施行ノ相談」をなし、池谷、吉原、小泉ら土木常設委員と協議して翌二一日に工事を着手し、二三日には郡吏が出張検査し工事は完了した。この間吉原園吉が斡旋から手を引こうとするとこれを慰留し、さらに竹生の辞職後欠員となっている南綱島の土木常設員については南綱島有力者にあて、「常設委員ハ村ヨリ其大字土木其他ニ関スル事項ヲ処理スル所ノ村ノ嘱託機関」であって「此機関ヲ欠クトキハ村行政上一大支障ヲ生スル」とし、この「一村ノ自治機関ヲ活用」することは「村ニ対スル各大字共通ノ責務ナリ」と主張して、早急に選定するよう要請した。飯田は郡道の改修やこれに従事する常設委員を村全体の「公共事業」「自治機関」と強調し、組という小字の対立の「雲霧ヲ一掃」することを目指したのである。(15)

五月一四日、飯田は関係者を集めて「各組合体ヲ期シ従来ノ一切ヲ水ニ流シ互ニ意志ヲ疎通シ利害ヲ共ニシ協力一致更ラニ第三者ノ離間中傷陰謀悪策等ノ余地ナカラシメンコトヲ希望」する「宣誓書」を示した[16]。次いで欠員となっていた南綱島の常設委員には前物代らと協議して小泉幸助（大綱村村会議員）を推薦し、翌日その就任の報告を兼ねて「南綱島将来ノ円満」を図る懇親会を主催した。飯田は両組の紛擾に決着を付け南北綱島の融和にひとまず成功したのである。むろんこれによって両大字内ないしは大字間の紛擾が終息したわけではなく、八月にも再び「郡道ノ件等圧制極マルコトアル故協議費上納セス」とする別所組を南北綱島より「分立」させる事態が生じるが、飯田はこの調停にもあたり解決をもたらす（「日記」一九一五・八・二七）。こうした活動は飯田の大綱村の実力者としての声望を高めていくとともに、飯田自身に村政の問題点を浮上させその改革の必要性を認識させていくことになった。

第二節 村と政党

1 政党勢力の浸透

飯田助夫が村議、郡議に就任したころの地域政治上の重要な問題として、政党勢力との関わりがある。神奈川県は自由民権期以来、自由党・憲政党・政友会系勢力が優勢であったが、明治末年にはその転換期にあたっていた。すなわち一九一一（明治四四）年県会議員選挙で非政友系の刷新派が進出して以降両派は拮抗する状態となり、政友、非政友両派の対抗は地域政治の主要な争点となった[17]。

同年の県議選で橘樹郡では政友会から鶴見町潮田の吉沢忠兵衛、刷新派から椎橋仁助、中村瀬左衛門が出馬した。刷新派の椎橋は同村大豆戸の出身、一九〇四年以来の村議で、県議在任中の一九一三年には大綱村村長に就任する同村の実力者であった。一方、飯田助夫は父快三とともに政友会に所属し、この選挙でも南北綱島有志らとともに「断然政友会ニ依ルコト」とし吉沢を推した（「日記」一九一一・九・一八）。大綱村では政友と刷新に支持が分裂し、選挙の結果椎橋、中村が当選し、刷新派二名に対し政友派は吉沢のみとなって同郡の県議選ではじめて勢力が逆転した。橘樹郡はこの時期以降に進展する神奈川県の政友非政友勢力の逆転現象を最も典型的に示したのであった。

こうしたなか助夫の父飯田助大夫は一九一五年二月、「昨年来より政友会が議会の多数を恃んで往々横暴の振舞あるのみならず海軍問題の醜悪を隠蔽せんと極力山本内閣を掩護したるを苦々しく思ひ」政友会を脱党した(18)。大正政変、シーメンス事件を経て立憲同志会などを与党として第二次大隈内閣が成立し、政友会の打破を目指して衆議院を解散した直後のことであった。

しかし飯田助夫は、三月の第一二回衆議院議員総選挙において依然政友派に止まり、郡部選挙区で立候補した政友派の杉山四五郎の選挙運動を行った。杉山は高知県知事、衛生局長などを歴任した内務官僚で、政友会支部の輸入候補であった。「飯田日記」によれば「選挙ノ件下組ヘハ早ク杉山名刺配布スル方宜シク近日一般ヘ名刺配布」「十日以後ニ於テ各方面ヘ一斉射撃ノコト」「大曽根松阪良助氏ヘハ今晩ニテモ、名刺依託ノ筈ナリ」と、杉山の集票活動を記している（「日記」一九一五・三・五）。

選挙の結果は、杉山は得票数二〇〇八票のうち橘樹郡で七六八票、南北綱島で九六票で最下位当選であった。選挙区全体でも同志会の四議席に対し政友会は二議席であった(19)。トップ当選の同志会の戸井嘉作は、橘樹郡でも杉山を上回る一六三六を集め、同郡は戸井を中心に同派の勢力が優勢となった(20)。

こうした趨勢は九月に行われた県会議員選挙でも引き続き、同郡では同志会・刷新派は現職の椎橋、中村が当選、政友派は池上幸操の一名で、県全体（定数一三のうち政友五、刷新七、非政友一）と同様の「政友敗北戦」となった（「日記」一九一五・九・二六）。戸井―椎橋・中村という衆議院―県会を結ぶ刷新派の系統が橘樹郡に定着したのである。

飯田はこの県議選でもなお政友派に位置していたが、同派の動きについては「秘密ニ第一回委員会ヲ開キ優秀ナル候補者ヲ推薦スルコト、決タリト」(「日記」一九一五・八・二三)と、地元と疎隔した支部の様子を伝聞で記すのみで自ら積極的に運動を行った記述は見あたらない。飯田はこのころから次第に政友派との距離を取り始めていったとみられる。これは父の政友派からの離脱のほか、先の総選挙で支援をした輸入候補杉山派は、選挙での組織的な買収事件によって投票前に都筑郡の運動員が多数検挙され、選挙後の八月三〇日には橘樹郡の運動部長(秋元喜四郎郡議)が召喚されるなどその余波は橘樹郡にも及んでおり、こうした政友派の動向と無縁ではなかっただろう(21)。

そうした飯田の心境の変化を示すのは、県議選のさなかの次の記述である。

「選挙ハ孰レモ各有権者ガ其代表ヲ定ムル所ノモノ也、其代表者ヲ定メテ之ニ一切ノ公事ヲ委托《ママ》セントスルモノ也、之他人ニ対スル義務ニ非スシテ各自ガ国民的生活、町村的生活ヲ為スニ際シ寧ロ放棄スベカラサル権利ト称スベキモノナリ」(「日記」一九一五・九・六)

こうした認識が、党上層によって輸入された地元と関係の薄い候補の集票に動員され、さらには買収事件を惹起したような先の杉山の選挙への批判が内在していることは明らかである。選挙を「町村的生活ヲ為ス」ために「代表者」を定めて「公事ヲ委托」する権利とする飯田の主張は、地域の名望家として政治と選挙の、あるいは政治における中央と地域の本来の関係を模索するものであった。

2　刷新派へ

このような認識は、飯田をして地域に即した政党支持関係を再構築させることとなった。県議選の五日後に実施された郡議選挙はその転換点であった。

第一に、この選挙において飯田は郡議銓衡における従来の予選体制を変更しようとした。すなわち各大字別の調整にかえて村内三小学校（南綱島、大曽根、篠原）の「学区別二ヶ年交代」とする案を椎橋村長に打診したのである（「日記」一九一五・九・一九）。自らの当選時の各大字間の確執にかんがみて、候補者の選出方式を学区という複数の大字からなる行政上の単位に転換し、大字間の対立を緩和させることを意図したのであった。これが実現したかどうかは明らかでないが、大字主体の村政運営の改革を飯田を志向したことは重要であり、この後飯田が再び試みるものであった。

第二に、この選挙は党派所属において、飯田が政友派から刷新派へ転換する契機となった。この選挙では、選挙区となった各町村で政友刷新両派で争われ、例えば大師河原村では刷新派の秋元與吉に対し政友が前議員石渡藤太郎を推し、従来政友派の強固な地盤であった旭村では横山秀民が刷新派から出馬して政友派の前議員秋山広吉と争うなど、党派の対立が郡会議員選挙にも波及した。橘樹郡の選挙結果は「政友派ノ必勝ヲ期シタル大師、田島等ハ何レモ刷派ノ為ニ屠レタリ、結果十四対七ノ無惨ナル敗北」となり、飯田も「政友派ノ幹部ノ援護宜シキヲ得サルモノ」と支部幹部を批判した（「日記」一九一五・一〇・二）。

こうした政友派の凋落は、飯田の本拠大綱村でも同様であった。飯田の後任郡議の選出でもあったこの選挙において、飯田は元郡議の吉田三郎兵衛との間で候補者銓衡について「妥協」した[22]。候補となった伊東伊助は、吉田と同じ大字大豆戸の出身で、さきの衆議院選で戸井嘉作を推した刷新派の有力者であった。選挙では、伊東は大綱村で「百〇五ノ投票中ノ百〇四票」を獲得して当選、飯田は「外ニ氏名ナシ無事平穏ナリキ」と記した（「日記」一九一五・一〇・二）。伊東の当選は前回と同様に郡議選出の大字「順番」が否定されただけでなく、政友刷新両派の対抗関係にあった大綱村が刷新派支持へ結束したことを示すものとなった。郡議選出はもはや大字の論理でなく党派の論理が優先し、飯田もこの趨勢に抗することはできなかったのである。政友派支部への批判を強め、本拠大綱村で刷新派と妥協した飯田が刷新派へ転身するのは、もはや時間の問題であった。

3　村政改革

飯田は一九一七（大正六）年の村議選で再選された。この選挙は人口増にともない議員定数が一八に増えたが、この選挙においても「村会議員予選ノ件」が各大字間で協定された（「日記」一九一七・三・二九）。予選の中心となったのは、常設委員であった。三月二八日に開かれた村常設委員会において、一級では「選挙人数ヲ五名」、二級では「選挙人数ハ被選人一名ニ付十名乃至十五名迄」とし、「各常設委員ハ責任ヲ帯ヒテ上記十八名ノ選出ヲ期スルコト」が申し合われた(23)。本来村の執行機関である常設委員が、村会議員予選の「責任」者となったのである。

しかし、選挙では一級で大豆戸と篠原両大字間の「当選妥協破レ」、二級でも南綱島から二人立ち当選はしたが、飯田はこれを「過失ノ功名」と候補者調整の失敗を記した（「日記」一九一七・三・三一）。選挙後当選した議員たちは、椎橋村長にあて「予定ノ結果ヲ告クルニ至ラサルヲ以テ責任上当選辞任ヲ本職手元迄呈出セラレシモノ数名有之」、椎橋は四月四日「前後策御協議申度」との案内を関係者に発送する始末であった(24)。予選の慣行は存続しながらも、有力者間の「妥協」はしばしば破綻した。

こうした村政の混乱は、飯田を村政改革へと動かした。四月一三日、飯田は椎橋村長にあて次のように書き送っている。

「大綱村条例第一号土木常設委員の儀は町村制施行の当時にして且旧八字より編成相成居り何れにしても改正の手続きを履行せざるべからず御都合上諸規程編纂の折にてもよろしく何んとか御決定相成度候(25)」

飯田が土木常設委員制度の改革を要求したのは、前述の郡道盛土問題や右の村議選のように、常設委員が大字の組惣代を兼任してしばしば部落代表化し、地域の利害対立が村行政に持ち込まれる弊害が生じたからであった。

飯田がこれに替えるべく提案したのが、区制であった。飯田は四月一六日の村会でこれを第七号議案として提出、その理由書には「本村ニ於テハ世運ノ進歩ト共ニ各大字ニ区長ヲ設置シ其ノ区内ニ於ケル土木衛生勧業ニ関スル事務ヲ分担セシムル便宜ナリ」とした。[26] 区長設置は、「世運ノ進歩」に伴う村行政の近代化というべき改革であった。町村制第六四条に規定される区制は、「町村ノ区域広闊ナルトキ」に設置しうるが、区長は「市町村ノ機関」であって「旧制ノ伍長組長」や「従前ノ区内ニ存スル戸長ノ類ト混ス可カラス」と「町村制理由」に解説される制度であった。つまり大綱村におけるこの改革も、村の執行機関として惣代と分離した区長を設置して、部落割拠の状況を弱め村の行政系統の整備を目指すものであった。

この後内務省の認可を得た「橘樹郡大綱村区長設置規程」によれば、[27] 大綱村の従来の大字は、第一区白幡、第二区篠原、第三区菊名、第四区大豆戸、第五区太尾、第六区大曽根、第七区樽、第八区南綱島、第九区北綱島と改称されて行政区画となり（第一条）、村会において村公民中から選挙した名誉職の区長を設置し（第二条）、「村長ヲ補佐シ区内ノ事務ヲ執行」することとした（第四条）。区長は名誉職とされたが、報酬を給与することもできた（第五条）。また任期は「満四ヶ年」（第三条）とされたが、飯田は同村会において、区長、学務委員の任期は「二ヶ年交代ノ事」を諮り、短期に交代させる措置を講じた（「日記」一九一七・四・一六）。従来の常設委員は竹生源蔵のように九年に及ぶ就任の例があったが、同年四月に就任した新区長九名のその後の任期をみると、うち八名までが二年に満たない一九年一月までに交代している。[28] 区制は村行政における部落代表的傾向を弱め、執行機関の強化をもたらすものとなった。

第三節　地方政治家への展開

1　村長就任

飯田が椎橋村長とともに村政改革を進めていたさなかの一九一七（大正六）年四月に行われた衆議院議員総選挙は、飯田と椎橋の政治的距離をさらに縮めるものとなった。すなわち飯田はこの選挙以降、政友派から刷新派へ転換し、党派的にも椎橋および大綱村と一体化した。

この選挙は、前年一〇月に成立した寺内内閣が憲政会の打破を目指した選挙で、橘樹郡を含む神奈川県郡部選挙区では刷新派の戸井嘉作に対し、横浜市会の政友派の重鎮赤尾彦作や官僚派から松本剛吉らが出馬した(29)。

四月五日大綱村役場で椎橋村長に面会した飯田は「村協定ノ予定」を相談、翌六日にはさきの郡議選で刷新派擁立を妥協した吉田三郎兵衛と面会して「村ノ円満ヲ計ル」ことを約束した（「日記」一九一七・四・六）。こうして七日の村会で決定したのが戸井嘉作の擁立であり、飯田もこれに賛成して、四月一〇日「全村一致」で戸井支援の体制が発足した（「日記」一九一七・四・一〇）。飯田は戸井を支持する刷新派の立場を鮮明にしたのである。

表2－5　1917年衆議院議員総選挙結果（郡部）

	氏　名	党派	総得票数	橘樹郡
当選	小塩八郎右衛門	無	2,336	10
当選	小泉又次郎	憲政	2,325	15
当選	戸井嘉作	憲政	2,256	1,409
当選	赤尾彦作	政友	2,163	790
当選	松本剛吉	無	2,094	64
当選	中川隣之助	無	2,032	4
次点	山宮藤吉	憲政	1,947	1
落選	川井考策	憲政	1,776	122
落選	土居貞弥	政友	1,230	83
落選	その他		296	10

出典：『横浜貿易新報』1917年4月21日.

結果は戸井が橘樹郡総投票数の五六％を集めて当選した。戸井の得票中橘樹郡が占める割合も前回五三％から六二％へ上昇した。飯田のように従来政友系に位置した地域有力者を取り込んだ戸井は、橘樹郡を自派の最大の地盤とすることに成功した（表2－5）。

このように政治的距離を縮めつつあった飯田と椎橋の関係の帰結が、同年七月の大綱村長就任であった。椎橋の任期満了にともない村会が指名した銓衡委員五名は、「前村長椎橋氏ノ意向ヲ伺ヒタルニ飯田助夫ヲ推薦ニ一致シ」た(「日記」一九一七・七・一六)。飯田は椎橋の「意向」により後継者に指名され、村会でも飯田助夫一六点、吉田三郎兵衛一点という圧倒的多数で当選した。飯田は村議当選後四年あまりにして親子二代にわたる、そして二七年に横浜市に編入されて消滅する同村最後の村長となった(30)。

こうして飯田は戸井・椎橋と人脈的につながる党派系列の末端を担う有力者の地位を獲得した。この系列は選挙後の一一月七日に憲政会神奈川県支部が成立したことにより組織的に整備され、県議となった椎橋は同支部の橘樹郡役員に就任し、そのもとで飯田は同郡の選挙指導の中心となった(31)。大正期に進展した政党の地方への組織系列化の動きは、飯田と大綱村にまで波及したのである。

2 選挙体制の形成

一九一九(大正八)年から二一年にかけて、大綱村では県会、郡会、衆院、村会など主要な地方選挙が相次いで行われた。原敬が率いる政友会内閣期に行われたこれら選挙に、憲政会・刷新派の有力者となった飯田は村長としてどのように臨んだのだろうか。

一九年九月の県議選には橘樹郡では刷新派から中村瀬左衛門、椎橋仁助の二人と多摩川改修問題で政友会から転じた池上幸操が出馬した(32)。九月六日、刷新派は定数四のうち三名確保を目指して候補者選定協議会を開き、これら候補の得票予想と地盤割りを決定した(33)。椎橋を擁立した飯田は、大綱村での得票を有権者三〇一のうち九割近い二六九票と見込み、この獲得を目指して村の組織を動員した。

九月一〇日、飯田は村長名で「県郡会議員選挙ニ関シ協議会開催ノ件」を村会議員、各区長に発し、県議選と郡議選は同時並行して選挙対策が講じられることになった[34]。一三日の協議会では、県会議員選挙は「本村ヨリ椎橋仁助氏ヲ推薦シ極力之レガ当選ヲ確実ナラシムルコト」を決定し、名簿や名刺の配布を区長を通じて行うこと、運動員として第一～三部に区長・村議ら八名を配置し、村長のもとに運動に従事することにした。運動員には、第一部加藤寅吉（区長・村議）、金子利助（村議）、小泉金作（区長・村議）、荒井亀吉（区長・村議）、第二部磯部広吉（区長・村議）、横溝董次郎（区長・郡議・村議）、第三部竹生源蔵（前区長・村議）、吉原園吉（区長・村議）ら、多くは飯田村長時代に任命された区長であった[35]。

さらに同日の協議会では、竹生源蔵と吉原園吉が郡会議員候補に決定された。竹生は南綱島、吉原は北綱島の出身で飯田の地元有力者であり、右の県議選の運動員（第三部）でもあった。二一日の協議会で飯田はこの両名を推薦し、竹生が前期、吉原が後期の候補に決定した（「日記」一九一九・九・二一）。こうして二七日飯田が各区長あてに発した「号外」は、「郡会議員候補者トシテ第三部落ヨリ両区長名義ニテ竹生源蔵氏ヲ選定ノ旨申出有之候ニ付、御部内宜敷御誘導被下同氏ノ当選ヲ計レタク、別紙名刺数葉相添此段御依頼申上候也」と、竹生の当選のため区長に運動を依頼するものであった[36]。

まず二六日の県議選の結果は、刷新派三名が椎橋七八七、池上七六四、中村七〇六票と見事に地盤割りが成功して全員当選（政友派一名当選）、一〇月一日の郡議選でも予定通り竹生源蔵が当選、郡全体でも刷新派一八名、政友派七名となった。県議選、郡議選では飯田村長の指揮によって村の機構がそのまま選挙組織へ動員され、刷新派が勝利したのである。

翌二〇年五月に実施された第一四回衆議院議員総選挙は、この選挙組織が小選挙区制のなかでも有効に作動することを示した。すなわち原内閣による衆議院議員選挙法の改正により、従来の郡部選挙区から久良岐・橘樹・都筑三郡の神奈川県第三区が分割され、憲政会刷新派からは小野重行、政友派は赤尾藤吉郎が立候補した。両者ともそれぞれ前議員の戸井嘉作、赤尾彦作から地盤を譲られての出馬であった。

飯田は前回の戸井同様、小野の選挙にも積極的な支援を行い、橘樹郡での小野の得票を投票五〇〇〇のうち六割の三〇〇〇、赤尾を四割の二〇〇〇、三郡では各四二五〇、四一八〇とみて、僅差で「小野勝利也」と予想していた(37)。選挙の結果は、投票率が高かったため飯田の予想より得票は増大し、小野四五九二、赤尾四三九一となり僅差で小野が当選した。しかし橘樹郡では小野三四九〇、赤尾二一三七で、それぞれの得票の七六％、四九％を占めた。前回の戸井、赤尾（彦）はそれぞれ六二％、三七％であったから、小選挙区下で橘樹郡において戸井・小野の憲政会刷新派陣営の地盤はいっそう強固な結束を維持したのであった。

翌二一年三月に行われた大綱村会議員選挙は、以上のように上級各選挙で郡内の憲政会刷新派の勢力を支えた飯田村長の末端での選挙指導をみることができる。

三月二二日飯田は、各村会議員と区長にあて村会議員選挙執行にあたり、「最善ノ方法ニ依リ公平円満ナル選挙ヲ終了致度……此際諸君ノ隔意ナキ御高見ヲ承」るべく役場への参集を依頼する号外を発した(38)。二五日大綱村役場において開かれた村会議員区長協議会では、大字への議員配当と投票割り当て（一級は議員一人に対し五人投票、二級は一五人とする）、大字の予選結果の役場への事前報告などが決定された。

村長・役場は村議銓衡の中心となり、さらに各区長は「無事円満ナル選挙ヲ終了スル目的ヲ以テ各区ト投票ニ関スル連絡ヲ取ルコト」とされ、翌二六日には「昨日ノ協議会ニ基キ菊名部内ニ於テハ村会議員候補者トシテ金子信吉氏推薦ノ件青木区長ヨリ申込」となった。村長―区長によって村議の大字予選体制が統括されたのである。

選挙の結果は、一級で一人が五票で次点となったほかはすべて当選、その得票は一級五人、二級一五人を割り当てた先の役場の指示に沿って、一級で一二～五票、二級で三七～一〇票となった。二級は各大字で均等に一名ずつが選出され、一級ではこのラインに届かない投票数の大字（菊名、白幡）から当選者はなく、当選ラインを基準として各大字間で票の調整が行われていたことが推測される。飯田村長は選挙運営において役場を中心に各地区を統括する組織的な体制を確立したといえるだろう（表2－6）。

3　県議へ

こうして村内基盤を固め橘樹郡内の有力者の地位を築いた飯田が、次に県政へと飛躍しようとしたのは当然であった。この間一九二一（大正一〇）年一月飯田が発起人総代となって橘樹郡、都筑郡各町村に呼びかけて推進した鶴見川改修工事国庫補助請願運動は、実現にむけ飯田の県議就任をいっそう必要としたであろう。二二年七月、この運動の推進団体として鶴見川改修期成同盟会が会長飯田助大夫以下、橘樹・都筑両郡の政治家（衆議院議員、県会議員、町村長、町村会議員）を超党派で網羅して結成され、飯田助夫はその幹事に就任し、以後改修工事の国庫支出を目指して県、貴衆両院などに毎年のように行われる請願運動の中心人物となった(39)。

飯田が県政への出馬を固めたのは、翌二三年九月に予定された県会議員選挙であった。飯田は八月一六日大綱村長をいったん辞任し「此上ハ極力当選ヲ期」すべく村内有力者への協力を依頼して選挙運動を開始した（「日記」一九二三・九・一八）。飯田は村長職と同様、県議選でも椎橋仁助の後継候補となり、憲政会支

表2－6　1921年村会議員選挙

2級	氏　名	得票
当選	竹生源蔵（南綱島）	37
	飯田助夫（北綱島）	36
	峯岸新助（篠原）	25
	富川喜代八（大曽根）	22
	磯部広吉（太尾）	19
	吉田三郎兵衛（大豆戸）	18
	金子信吉（菊名）	17
	鈴木寅蔵（樽）	14
	萩原幸太郎（白幡）	10
1級	氏　名	得票
当選	岩岡昌司（篠原）	12
	小泉幸助（南綱島）	10
	吉原園吉（北綱島）	10
	臼井義久（篠原）	10
	横溝董次郎（樽）	10
	池谷道太郎（南綱島）	8
	松阪彦八（大曽根）	8
	椎橋仁助（大豆戸）	8
	磯部桑五郎（太尾）	5
次点	磯部弁蔵（太尾）	5
落選	青木近蔵（菊名）	1

出典：「大正十年四月号　九冊目　乾」（「飯田助知家文書」）.

部は二二日銓衡委員会で飯田ら四名の公認を決定した（「日記」一九二三・九・二二）。

しかしこの県会議員改選は、九月一日の関東大震災のため二四年六月に延期された。その間五月一〇日には第一五回衆議院議員総選挙が執行され、前回同様の憲政会小野と政友会赤尾の一騎打ちとなった第三区の選挙戦で、「飯田大綱村長の如きは護憲の為めに職を抛うち草鞋行脚を以て小野氏の危急を救ふなど目下稍々勢力挽回の状勢にあるらしく観測されて居る」との奮闘ぶりをみせた[40]。飯田は小野の選挙事務主任および会計主任を務め、運動者協議会を指揮するなど小野再選の原動力となった。この飯田の活躍には、当然来るべき自らの県議選が視野に入っていたにちがいない。

衆議院選挙が終わると二一日、憲政派は仕切り直しとなった県議選に、震災前に決定した飯田ら四候補を公認し、五月二六日には本部から「候補者集合各地盤割ヲナス旨通知」された。すなわち、橘樹郡の橘村以北の「北部」が竹口文太郎、保土ヶ谷、城郷、大綱、日吉、中原の「中部」が飯田、「南部」は旭、鶴見、潮田が横山秀民、大師、川崎、御幸、住吉が池上幸操に配分された（「日記」一九二四・五・二六）。「北部」は多摩川流域で東京府に接する地域、「中部」は鶴見川流域および鉄道の東海道線・横浜線の沿線にあって横浜市に隣接する地域、「南部」は鶴見川、六郷川流域で東京湾に接する地域であり、それぞれ郡内の地域ブロックを形成していた。

ところがいったん引退を表明して竹口に譲ったはずの中村瀬左衛門が地元から擁立されて出馬を表明すると、候補者公認と地盤割りは振り出しに戻った。すなわち飯田は「中村瀬左衛門氏擁立ノ件今日ノ場合トナリ万止ムヲ得スンハ小生辞退シテ中部へ横山氏ヲ廻ハシ、南部へ竹口君ヲ持廻リテハ如何、事茲ニ至リ幹部ヲ困ラセヲシテモ是非ナキコト故候補者中犠牲トナル」ことを迫られたのであった（「日記」一九二四・五・三一）。橘村出身で長年県議を務めた中村は憲政会支部の最有力者の一人であり[41]、竹口を南部に廻すことになると横山が中部に廻り、玉突き式に飯田が押し出される形勢となった。飯田は、県議選においてはじめて「北部」や「南部」といった広域の町村別ブロックの調整という課題に直面したのである。

いったん辞退も考慮した飯田は、しかしそれまで培った人脈を動員して選挙運動を継続した。飯田の選挙参謀となったのはさきの郡議選で飯田が擁立した竹生源蔵であった。六月一日、飯田は竹生に「大綱村三百票」を「吉田椎橋両元老ト相談ノ上ヨロシク取扱」うことを依頼し、翌二日には飯田の事務所開きが行われ、竹生が中心となって各大字の有力者を説いて「挙村一致ノ形式」を築くことに成功した。次いで飯田陣営は地盤に配分された神奈川方面、保土ヶ谷町、城郷村、岸根、三枚橋、羽沢各方面の「有力者ニ面会挨拶ヲナス」といった具合に、連日選挙活動を展開した（「日記」一九二四・六・二、三、四）。

こうした情勢に六月五日、憲政会支部ではこのまま推移すると「公認候補枕ヲ並ベテ打死スルノ運命トナル」との危機感を募らせ、また政友派が憲政派の足並みの乱れをみて北部で候補者擁立の動きをみせたことから、北部の「橘、宮前、中原、高津、向丘ノ五ヶ村ハ地所勝手」という新たな地盤割りを示した（「日記」一九二四・六・五）。これを飯田は「中村落計画」と記したように、支部はあくまで出馬の意向を示す中村の地盤地域を各候補の自由競争にまかせ、中村の落選をも辞さない方針へと転換したのであった。これにより飯田陣営は直ちに七日「地所勝手」とされた橘、宮前、中原方面に「出動」して票の切り崩しを行い、郡内他町村に選挙活動を展開した。

一〇日の選挙の結果は、政友派は田中亀之助（川崎町長）、憲政派は中村瀬左衛門、横山秀民、飯田助夫、池上幸操の四名が当選し、竹口文太郎が中村にはじかれて落選した。飯田は得票数一一〇八で第四位の当選であった。飯田は大綱村で有権者（四八九）の八割近くの三七六を獲得したが（「日記」一九二四・六・一〇）、これは飯田の得票の三割ほどにすぎず、むろんこれだけでは県議選に当選は不可能であった。飯田はこの選挙を通じて支持基盤を大綱村から郡内全体へと広げたのである（表2-7）。

こうして県議となった飯田の重要な活動の一つが郡内地域ブロック間の調整であったことは、当選の経緯からも当

表 2－7　1924 年県会議員選挙（橘樹郡）

候補者	党派	得票数	当落		大綱村得票数
田中亀之助	政友	1,846	当選	元	24
中村瀬左衛門	憲政	1,667	当選	再	
横山秀民	憲政	1,135	当選	新	2
飯田助夫	憲政	1,108	当選	新	376
池上幸操	憲政	1,028	当選	再	
竹口文太郎	憲政	663	次点	新	1

出典：『横浜貿易新報』1924 年 6 月 10 日および「飯田日記」同日.

然であり、また県議として安定した地盤形成のためにも必要であった。飯田は当選後、混乱の焦点になった中村、竹口ら同派有力者を訪問し、「今後ノ郡下団結ヲ図ル」べく協力を要請し（「日記」一九二四・六・一六、一七、一八）橘樹郡内の地域対立の融和に動いた。さらに一九二六年四月と九月に相次いで実施された同郡での県議補欠選においても、飯田は憲政派の幹部として鶴見町など「南部」と宮前村など「北部」の間で対立した候補者銓衡に関与した。(42) 飯田の政治活動の領域は、村から郡へと拡大したのである。

おわりに

大正期に村議から村長、郡議、県議という階梯を上昇した地方名望家飯田助夫の政治活動は、いくつかの画期にまとめることができるだろう。

第一は村議として政治生活を始め、当面する政治問題の中で自らの政治理念や政治姿勢を模索した時代である。飯田が村議として登場した大正初年の村の政治体制は、名望家を中心とする大字単位の予選体制を基本的な枠組みとしたが、しばしば各地域の有力者間で対立が生じ、さらにこの時期進展した政党勢力の地域への波及が不安定要因となった。飯田は村内対立の融和と党派対立の解消という二つの政治課題に直面した。

第二は、この課題に取り組みつつ一定の政治姿勢と政治基盤を確立していった村長の時代である。すなわち常設委員の廃止と区制設置など村の行政改革を断行し、地域に即した政党支持の立場から刷新派へ転換した。そしてこれらを通じて飯田は、椎橋村長と政治姿勢を接近させその後継者としての地位を築いた。ここで重要なのは飯田が村長に就任する過程で、部落割拠的な予選体制が改革され役場中心の執行体制が整備されたことである。飯田村政はいわば新たな公共関係を構築し、この上に党派的挙村体制を形成したのである。

第三は村長という小なりとはいえ掌握した公権力を背景に、飯田が地域の名望家から県議という地方政治家へ飛躍を遂げた段階である。飯田はこの時期整備が進められた憲政会の地方支部組織のもとで、衆議院、県、郡、村の各選挙に大綱村で培養した人脈と組織といった政治資源を最大限に動員して同派の勢力伸張に貢献し、大綱村を越えた郡内地域ブロックの有力者の地位を獲得していった。

以上のような飯田助夫の政治的軌跡は、それをもたらしたのが飯田自身の権力志向というより周囲に推された側面が強かったものの、地域名望家の社会的栄誉としての名誉職政治家から、政党組織に所属する専門的な地方政治家への展開といえよう。そして、この過程は自らの出自である既存の地域秩序に依存するだけでなく、その改革を通じて自己の政治的資源への組織化を実現し、これによって大綱村の政治構造は大字を中心として有力者間の調整や斡旋を運営の原理とする予選体制から、村長・役場が区長・村議を指揮する執行部中心の体制へと転換していった。こうして形成された体制のもとで衆院、県会、郡会、村会といった各地方選挙が、当時支部組織を整備しつつあった政党系列下に党派的に運営されたのである。飯田村長によって執行された一九一九（大正八）年～二一年の各選挙はそうした事例とみることができるだろう。昭和期に本格的に確立する地方末端に至るまでの二大政党勢力の系列化は、飯田のような地方政治家の成長と、旧来の村内秩序の変革を前提として成立しているのである。

飯田助夫は、この後大綱村の市域編入とともに横浜市会議員となり（二七年）、立憲民政党の支部幹部となって普選法施行期に都市政界における政党運営に与り、三六年には同党から衆議院議員に当選する。昭和戦前期の大都市と普選状況という飛躍的に拡大した政治空間の中で、なお飯田が政治活動を持続しえた背景には、本章でみたような大

正期における地域政治構造の再編成をその要因の一つに挙げることができよう。(43)

注

(1) 品川貞一『飯田家三代の俤』(一九四一年)二頁。

(2) 石川一三夫『近代日本の名望家と自治—名誉職制度の法社会的研究』(木鐸社、一九八七年)、高久嶺之介『近代日本の地域社会と名望家』(柏書房、一九九七年)、丑木幸男『地方名望家の成長』(柏書房、二〇〇〇年)ほか多数の蓄積があるが、丑木氏の研究史整理(同書七~一五頁)にあるように、主として近世近代の移行期ないしは近代国家形成期における「近代化」のなかで地域政治に果たした名望家の機能に関心が注がれている。

(3) いまや古典的代表作に、三谷太一郎『日本政党政治の形成』(東京大学出版会、一九六七年)、テツオ・ナジタ『原敬』(読売選書、一九七四年)、有泉貞夫『明治政治史の基礎過程』(吉川弘文館、一九八〇年)、伊藤之雄『大正デモクラシーと政党政治』(山川出版社、一九八七年)があり、最近では源川真希『近現代日本の地域政治構造』(日本経済評論社、二〇〇一年)がある。研究史については櫻井良樹『大正政治史の出発—立憲同志会の成立とその周辺』(山川出版社、一九九七年)が詳しい(五~一二頁)。

(4) 筆者はかつて大石嘉一郎・西田美昭編著『近代日本の行政村—長野県埴科郡五加村の研究』(日本経済評論社、一九九一年)への書評として、「行政的公共」の政治的な造出過程を分析する必要を指摘し、その具体的な対象の一つとして地域政治における「政党政治期とそれ以降における「行政的統合」の主体と目的の変化」を挙げた(『経済研究〈一橋大学経済研究所〉』第四四巻第三号、一九九三年七月、二七二頁)。同書からは多大の教示を得たが、本章はこうした問題意識に基づいている。

(5) 大正期の神奈川県郡部の政治状況については、上山和雄『陣笠代議士の研究—日記にみる日本型政治家の源流』(日本経済評論社、一九八九年)、吉良芳恵「日露戦争前後の神奈川県の政治動向」(『地域政治と近代日本—関東各府県における歴史的展開』日本経済評論社、一九九八年)を参照。

(6) 神奈川県橘樹郡役所『橘樹郡案内記』(一九一四年)四一頁。

(7) 『大綱村村勢要覧』一九二五年。

(8) 前掲『飯田家三代の俤』三七頁。

(9)「飯田助夫日記」(飯田助知氏所蔵)の引用は、本文中に(「日記」年月日)を略記する。
(10) 内田四方蔵監修『鶴見川水害予防組合史』(鶴見川水害予防組合、一九八四年)九八、一二三〇、一二三一頁。
(11)『港北百話』(港北区役所、一九七六年)二一五、二一六頁。
(12) 南北綱島には別所、大北谷、中北谷、中村、下、ネゴラの六つの組があったとされる(『港北区史』、港北区史郷土史編さん刊行委員会、一九八六年)、三九〇頁。組の起源は近代以前にさかのぼり別所組も明治四一年の次点で「伊勢太々講」といった積み立て金徴収の講組織の母体でもあり、講長・副講長は惣代、副惣代が兼ねている。「伊勢太々講規約」および「伊勢太々講金受領簿」(「竹生寿夫家文書」F―三七、F―三八、竹生寿夫氏所蔵)、参照。
(13)「別所組人名一覧」(「竹生寿夫家文書」F―一三)。
(14)「飯田助知家文書」大正期の資料四―九(飯田助知氏所蔵、神奈川県立公文書館保管)。
(15) 同前。
(16)「宣誓書」(「椎橋忠男家文書」四二―一二三〈椎橋忠男氏所蔵、横浜開港資料館保管〉)。
(17) 前掲、吉良「日露戦争前後の神奈川県の政治動向」一七七、一七八頁。大正政変期の地域における非政友勢力の動向については、大西比呂志「大正政変期の埼玉県政界―非政友勢力の結集過程」『埼玉県史研究』(第一六号、一九八五年)を参照。
(18)『横浜貿易新報』一九一五年一月二八日。
(19)『神奈川県史　通史編5　近代・現代(2)』(神奈川県、一九八二年)六一一頁。
(20)『横浜貿易新報』一九一五年三月二八日および「日記」同年三月二五日。
(21)『横浜貿易新報』一九一五年三月二四日、三月三一日。
(22)『横浜貿易新報』一九一五年一〇月一日。
(23)「常設委員会協議事項(村会議員選挙等)」(「椎橋忠男家文書」四二―五一)。
(24)「通牒(村会議員選挙ニ関スル件)」(「椎橋忠男家文書」四二―四〇)。
(25)(26)「書簡(区長に関する規程送付ほか)」(「椎橋忠男家文書」四二―五四)。
(27)「大正八年三月調査(現行)神奈川県橘樹郡大綱村条例規程類」(「飯田助知家文書」大正期の資料八―一八)。
(28)「大正八年調整神奈川県橘樹郡大綱村村勢一覧」(「飯田助知家文書」大正期の資料九―一〇)。
(29) 吉良芳恵「赤尾彦作宛書簡集―大正篇」(『横浜開港資料館紀要』第九号、一九九一年)九三、九四頁。

(30) 飯田助夫が大綱村長として推進した民力涵養運動などの事績については、前掲『神奈川県史 通史編5 近代・現代(2)』九一～九六頁参照。
(31) 『横浜貿易新報』一九一七年一一月八日。
(32) 前掲、吉良「日露戦後の神奈川県の政治動向」一八四～一八六頁。
(33) 「大正八年九月県郡議選挙関係書類　大綱村長飯田助夫」(「飯田助知家文書」大正期の資料八―九)。
(34) 「県議争覇大観　大正八年九月改選」(「飯田助知家文書」大正期の資料八―一五)。
(35) 「大正八年九月県郡議選関係書類」(「飯田助知家文書」大正期の資料八―九)。
(36) 同前。
(37) 「飯田助知家文書」大正期の資料九―一三一。
(38) 「村会議員総選挙ニ関シ協議会開催ノ件」号外「大正十年四月号　九冊目　乾」(「飯田助知家文書」大正期の資料一〇―三八)。
(39) 前掲『鶴見川水害予防組合史』二九～三一頁。
(40) 『横浜貿易新報』一九二四年五月七日。
(41) 中村瀬左衛門については、濃沼政夫・城所素直『随想玉萌雑記―歴史に見る先人たちの生きる知恵』(一九九九年、私家版)参照。
(42) 『国民新聞』一九二六年九月二日、『朝日新聞』一九二六年九月四日。
(43) 横浜市域編入にあたっての飯田助夫の政治活動は、大西比呂志「市域拡張と地域政治の変容―一九二七年横浜市第三次域拡張をめぐって」大西・梅田定宏編著『大東京空間の政治史』(仮題、日本経済評論社、近刊)を参照。

第3章　都市化の進展と横浜近郊農村の道路事情

――第一次大戦後、市域編入までの橘樹郡大綱村の状況――

本宮一男

はじめに

本章は、神奈川県橘樹郡大綱村周辺地域を事例に、第一次大戦後から一九二七（昭和二）年の横浜市域編入に至る時期における、横浜近郊農村地域での道路事情を検討していく。その意図は次のとおりである。

横浜市の北東に隣接していた大綱村は、一九二七年四月の第三次横浜市域拡張で市域に編入された。この市域編入を決定した同年三月の大綱村会において、飯田助夫村長は「本村ノ一部ハ市ノ西白楽町ニ突入シ曩ニ東京横浜電鉄開通ニ由テ更ニ密接ノ関係ヲ生スルニ至レリ(1)」と、既に横浜市との緊密な関係にあることを唱えており、同地域での都市化の進展を伺わせる。一九二〇年代における横浜近郊地域での都市化の進展にかかわる問題は多くの研究で扱われてきている。その中で、都市化を示す典型事例である都市近郊住宅地域への変容に関し大綱村周辺地域を扱ったものとして、農地問題の観点から検討した大豆生田稔氏の論考(2)、また横浜市の都市計画・都市形成の観点から検討した小

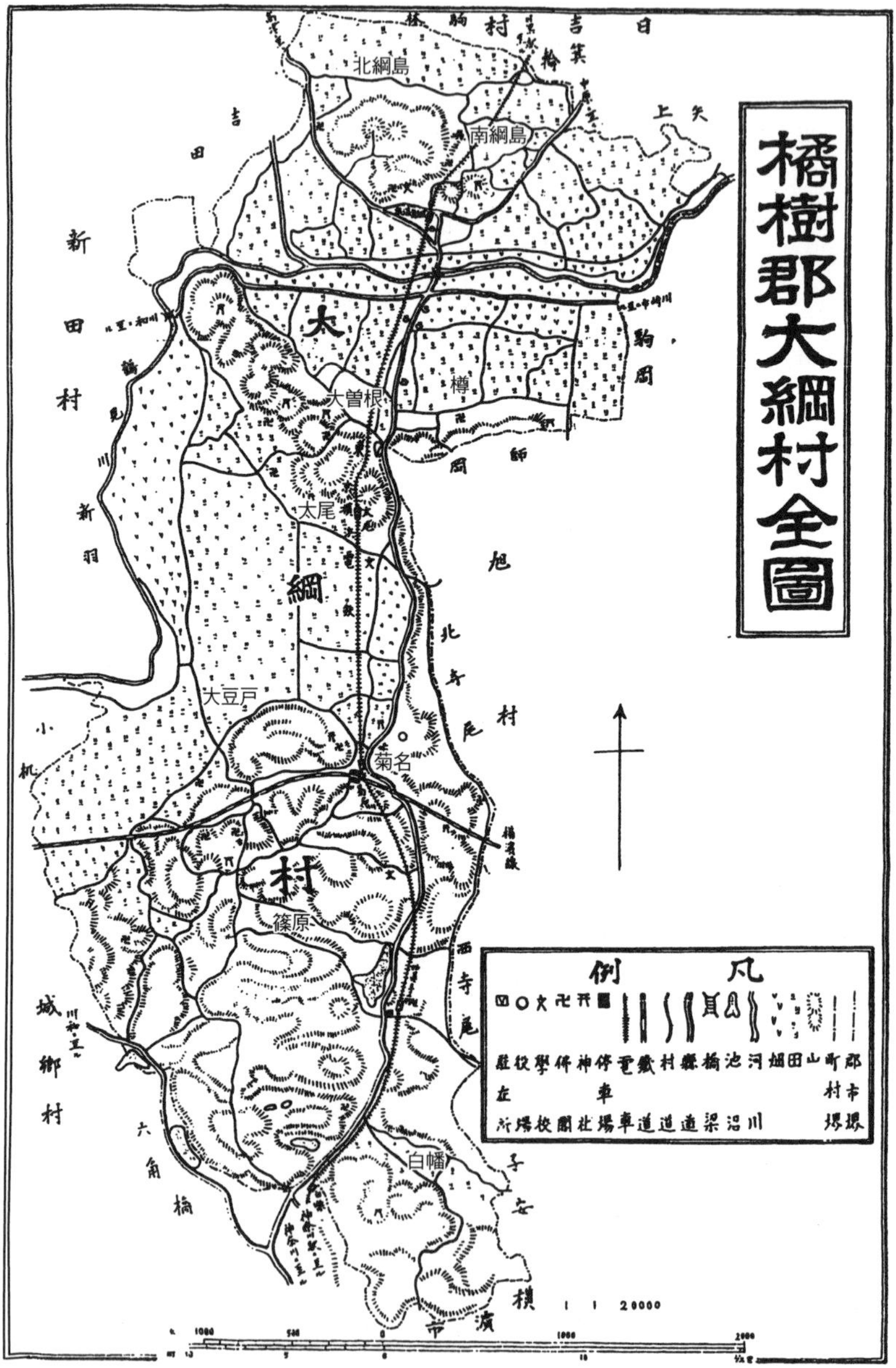

出典：『大正 15 年大綱村勢要覧』より.

風秀雅氏の論考[3]があげられる。そこでは、同地域の都市化（住宅地化）進展の様相が、主に一九二六（大正一五）年に開通した東京横浜電鉄との関連で語られている。確かに、都市部と同地域を結んだ東横線開通の意義は大きなものであった。それは地域の交通機能を高めることで都市部との一体性を強める役割を果たした。また、電鉄会社を中心とした沿線での住宅地開発事業の展開ももたらした。それでは、同じく交通施設である同地域の道路について同様な意味を見出せないのだろうか。

小風氏の論考の他の箇所[4]では、一九二二年の横浜都市計画区域（大綱村周辺地域も含まれた）の決定に関連して、「生活圏としての都市の一体性を強化していくための区域全体を包含する道路網の整備が、横浜の都市計画事業の重要な課題となった」とされている。だが、直後の震災で計画は中断し、復興計画に変更された。そのためか、一九二〇年代前半については横浜周辺地域での道路問題には触れられず、市域拡張後の二〇年代後半に至り、横浜都市計画区域全般にわたる道路網計画が動き出したとされている。一方、大豆生田氏は大綱村隣接地域の宅地化進展にかかわる検討をおこなっている別の論考[5]で、第一次大戦後、道路の改良、自動車の利用増加が都市郊外の地価上昇をもたらしていたことに触れているが、そうした道路事情と都市化（宅地化）の進展との関係についての検討はおこなわれていない。つまり、道路に関しても横浜近郊地域での都市化との関連性が示唆されていながらも、その具体的検討はなされていないのである。

もっとも、一九二〇年代の横浜近郊大綱村周辺地域の特徴は、右に意識してきたような都市化の進展のみで捉えられるものではない。一九三〇年代に至ってなおも同地域での農業の発展が確認されているように[6]、都市化にともなう変容の一方で、都市近郊農業が展開した地域としての側面も見落とせない。そして実際、同地域が都市近郊農業地域としてかかえた時代的特徴も、道路事情をめぐる問題から見出すことができる。

ところで、一般に鉄道に比べ道路に関する研究は立ち後れていると言われるが、管見の限り、横浜近郊地域に限らず神奈川県全般においても、道路に関する事情は必ずしも明らかにされているとは言えない。一九二〇年代に関し、例えば『神奈川県史』(7)では、道路の新設・改修については統計書にもとづく概観と自動車交通のための国道一号線の改修が述べられるにとどまる。道路交通については、自動車の普及、特に乗合自動車事業の展開が述べられるが、そこでも概説的な記述にとどまる。道路の新設・改修においてそこにどのような事情があったのか、道路交通の発展を示すものとして、乗合自動車事業の実態はどのようなものであったのかといった疑問が残るが、そうした点についての具体的な検討事例はこれまで乏しいものと思われる。こうした点からも、特定の地域での道路改修事情や道路交通(乗合自動車事業)の実態を具体的に探っていくことは、一定の意味を持つものと考える。

以上の点をふまえつつ、第一次大戦直後から一九二〇年代半ば、市域編入に至る時期の大綱村に関し、都市化への変容を遂げていく地域として、また同時に都市近郊農業地域として、そこに現れていた様相を道路事情をめぐる検討を通して捉えなおしてみたい。以下、一節では、第一次大戦直後に大綱村で進められた県道改修運動を検討し、当時の事情から近郊農業地域として新たな道路改修運動が登場していたことを明らかにする。二節では、大綱村周辺で展開された乗合自動車事業の実態を検討し、道路交通の面から近郊農村と都市部との関係性強化の趨勢を見ていこうとする。三節では、大綱村南部の村道拡幅改修計画の事情を検討し、道路と地域の都市化との関係を明らかにする。

第一節　中原県道伯母ヶ坂切下げ工事

大綱村付近は、米作が一定の比重を占めつつも野菜生産が展開し、また桃栽培も盛んな地域であった。「大綱村勢要覧」は村の地勢について、「中原県道ハ村ノ中央ヲ通シテ京浜ニ達シ……東南部ニ亘リ丘陵起伏シ西北部ハ概ネ低地ナレトモ肥沃ニシテ耕作ニ適シ且ツ都会ニ接続セルヲ以テ近来著シク蔬菜園芸ノ発達ヲ遂グルニ至レリ」と述べている。[8] 一九一三（大正二）年の県告示により高津往還の一部と中原往還の一部をもって定められた中原県道は、[9] 南は横浜市東神奈川から橘樹郡城郷村六角橋付近で都筑県道と分岐し、大綱村を北上して大綱橋で鶴見川を渡り、南綱島で北西方面に折れて都筑郡新田村に至り、さらに橘樹郡橘村、中原村を経て多摩川の丸子渡に至る幹線道路であった。鶴見川、早渕川の氾濫による水害に苦しめられた大綱村周辺では長年にわたり同河川の治水対策が課題となっていたが、道路に関しても、「大綱橋付近ヨリ都筑郡新田村高田字白坂ニ至ル道路ノ如キハ一朝洪水ニ際セハ溢水数尺ニ達シ全ク人馬交通ノ杜絶」[10]、「雨後東京府ハ薄草履テ歩行スルトキ本県下ノ管轄ニ属スル処ハ高下駄ニテモ歩行困弊」[11] など、しばしば水害による道路交通障害が訴えられていた。

中原県道は一九一〇年代後半に大綱村付近で継続的な改修がおこなわれたが、その過程で治水問題をめぐり一つの問題が発生した。一九一八年一一月、大綱村に、同村北部の綱島地区に隣接する都筑郡新田村高田地区の県道水抜施設を拡張する計画が伝えられた。高田地区からの陳情を受けて県側がこれを認めようとしたものであったが、大綱村南北綱島地主総代会議は、「治水ニ関係アル所ハ設計者ニ於テ上流下流ノ総代人ヲ立会ハセ県ニ於テ決定セラル、ガ慣例」に反し、綱島など下流地域での水害を増大させるおそれがあるとして、これに反対することを決定した。大綱村側が、「県ハ既ニ請負者ニ渡サレタル設計ヲ断行セラルコトヲ切望シテ」いることを承知しつつも反対陳情を続ける中、[12] 翌一二月中旬に至り、県土木課長から計画縮小案が示され、大綱村側もこれを了承、事態の解決が図られた。

さてその際、土木課長はあわせて、「早渕川改修ニ対シテモ相方示談該工事ヲ確実ニ施行セシムル様尽力且ツ峠切下モ施行ノ事ホノメカ」していた。[13] この「峠切下」とは中原県道の切下げ工事を意味しており、それは水抜施設問題が発生する以前の一八年七月、「本年度ニ於テハ大綱村地内伯母ヶ坂付近ヨリ（中原県道―引用者）改修ノ御予定ト承知仕候ニ就テハ、同所ノ切下ヲナシ緩勾配トシ物資運搬ノ利便ヲ得度」と、大綱村を中心主体として陳情されていたものであった。[14] 伯母ヶ坂とは、中原県道が大綱村内の大字、太尾、樽および大曽根の間にあった丘陵地を越える場所を指し、(15)右の陳情によれば、「崎嶇羊腸タル峻坂ニシテ壮丁辛フシテ一俵ノ米ヲ分担シテ搬出セシ難険タリシヲ、明治拾六、七年頃民力ヲ以テ斧鉞掘穿漸ク平定シテ優ニ車輌ヲ通シ交通者ノ利便ヲ図リタル」ものであった。明治前期の改良以来、改めて伯母ヶ坂の切下げ工事を求めた事情につき、陳情書は次のように訴える。

伯母ヶ坂ノ儀モ今日ニ於テ他ト比較スルトキハ頗ル急勾配ニシテ腕車ニ米四俵ヲ積載シテ血気ノ者流汗之ヲ越ユルコト能ハス、為メニ荷物六拾貫以上ノモノニ対シテハ此ノ坂アルガ故ニ遠来特ニ一人若シクハ二人ノ後押ヲ要シ、往復ノ時間ヲ見計ヒ送リ迎ヒヲナス等其労力之ヲ積算スレハ誠ニ多大ニシテ、今ヤ都市ニ吸集セラル、青年ノ男女踵ヲ接シ農村ハ為メニ労働者ノ欠乏ヲ告ケツ、アル状況ニ有之候、然ルニ該県道ニ依ル地方ハ近時果実蔬菜ノ栽培地トシテ長足ノ進歩ヲナシ朝夕車馬ノ来往頻繁ヲ加ヘ候折柄、今回ノ改修ヲ好機トシテ該坂ノ切下テ適当ノ勾配ヲ保チ交通上利便ヲ与ヘラレムコトヲ只管懇願仕候

明治前期の同坂開削によって車輌での物資運搬が可能となっていたが、なお相当量の物資を運搬してこの坂を越えるためには「血気ノ者」でさえ一人では難しく、さらに追加的人力が必要とされていた。ところが、この頃には農村の青年層が都市部へ流出して農村では労働力不足が問題となり、この事態への対策として道路改修（坂の開削）が求められていたのである。第一次大戦期の横浜・川崎地域での工業化の進展により、周辺農村から都市部への労働力流出が問題化していたことは、多くの研究で指摘されている。(16)ここではあわせて、大綱村の状況を示すものとして、「本村付近ノ京浜間ニ接近セル町村ガ工場招致策ヲ運ラシ盛ンニ発展ヲナシツ、アル影響ヲ受ケ、農家労役ノ源泉タル青年ガ之等工場ノ労働者トシテ使用セラル、向少ナカラス、為メニ入寄留者ニ比較シテ出寄留者ノ頗ル多キニ上リ居ルハ農村経営上遺憾トスル所ナリ」との、一九一七年の『大綱村事務報告書』中の記述も示しておこう。(17)

また右の陳情書には、大綱村長および同村北綱島、南綱島、樽、大曽根各総代人をはじめとして、橘樹郡日吉村、住吉村、橘村、宮前村および都筑郡新田村、中川村の各村長、関係大字総代人が名を連ねていた。伯母ヶ坂切下げ工

事を求めた中心主体は大綱村内伯母ヶ坂以北の地域の代表者たちであったが、中原県道が地域の幹線道路であったことを反映して、横浜との物資運搬に同坂を通行していたであろう大綱村以北の関係各村代表者も参加した形での要求であった。ともあれ、この地域にそれまでしばしば見られた治水上の問題からする道路改修要求ではなく、都市近郊農業の展開を示しながらも都市部への青年層の流出により労働力不足が発生していた、この時期特有の事情を背景に、新たな道路改修要求の論理が登場していたのである。そして、水抜施設問題の紛糾過程で強硬な反対姿勢を示していた大綱村側が妥協を受け入れたことは、県側が譲歩姿勢を示したとはいえ、あわせて提示された代償条件の持つ意味が決して小さなものではなかったことを伺わせる。大綱村長飯田助夫は翌一九年初頭の日記に、「本年施行事項」の一つとして「伯母ヶ阪切下ケ中原県道改修」を掲げ[18]、以後二一年度の県予算計上に成功するまで工事実現に向けて大綱村側の積極的な運動が続けられており、伯母ヶ坂切下げは当時の同村の重要な課題と見なされていたものと考えられる。

さて一九年一〇月、大綱村は再び積極的な動きをおこした。県議会の開催時期を勘案したものではないかと考えられる。一〇月下旬、大綱村長は「陳情貫徹に対し親しく御協議いたし度候」と、伯母ヶ坂切下げ問題に関する協議会への参加と新たな陳情書への各村総代人の署名につき、日吉、住吉、橘、新田、中川の各村長に対し協力を依頼した。南綱島で開かれた協議会へは、大綱村関係者に加え住吉村長、新田村長および新田村関係大字総代人も出席し、新たに作成された陳情書（前年七月のものとほぼ同じ内容）への署名参加は、大綱村長が依頼した地域でくまなく得られていた。協議会では運動の推進を確認するとともに「各村ニ於テハ都合ヲナシ出県声援ヲ加フル事」とされ、これを受けて大綱村長、住吉村長、大綱村代表者および新田村代表者が同道し、県土木課長に陳情をおこなった[19]。その結果、「高田土木課長ハ委細承諾、但シ道路法ニ依リ通常県会ニ諮問シ而シテ決定スル迄ハ継続事業ノ分迄モ延期スベク、然シ斯ル分ハ勿論急施セラル、コト、ナラン」との回答を得た[20]。

一九二〇年度県予算への計上は実現できなかったが、伯母ヶ坂切下げ工事実現への感触を得た大綱村側では、一九年一一月中旬に、中原県道改修用地買収のために県土木技手と関係地主との交渉がもたれることになった際、「中原県道改修用地買収ノ集合前、武田長次郎、鈴木寅蔵両人来談アリ、用地買収ニ応スルトシ伯母ヶ坂切下ヲ代償的ニ確実ナラシムル事」[21]とあるように、切下げ工事実現に向けてのさらなる布石を打とうとしていた。こうして、翌一二月初頭、「技手ノ説明ニ依リ中原県道改修中伯母ヶ坂切下工事施行スル旨申述ラレタリ、中原県道改修ト伯母ヶ坂切下ト同時ニ実施」[22]と、県側の具体的な回答を引き出すことに成功した。さらに翌二〇年一〇月、再び県議会開催時期にあわせて、大綱、住吉、橘、新田各村長と村の代表者が同道して、郡選出県議同席のもと土木課長に陳情、また県会議長にも助力懇願書を出すなど、関係村の支援を得ながら伯母ヶ坂切下げ工事の予算計上実現を確実にすべく運動を続けた。そして一一月半ば、伯母ヶ坂切下げ工事が県予算に盛り込まれたことが正式に伝えられ、二一年に工事が着工されることとなった[23]。

第二節　大綱村における乗合自動車の登場

一般に、大正期の道路交通は混合交通の様相を深め、馬車、牛車、荷車などが低落傾向を辿る一方で、自動車、オートバイ、自転車といった新たな交通手段が台頭していった。そうした中で、神奈川県内でも震災前後の時期に乗合自動車営業が続出していった[24]。関東大震災に際して線路の被害を受けた鉄道が交通機能を麻痺させた中で、それを代替するものとして自動車が注目されるようになったとも言われているが[25]、一九二三（大正一二）年一月の新聞には、「一時は豪奢の乗物として衆人の嫉視を買って居た自動車も今は全く実用化して殊に地方の有力な交通機関となり寒村僻地にも其爆音を聞くやうになつた、殊に本県の如きは乗合自動車の発達が著しく大正四年横須賀浦賀間の乗合を先駆として以来三浦郡、中郡、愛甲郡、足柄下郡、高座郡、橘樹郡、都筑郡、津久井郡、鎌倉郡、久良岐郡、足柄上郡、と云ふ順序に発達」(26)との記事が見られ、既に震災前から乗合自動車が公共交通機関として認知されるようになっていたことがわかる。また、同月の新聞には、県内において乗合自動車が通る道路として二〇路線が示され、その中に「神奈川より鶴見川を渡り大綱へ」の路線も掲げられている(27)。

大綱村における乗合自動車事業に関しては、まず一九一四年、横浜市青木町の宮島久喜（中道自動車株式会社）が、東神奈川を起点に菊名―樽方面、小机―川和方面、保土ヶ谷―帷子―川島―白根―川井方面の路線を計画し、大綱村の有力者にも創立発起人参加への呼びかけがあった(28)。この事業計画の推移は判明しないが、これには大綱村側は消極的姿勢を示していた模様で、実際に大綱村で乗合自動車が運行されることはなかったものと思われる。したがって、大綱村での乗合自動車運行の嚆矢となったものは、嶋村鍾の神奈川自動車合名会社であったと考えて良いだろう。神奈川自動車は一九一八年に設立されたことが確認されるが(29)、乗合自動車の運行を開始した時期は判明しない。だが、遅くとも一九二二年の時点までには、東神奈川駅付近の横浜市太田町から大綱村内の篠原仲手原、菊名を経て樽まで、および太田町から都筑郡都田村川和までの経路の運行をおこなっていたと見られる（二三年六月に東神奈川駅まで延長(30)）。大綱村では大正期に入って乗合馬車が開通し、その運行経路は綱島（大綱橋袂）から大曽根、太尾、菊名、仲手原（篠原）、白幡を経て六角橋に至り、そこで池辺方面からの経路と合流して東神奈川駅付近の二ツ谷までであったが、その後「池辺の島村鍾という人が権利を買って乗合自動車を始め、地域の人々の足として重宝がられていた」という(31)。また都田村でも明治末から池辺―二ツ谷間の乗合馬車が通っていたが、その後神奈川―川和間を乗合自動車が走ったとされる(32)。嶋村の乗合自動車は、同地域にとって乗合馬車から移行した交通機関であった(33)。

さて、一九二二年から二四年にかけて、大綱村ではさらなる乗合自動車営業が計画された。一九二二年一二月、東京府荏原郡大井町の脇田彦三が、東神奈川から六角橋、菊名、樽、綱島を経て新田村高田に至る経路の乗合自動車営業を出願した[34]。これには大綱村綱島地区の有力者も関与しており、彼らは翌一三年初頭、飯田村長に脇田の乗合自動車営業開始についての陳情書作成を依頼している[35]。これにあたるものと考えられる南綱島総代人の陳情書では、「客月中旬脇田より出願……該自動車ノ営業開始ニ依リ土地ノ発展交通ノ利便ヲ得ルコト多大ノモノニ有之、特ニ大綱村大字樽以北高津村方面ニ至ル県道ニハ更ニ斯カル交通機関無之為メニ一日モ早ク該営業ノ開始ヲ大旱ノ雲霓ヲ望ムガ如キ期待ヲ以テ相迎ヘ居リ候」とされ、大綱、橘、中原、高津、中川、新田各村長が副申を添えていた[36]。一方、嶋村も同時期に運行経路の延長を計画していたようである。同年五月、飯田助夫大綱村長の父である飯田助大夫を陳情人とする次のような陳情書が神奈川警察署に宛てて提出されている[37]。

横浜市神奈川太田町発橘樹郡大綱村樽ニ達スル乗合自動車ノ義ハ曩ニ御認可ノ上日々定刻通運転罷在候処、当時終点樽以東大綱橋ヲ経テ綱島ニ至［即チ都筑郡新田村境界迠］中原県道改修未成ニシテ危険上御認可アラサルモノ、如シ、既ニ該路ハ大正十年改修落成シテ完全ナル道路トナリ道幅モ既認可ノ場所ニ比シテ又広シ、故ニ地方人民ノ往来頻繁ノ状ヲ呈スルヲ以テ現営業者ハ延長ノ計画ヲナシ加フルニ発車点ヲ東神奈川駅前ニ設置スルコトヲ曾テ客年十二月中出願ヲナスニ当リ同時ニ同計画ヲ以テ同営業ヲ出願スルモノアリ……右願旨ニ依レハ道程ヲ延長シ運賃ノ斟酌ヲナスト云フニアリテ大ヒニ衆客ノ便宜ト認ムル処不少レハ至急御詮議ノ上御認許決行相成度

この史料には乗合自動車の営業主体は明記されていないが、そこに示されている既設経路および東神奈川駅までの延長計画をたてていることから見て、嶋村の神奈川自動車を指すものと考えて良いだろう。これらによれば、中原県道の改修が進んだことで、樽以北でも乗合自動車運行の展望が開けていたことがわかる。この時期の大綱村では、地元有力者も関与しながら、中原県道を通行する乗合自動車計画が展開されていたのである。ただ、脇田と嶋村の計画路線は重複するものであったため、神奈川警察署では「樽ヨリ東神奈川迄ヲ島村ノ範囲トシ樽以北二タ子迄ヲ脇田ノ新規出願ニ許可スル意向ヲ有サル、模様ナリ」と、両者の棲み分け調整を考えていた。その後、飯田村長が仲介役と

なり脇田と嶋村の間で調整が図られ、妥協が成立した模様である[38]。妥協内容は判明しないが、警察側の意向のように、大綱村樽を境に、以南が嶋村、以北が脇田の営業領域とされたものと思われる。

さらに脇田は、翌二四年五月、「今般目黒蒲田電車鉄道会社ト左記ニ拠リ乗車賃金ヲ協定シ相互間ニ直通切符ヲ発売」するとして、中原村小杉から丸子渡までの乗合自動車営業延長を出願した。そこでは、乗合自動車と目黒蒲田電鉄の協定運賃を設定し、神奈川側の樽―丸子橋間は乗合自動車を利用、丸子渡で多摩川を越え東京府に入り、目蒲電鉄で目黒および蒲田まで至る連絡経路を計画していた[39]。これによれば大綱村をはじめ中原県道沿線地域は、交通面で横浜方面ばかりでなく東京方面との関係性も強めていける可能性があった。ただし、この脇田の計画につき飯田村長が警察に照会したところでは、「脇田ハ既許可区間スラ運動継続セス誠意営業ヲナスト認メス、故ニ許可スルトシテモ都合ノ能キ所ノミ運転ヲナストスレハ交通ノ利便ヲ失ス、為メニ詮議中ニ属ス実際営業ヲ熱心ニヤルモノニ営業ヲ許可スルヲ至当トス」と、否定的な見解が示されていた[40]。ここからすると、脇田は実際の乗合自動車営業には積極的姿勢で臨んでいなかったわけであり、反面での彼の営業計画上の積極性は、将来同地域での鉄道敷設の際に営業権を譲渡することなどを見越した投機的なものではなかったかとの推測もできる。もっとも、この時期の乗合自動車の営業実態に関し、「地方におけるバス事業は、若干の例外を除きバスとはいうものの定路線不定期の乗合で、同方向に行く旅客を個別運賃で吸収し運送するという程度のものが多かった[41]」とされており、また神奈川県内に関しても、「許可を受くる場合は発着時間回数等を明示しながら実際開業すると之を実行せず乗客のある場合には定期外にも運転し、又乗客がないと定期運転を怠ることあり、汽車と連絡する乗合自動車などは汽車の発着時刻に間に合はず乗客の迷惑することも屡々」との新聞記事が見られるように、脇田に限らずかなりルーズな営業をおこなっていた事業者も少なくなかったようで、当局は取締の厳格化を図ろうとしていた[42]。

では、一方の嶋村の神奈川自動車の運行実態はどうであったか。それを探る手がかりとして、次のような事例を示してみよう。一九二三年四月、県道川崎町田線の改修促進協議会が大綱村の樽で開催されることになり、協議会の開催通知が大綱村から関係各町村に出されたが、その通知文には「神奈川二ツ谷ヨリ自動車ノ便アリ、午前八時及九時三十分発丁度都合宜敷候」との記述がある(43)。また同時期のものと考えられる神奈川自動車の広告には、東神奈川と樽間の一日八往復の運行時刻が示されており、そこにも東神奈川発午前八時と九時三〇分の発車時刻が確認できる(44)。このことからすれば、神奈川自動車は一定の到着時間を前提とした利用が可能な運行状況にあり、地元ではその定時運行を認知していたことが伺われる。なお、協議会の開催時刻は午前一〇時となっているので、東神奈川－樽間の所要時間は三〇分を超えない程度のものであったと考えられる。また同区間の運賃は五〇銭であった。先にみた乗合馬車の場合、同区間の所要時間は約一時間、運賃は一五銭で、一日数往復であったという。乗合馬車の運賃がいつの時点のものか確定できず、運賃の負担度合いの比較は容易ではないが、所要時間、頻度、定時性などから、乗合自動車の運行によって大綱村から横浜方面への交通の至便性は大きく増したと言えるであろう。

ただ、この乗合自動車の公共交通機関としての限界にも触れておく必要があるだろう。後の一九二九（昭和四）年に、神奈川自動車の綱島、川和両路線は東横電鉄が買収するところとなったが、その際に譲渡された自動車はフォード五人乗三台であった(45)。また、東横線の運賃は神奈川－綱島温泉間で一八銭であった(46)。したがって、大綱村の乗合自動車は電鉄とは比ぶべきもない程度の輸送力であり、運賃も高かった。東横電鉄の買収時には綱島の乗合自動車路線は既に運休状態にあり、東横電鉄の開通とともに運行を停止していたものと考えられる。すなわち、大綱村での乗合自動車は電鉄開業までの一定期間存在し得た、過渡的な公共交通機関であったこともまた実態であった。

第三節　白幡村道の拡幅改修

伯母ヶ坂切下げ工事後も、中原県道の改修が大字篠原の仲手原地区でおこなわれていた。これは、県道の震災復旧に際し、約七〇間余の曲線部分を廃して新たに直線道路を新設したもので、一九二四（大正一三）年一一月、県側からの打診を受けた大綱村は工事にともなう潰地関係者に土地の寄付を掛け合い、その承認を取り付けた(47)。途中、工事費が県予算復旧費六六五円の約倍額となることが判明したが、大綱村では各区長を集めた協議会で、工費不足分の調達を「交通関係者ノ寄付ニ依ルコト」に決した。その際、荷積小車六〇銭、専用小牛車八〇銭、兼用小牛車七〇銭、荷馬車一円五〇銭、大牛車一円五〇銭と具体的な基準を設定している(48)。寄付金募集は沿道各村にも呼びかけられており、広く物資輸送路として中原県道を利用していた人々に負担を求めた。こうした不足金調達方法は成功をおさめた模様で、新道路は同年四月に開通した(49)。

このように中原県道は改良が加えられていったのに対し、「村道トシテハ従来自然ノ地勢ニ委シテ殆ント改良ヲ加ヘス大正九年道路法制定ノ場合モ其ノ儘町村道ニ編入シテ居リマス(50)」とあるように、村道については目立った改修はおこなわれていなかった。そうした中で一九二四年の春、「東神奈川裏山から大綱村白幡地内即ち神奈川から中原村に通ずる県道に接続する村里道延長約六百間幅員九尺のものを幅員三間に拡張する(51)」計画が持ち上がった。ことのきっかけは、東京電灯の変電所付近での電気ケーブル埋設計画をとらえて村道の拡幅改修を実現しようとしたものであった。この変電所は、増大する電力需要に対応すべく電力会社が横浜周辺地域に長距離送電網を形成していく中で、村有地の払い下げを受けて白幡地区に建設され、一九二〇年から使用開始されたものであった。当時、大半の地域で電灯供給のなかった大綱村では、これを好機に電灯布設を電力会社に働きかけ、二一年から二三年にかけて実現させた(52)。ただ、白幡地区では既に電灯が布設されていたので、この時は地元白幡を除く村内他地区が変電所建設の「恩恵」を受けたが、東京電灯からの工事費補助を獲得しようとした今回の村道拡幅改修計画においては、まさに変電所の地元白幡が「恩恵」を享受する主体となろうとしたのである。

改修工事実現に向けての動きはまず、一九二四年四月末の大綱村長等による東電側への、「今回ケイブル工事ノ設計アル由此際道路拡張其ノ工費ヲ会社負担トシ敷地ハ関係者ヨリ寄付ヲ受ケ施行シタキモ如何」[53]との打診に始まった。その後も大綱村側は東電との折衝を続けるとともに七月下旬には県にも陳情し、「工事費ノ約半額ヲ補助アル見込」の感触を得た。東電側は工事費負担に難色を示していたが、一〇月上旬、工事計画が確定する中で、東電が工費の四割を寄付負担することで協議がまとまり、直ちに県からも「市町村土木補助費ノ内本村工費へ五千円也補助ノ件諒解」を得た。こうして、白幡村道改修工事は幅員三間、延長七三二間、総額一万三三〇〇円（工費八二四八円、雑費五〇五二円）、これを地元寄付五〇五二円、東電寄付三三〇〇円、県補助五〇〇〇円と決し、潰地となる敷地の地主へ土地の寄付を要請することになった。工事は二四年末頃から進められ、翌二五年四月開道式挙行に至った。

さて、この村道拡幅改修は何を意図したものであったのだろうか。改修工事のために潰地となる地主へ土地寄付を求めた大綱村の文書では、「白幡ニ於テ住宅地帯土地発展ノ一策トシテ幹線道路有効路面三間幅ノ新設道路ヲ築造致シ度旨代表者ヨリ、陳情アリ、本村ニ於テモ時代ニ適合セルモノ、方法ト存シ昨日村会ノ議決ヲ経候」と述べていた[54]。また当時の新聞にも、「大綱村白幡は横浜市咽喉であつて東は子安町、南は新町及び東神奈川駅に接続して住宅地に最適なるが、道路狭隘なる為め発展遅々として振るはざりしが、今回東神奈川白楽踏切より渡辺山を経て同村白幡に至る延長七百三十二間を現在の幅員九尺を三間に拡築して自動車を自由に通行せしむる計画をなし」との記事が見られる[55]。すなわち、白幡村道の拡幅改修工事計画は、同地区の住宅地化促進を目的に地元から要望されたもので、道路幅員三間への拡張は自動車通行を想定したものであった。道路法（一九一九年公布、翌年施行）にもとづいて制定され、道路法と同時に施行された道路構造令においては、府県道の有効幅員を三間以上、主要な町村道の有効幅員を二間以上と規定しており、「当時、二車線で自動車が行き違うのに必要な最小幅員は二間半程であった」[56]とされているので、幅員三間の道路は、法規定上からは府県道並の、また自動車通行においても十分な幅員であった（当時の大綱村内での中原県道の幅員は二間ほどであった)[57]。拡幅改修された白幡村道は、地理的意味のみならず交通機能の意味でも、まさに「県道に接続する村里道」の質を備えるはずのものであった。なお、一九二〇年代後半の大綱村内の宅地広告には、「地区内幹線六間道路は県道に連絡せる為自動車の出入自在なり」（菊名）、「縦横に自動車道を設け交通至便なり」（篠原地頭山）との記述が見られ[58]、都市部との交通機能を強める自動車通行が可能であることは、この時期の住宅地の条件として大きなセールス・ポイントとなっていたと考えられる。

では、白幡地区が村道の拡幅改修により地区の住宅地化促進を図ろうとしたことの背景にはどのような事情があったのか。工事が進められていた一九二五年一月に、白幡住民が飯田村長に宛てた陳情にそれがよく伺える。これは、白幡村道を横断する東横電鉄の軌道を道路と同一平面にすること、付近に電鉄の停車場を設置することなどを求めたものであるが、その陳情書には「白幡開道新設ノ目的」として次のように述べられている[59]。

近来労銀ノ昂騰ニ伴ヒ比較的不利ノ立場ニアル農家ノ子弟ハ急進的ニ市内ノ労働ニ従事スルノ傾向ヲ帯ビ来タリ、都市ニ隣接セル本字白幡ノ如キハ労力ノ大払底ヲ生ジ現在ノ如ク荒廃地続々ト増加シ来タリ、此儘此状態ヲ放任シ計ヲ樹テザル時ハ現存ノ農家ハ公賦ニ逐レテ其生活上ニ至大ノ不安ヲ来タスガ為メ全字協力シ土地ノ住宅発展ヲ計リ之レニ依リテ労力不足ニ因ル経済的恐怖ヨリ逸レントシ種々協議ノ結果、本道路新設ノ最良ナル事ヲ確メ県当局ニ新設費補助方ヲ出願セルニ、当局モ其至当ナルト共ニ該道路ノ重要ナルヲ認メラレ予想外ノ補助金ノ交付ト同時ニ種々利便ヲ与ヘラレ工事ハ順調……是ノ趨勢ニ従ヒテ最近新築家屋ハ漸進的ニ六角橋方面ヨリ入リ来タリ吾々土着ノ者等生活ノ不安漸次ニ除去セラレツ、アルヲ悦ビツ、アリ

大綱村周辺地域では、一九二〇年代前半においても、都市部工業の労働力吸引に加え震災復興関係の労働力需要によって農村の労働力不足はなお問題となっていた。そうした状況を背景に、小作地返還、宅地等への転用による耕地の潰廃といった現象が進み、地主・小作双方の脱農業化の傾向も見られた。「二四年の大綱村では、労力不足を原因

表3－1　大綱村各大字別戸数

	1917年	1919年	1920年	1922年	1925年	1926年
白幡	56	55	71	75	183	253
篠原	165	163	201	188	221	211
菊名	55	57	60	63	79	91
大豆戸	65	64	64	67	64	65
太尾	113	113	115	113	121	113
大曾根	44	43	44	45	59	46
樽	65	64	68	68	76	77
南綱島	122	122	133	122	151	112
北綱島	53	53	45	54	48	55
計	738	734	801	795	1,002	1,023

出典：「大正六年自一月至一二月橘樹郡大綱村事務報告書」，「大正八年村勢大綱」，「大正一〇年四月号村会議員選挙村会予算」，「(大正一一年) 村会関係書類」，「昭和弐年村会関係書類」(以上「飯田助知家文書」)，「大正一四年大綱村勢要覧」(「飯田助知家所蔵資料」)．

とする不作付が一〇町歩に上り、同じ原因としては郡内では田島町・潮田町に次ぐ広さ」であり、「返還された小作地、宅地化をまつ取上げ後の小作地が、耕地潰廃の前段階として不作付状態で放置されていたものと思われる」とされているが[60]、白幡村道拡幅改修の事情はまさにこうした状況に符合するものであった。白幡村道改修は、特に地区の地主の利害にもとづく運動であったものと考えられよう。大綱村では同時期、つまり一九二四年後半から東京横浜電鉄の鉄道敷設用地、停車場周辺の宅地開発用地の買収が始まり、三〇年前後にかけて電鉄会社を推進主体に地元地主も積極的に関与しながらの住宅地整備が進行していくが[61]、白幡村道改修の場合は、電鉄と同様の効果を地区内道路にもたせようと、地元地主が主体的に推進したものであったと言える。

さて、右に見た白幡地区からの陳情書では、村道改修工事がおこなわれている段階から宅地化促進の効果が現れているとしているが、実際のところはどうであったか。それを探る手がかりとして、大綱村各大字の戸数の変化を示した表3－1を見てみよう。もちろん戸数の変化は、都市部への労働力移動など住宅地化以外の要因によっても発生し得るはずであり、また一部数値の変化に疑問もあるが、全体的な趨勢把握として大綱村での宅地化の進展度合いを考える上での指標として利用することは可能であろう。表によれば、おおよそ一九二〇年代前半において白幡、篠原、菊名という村の南部の地域における戸数の増加傾向が見られ、特に二〇年代半ばの白幡での増加が際だっていることがわかる。また、「白幡ハ明治四十四年大綱村へ合併当時戸数四十五戸、大正七年五十五戸、震災前百戸、幹線道路施行ヨリ〔ママ〕続々発展シテ今回ハ四百五十戸ニ至レリ」との二七年段階での記述もあり、(62) 白幡地区の宅地化は二〇年代半ばには急速に進んでいったものと考えて良いだろう。一方これと比べると、おおむね大豆戸以下大綱村の中・北部の地域での変化は少ない。つまり、二〇年代半ばの時点では、村内で住宅地化の進展度合いに相違がみられ、まず大綱村南部、特に道路拡幅改修の効果から白幡での住宅地化（住民の流入）が先行していたと考えられる。

当時飯田村長も、「特ニ白幡方面ハ神奈川白楽町ニ隣接シ毎月新築家屋ノ建設相募リ菊名方面亦然リ、只綱島、樽、大曽根方面ノ開発ガ稍遅ル、ヲ遺憾トスルモ概シテ発展ノ気運醸成シ電鉄ノ開通后社会ノ一般好況ニ伴ヒ其ノ速度ノ著シキモノアルヲ覚ユ」(63) との所感を記していたように、村南部に比して中・北部の立ち後れを認めている。ただ同時に、近く予定される東横線の開通が村全域の発展をもたらすであろうことも展望していた。実際、先にも触れたように、やや後の一九三〇年前後には北部綱島をはじめ東横線停車場周辺地区で宅地開発が実現していくのであり、大綱村の場合、都市化（住宅地化）進展度合いの地域格差はまもなく解消の方向にむかう、二〇年代半ばの時点での過渡的なものではあった。

むすびにかえて――市域編入直前における横浜近郊農村の「南北問題」

第一次大戦期以来の周辺地域での工業化進展の波は、都市近郊農村大綱村周辺に都市部工業の労働力吸引＝農村からの労働力流出という事態として現れた。労働力不足を理由として道路交通機能の改善を求めた、一九二〇（大正九）年前後の時期における大綱村の中原県道伯母ヶ坂切下げ運動は、そうした中での新たな道路改修運動であった。

地域にとってその課題は小さなものではなく、大綱村では、結果的に代償とされたことを好機と捉えて、さらには自ら代償を払う意識をもって積極的に運動し、工事を実現させていった。

同地域の幹線道路中原県道の改修が進む中、一九二〇年代前半には大綱村においても乗合自動車事業の展開が見られた。そこには曖昧さも見られるものの、地元有力者も関与しての事業計画では横浜さらには東京方面との交通面での緊密性を強めていこうとする趨勢が見られた。また電鉄と比べると公共交通機関としての機能に限界はあったが、大綱村では乗合自動車の定時的な運行が認知され、横浜との間の移動の至便性が向上したことも事実であった。電鉄開業前の大綱村においても、道路交通面で都市部との緊密性を深めていく様相が見られた。

一九二〇年代半ばの大綱村南部白幡地区での村道改修計画は、自動車通行を想定した道路拡幅により地区内道路の都市部との間の交通機能を高め、地区の住宅地化を促進していこうとしたものであった。そこでは、なおも労働力流出が続く中で、脱農業の方向での地域発展が志向されていた。白幡村道拡幅改修は、地区の意図どおりの効果があったものと考えられ、電鉄開業前の二〇年代半ばには他地区に先行して、白幡地区での住宅地化が急速に進展していった。農村の労働力不足という事情を背景にしていた点では、先の中原県道伯母ヶ坂切下げと共通する道路改修運動であった。ただし、伯母ヶ坂切下げ運動は、農業生産の奨励のための道路改修による輸送機能の改善（輸送時の省労力化）という論理、つまり農業利害にもとづく要求であった。これに対し、白幡村道改修運動の場合は、脱農業の方向での土地発展を志向した道路改修が求められた。大綱村での道路改修要求の論理においても、近郊農業の発展と脱農業（都市化）という両面性が見られたのである。

さて冒頭にも示したように、横浜への市域編入を審議した一九二七年三月の大綱村会において、飯田村長は「本村ノ一部ハ市ノ西白楽町ニ突入シ曩ニ東京横浜電鉄開通ニ由テ更ニ密接ノ関係ヲ生スルニ至レリ」と述べていた。これを次のようにも解釈できよう。一九二〇年代半ばに白幡地区での宅地化が進展する中で、同地区は地形的な意味のみならず道路交通事情の改善や住民の移動（流出入）といった意味でも都市部との連続性を強め、既に横浜市に「突入」していた。ただし、大綱村を全体的に見ても住宅地化の動きは始まっており、道路交通事情でも都市部との関係性を強めようとする趨勢が見られた。二六年の東横線の開通は、こうした動向を大綱村全域にわたって改めて決定づける意味を持つものであった。また当時の飯田は、「人心の都市へ都市へと集る趨勢は極めて顕著となつて来た。此趨勢は時代的の産物であつて殊に文化的施設に憧憬つ、あるものは大都市に近接せる町村民の共通せる悩みである」とも記している。[64]仮に、ここにある「文化的施設」に都市化の進展がもたらす宅地開発などでの新たな建物施設や地域環境の整備、あるいは交通機関の改善などを含めることができるとするならば、既に市域編入前の段階で大綱村では全体的に都市横浜との一体感を認識し得る状況が生まれてきており、その意味で、編入される側としても横浜市域への編入は必然的なものと捉えられたと言えるであろう。

これまでの研究では、大綱村周辺地域では東横線の開通との関連で、市域編入後の一九二〇年代後半あるいは三〇年前後に住宅地への変容が進んでいったとされている。だが右に見てきたように、一九二〇年代半ばにおいて、電鉄との直接的関連ではなく、その前段階として道路改修による住宅地化の進展が始まっていたと捉えることができる。ただ、ここで留意しておきたいことは、住宅地化の進展要因として道路改修を付け加えることと、住宅地化進展時期の若干の修正だけではない。最後に、さらに探っておきたい点は、一時的なものにせよ、二〇年代半ばの時点でみられた都市化（住宅地化）の進展度合いにおける村内での地域格差の発生が持っていた意味である。実は、こうした村内南北間での地域差は、大綱村と隣接する城郷村でも発生していたと見られる。そして、同時期に起こった村役場新築位置をめぐる城郷村内での紛糾は、そのことが背景にあったものと考えられるのである。

城郷村では、震災で全潰した村役場の新築位置に関し、一九二五年四月下旬の村会において、「鳥山小学校隣接地ヲ借受ケ役場ノ位置トスルコト」を満場一致で決定した。だがこれに対し同村六角橋地区から異議が出され、翌五月上旬に再度会議がもたれることになった。ところがそこでは、「席上六十五名六角橋ヨリ相寄セ酒気ヲ帯ヒ」、六角橋地区村議も「本来不賛成ナリシモ一同ノ賛成ニ押サレテ止ムナク賛成セシ」と述べる事態となった。彼らは、今回の新設においても、従来の村役場があった同村岸根地区とすることを求めていた。その後、「六角橋議員三名連署区長副区長其ノ他名誉職役場関係者全部辞職届ヲナセリ」と村内は混乱し、「相方睨会ノ形勢」となってしまった[65]。こうした中で、五月中旬、鈴木太郎城郷村長は、「役場位置問題ニ関シ六角橋、片倉、神大寺、岸根連絡ヲ取リ納税不調各村治上ノ機関ナク益々悪化ノ情勢ナリ」として、飯田大綱村長に仲裁を求めた。依頼を受けた飯田は早速事情聴取を始めたが、当初の段階で、「仲々意見ノ統一ヲ為ス迄ニハ紆余曲折ヲ経タル後ニアラサレハ困難ノ時情〔ママ〕」にあるとの認識を持つことになった。翌六月に至り、「城郷村建設上村治ノ円満ナル発達ヲ期セムガ為メ役場位置問題ニ対シテハ更ニ慎重考慮ヲナスコト」の申し合わせを関係者が承諾することで、ようやく事態の解決が図られた[66]。さて、仲裁にあたる間、飯田は城郷村長に宛てた書簡において、今回の問題の「総合時情〔ママ〕」として、「六角橋方面ニ於テハ現在役場問題ニ其端ヲ発スルモ従来教育ニ衛生ニ地方開発ニ村治上冷却〔ママ〕サルルヲ遺憾トスル点少ナカラス、近来同方面ガ長足ノ進展ヲナシツツサルモ何等村理事者ノ先駈ナク失望ノ折柄、偶々役場問題ニ依リ其怨嗟之声ガ勃発シタルヤノ如ク承知致候[67]」と記しており、また、「六角橋方面ハ上流、下流ノ意志疎隔……下流ハ此儘混乱中ニ一二年経過ヲ希望スルモノ、如シ[68]」との情報も寄せられていた。つまり城郷村内には地域間の対立感情が存在し、それが村役場位置問題をきっかけに顕在化したものと考えられる。

一九二七年に横浜市域に編入された地域での住宅地化の実態として、城郷村六角橋地区の事例が検討され、二〇年代後半に土地整理組合方式を利用した住宅地化が急速に進展し、同地区の地主も「所有小作地を宅地化し、農業・地主経営から市街地地主経営へ急激な変化を遂げる過渡期にあった」ことが明らかにされている。と同時に、同じく城郷村の菅田地区では、一九三七（昭和一二）年においてもなお農業の比重は高く、城郷村は「都市化による農業後退と、増大する都市の多様な農産物需要に対応する『近郊農業』の展開という両局面が、せめぎあう最前線にあった」とされている[69]。ただ、城郷村が「現在の発展状態で進展する場合近き将来に於て町制を施行し得るは勿論で現在横浜市の郊外唯一の住宅地として続々新築家屋を見つゝあり[70]」との二六年六月の新聞記事に見られるように、城郷村においても、既に二〇年代の半ばには住宅地化の進展が見られたと考えられる。そしてそれは村内一様ではなく、横浜市に接していた村東南部の六角橋付近が大きく先んじていた。こうして村内地域間の差異が生じ、特に「長足ノ進展」を遂げつつあった地域が自己主張を始めた時、村内での「意志疎隔」をもたらすことになった。そうした中で、村の北部にあたる鳥山地区への村役場の移動が、六角橋を中心とした南部地域の感情を刺激したものと考えられる。

ところで、都市化の進展にともない小作地返還、宅地等への耕地の潰廃がみられる中で、一九二〇年代の横浜近郊農村地域では（さらには神奈川県全体でも）特に目立った小作争議は発生せず、地主－小作間の関係は比較的平穏であったことが指摘されている[71]。その意味では、横浜近郊での都市化の進展は村内秩序に大きな波紋を投げかける事態には至らなかったと言えるかもしれない。だが近郊農村での都市化の進展は一方で、村内での一定の地域格差を生じさせ、それを背景とした「意志疎隔」をもたらし、それが何かをきっかけに村内での紛糾として顕在化する場合もあった。その意味で、都市化の進展は村内秩序の動揺に繋がる可能性をはらんでいたと言えよう。

もちろん、大綱村においては目立った紛糾は見られなかったように、城郷村役場問題をめぐる紛糾を都市化の進展における村内地域格差の問題のみから説明することには慎重であらねばならず、当時の大綱、城郷両村の事情を多面的に検討する必要があることは言うまでもない。ただここでは、城郷村と異なり、先に見たように大綱村では東横線開通による近い将来の地域格差解消が十分に予想される状況にあったことを確認しておきたい。一方、城郷村が横浜市域への編入に際し、「横浜市才藤〔斎〕分ヨリ城郷村小机ヲ経テ保土ヶ谷町岡野公園ニ市電ヲ延長シ接続ノコト」を独自要求の一つに掲げていたことも[72]、こうした点から捉えてみる必要があるかもしれない。

注

（1）「大綱村会々議録謄本」（「県庁各課文書」県各課二一二一二三、神奈川県立公文書館所蔵）。

（2）大豆生田稔「都市化と農地問題—一九二〇年代後半の橘樹郡南部」（横浜近代史研究会・横浜開港資料館編『横浜の近代—都市の形成と展開』日本経済評論社、一九九七年）。

（3）『横浜市史　Ⅱ』第一巻（下）、一九九六年、第四編第二章第三節「都市化と交通事業」。

（4）同右、第一節「横浜の都市計画」。

（5）（6）『横浜市史　Ⅱ』第一巻（上）一九九三年、第二編第五章第一節「農業生産の変貌と地域差」。

（7）『神奈川県史』通史編7　近代・現代（4）一九八二年、第一編第五章第二節「自動車輸送の登場」。

（8）「大正四年神奈川県橘樹郡大綱村勢要覧」（「飯田助知家文書」大正期の資料四—五、〈飯田助知氏所蔵、神奈川県立公文書館保管、以下同様〉）。

（9）『橘樹郡大綱村郷土誌』一九一三年。

（10）大綱村南北綱島人民惣代他「改修道路築造ノ件陳情書」一九一一年七月（「竹生寿夫家文書」、竹生寿夫氏所蔵）。

（11）橘樹郡果物組合連合会長兼郡農会長飯田助大夫他「郡部県費維持及補助ニ関スル道路ノ件請願書」一九一三年一二月（「飯田助知家文書」大正期の資料三—一九）。

（12）「自大正七年一〇月至一二月関土木、農事教務書類」（「飯田助知家文書」大正期の資料七—一三）。

（13）「飯田助夫日記」（飯田助知家所蔵）一九一八年一二月五日、一三日、一八日。

（14）「中原県道大綱村地内伯母ヶ坂改修ニ付陳情書」一九一八年七月三一日（「自大正七年七月至九月関土木勧業教務衛生書類」（「飯田助知家文書」大正期の資料七—一二九）。

（15）港北区郷土史編さん刊行委員会『港北区史』（一九八六年）五〇一～五〇三頁。

（16）平野正裕「神奈川県の小作争議—一九二〇年代～三〇年代の統計処理にもとづく俯瞰」（『横浜開港資料館紀要』第一三号、一九九五年）、八田恵子「都市近郊の小作争議と小作地返還—一九二〇年代前半の神奈川県、横浜周辺を中心に」（前掲『横浜の近代』）など。

（17）前掲「自大正七年七月至九月関土木勧業教務衛生書類」。

（18）「飯田助夫日記」一九一九年一月三日。

(19)「大正八年取扱諸参考書類」(「飯田助知家文書」大正期の資料八—二五)。
(20)「飯田助夫日記」一九一九年一〇月二五日。なお、一九一九年一一月の通常県会において井上県知事は、「道路法制定ガ近ク成リマシタガ為ニ、道路ノ整理ト云フモノヲ、此機会ニ於テ国モ県モ郡モ町村モ致サネバナラヌ……ドノ国道ガ廃サレテ県道ニナルト云フコトハ、此予算ノ編成ノ当時ニ於テハ全ク相分リマセヌ状態デアリマシタ、従ツテ此分ラナイ場合ニ於キマシテ、或路線ヲ改修スルト云フ提案ヲ為スガ如キハ、余リニ困難ヲ感シマスルガ故ニ、今年ハ道路ノ改修ヲ一切提案イタシテ居ラヌ」との発言をおこなっている(『神奈川県会史』第五巻、一九五七年、一八五〜一八六頁)。
(21)「飯田助夫日記」一九一九年一一月一五日。ここにある武田長次郎、鈴木寅蔵はそれぞれ、大曽根、樽の地主。
(22)「飯田助夫日記」一九一九年一二月四日。
(23)「飯田助夫日記」一九二〇年一〇月二〇日、二一日、一一月一三日。
(24)前掲「自動車輸送の登場」。
(25)岡村松郎編『日本自動車交通事業史』(上巻、一九五三年)一八五〜一八八頁。
(26)『横浜貿易新報』一九二三年一月八日。
(27)『横浜貿易新報』一九二三年一月一日。
(28)「甲寅七号寛胃録　中道自動車株式会社設立」(「飯田助知家文書」大正期の資料三—一二)。
(29)横浜市役所商工課『横浜市会社名鑑』(一九二六年)。
(30)神奈川自動車営業広告(「日誌一九号」、「飯田助知家文書」大正期の資料一二—五)。
(31)「古老を囲んで港北を語る」編集委員会編『港北百話』(一九七六年)一三九〜一四一頁。
(32)都田村役場『御大典記念　都田村誌』(一九二九年)一八二頁。
(33)なお、嶋村は都田村池辺の人で、大綱村樽にあった宿屋兼料理屋の琵琶園の経営もおこなっていた(「宿屋料理屋兼業継続陳情書」、「飯田助知家文書」大正期の資料一四—一二)。
(34)「大正一一年一二月号海山集三一冊」(「飯田助知家文書」大正期の資料一一—一二)。
(35)「飯田助夫日記」一九二三年一月三日。
(36)一九二三年一月四日「自動車運転開始ノ件ニ付陳情書」(「大正一一年五月以降県郡其他受附書類」「飯田助知家文書」[開港95年11月]八、飯田助知氏所蔵)。[開港95年11月]は、横浜開港資料館が、一九九五年一一月に調査・整理した資料。

(37) 前掲「日誌一九号」。
(38)「飯田助夫日記」一九二三年一月二二日、一月三〇日、二月三日、五月一三日、五月二一日。
(39)「大正一三年日記ノ内九月号外震災危欠ノ件ニ関スル雑感」(「飯田助知家文書」大正期の資料一三―二)。
(40)「飯田助夫日記」一九二四年九月八日。
(41) 日本乗合自動車協会『バス事業五十年史』(一九五七年)八五頁。
(42)『横浜貿易新報』一九二三年二月一一日。
(43)「大正一二年四月川崎町田県道促進関係」(「飯田助知家文書」[開港95年11月] 九)。
(44) 注30と同じ。
(45) 東京急行電鉄株式会社『東京急行電鉄五〇年史』(一九七三年)一四八頁。同社は、沿線への他社進出を防止すべく乗合自動車事業にも乗り出していたが、「神奈川自動車から乗合自動車ならびにタクシー業の営業圏を譲受けたねらいは、東横線と並行している綱島線にあり、川和線はどちらかといえば抱合わせであった」。
(46)「東京横浜、目黒蒲田電車沿線案内」(「椎橋忠男家文書」、椎橋忠男氏所蔵、横浜開港資料館保管)。
(47)「飯田助夫日記」一九二四年一一月一七日、一一月二二日、一一月二八日。
(48)「県道復旧ニ付協議会」(「加藤勝太郎家文書」、加藤勝太郎氏所蔵)。
(49)「飯田助夫日記」一九二五年二月一七日、四月二五日。
(50)「大正一五年大綱村議会予算決算其他」(「飯田助知家文書」[市史] 六一、飯田助知氏所蔵)。[市史] は『横浜市史料所在目録―近現代』第二、四集(横浜市史編集室、一九八九、九四年)による。
(51)『横浜貿易新報』一九二四年五月一八日。
(52) 本宮一男「電化の進展と横浜近郊農村―一九二〇年代の橘樹郡大綱村の状況」(前掲『横浜の近代』)。
(53)「飯田助夫日記」一九二四年四月三〇日。以下、工事費調達の経緯については同前。
(54)「大綱村会関係書類(大正一三年)」(「飯田助知家文書」大正期の資料一三―一一)。
(55)『横浜貿易新報』一九二四年一〇月二一日。
(56) 北原聡「道路法と戦間期日本の道路改良―自動車輸送をめぐって」(関西大学『経済論集』五一―二、二〇〇一年)、八九頁。

(57)「道路線調（大綱村）」（「県庁各課文書」県各課二一一一一七）。
(58)「目黒蒲田・東京横浜電鉄沿線分譲地案内」、「地頭山貸地案内」（「椎橋忠男家文書」五一五、五一八）。
(59)一九二五年一月二四日白幡住民「陳情書」（「大正一四年重要参考」、「飯田助知家文書」［開港95年11月］一一）。
(60)前掲「都市化と農地問題」一五一～一五二頁。
(61)同前、一三九～一四五頁。前掲「農業生産の変貌と地域差」一三二～一三三頁。
(62)「昭和二年当用」（「飯田助知家文書」［開港95年11月］二八）。
(63)「新年ニ当リ漸ク多事多端ニ入ラムトスル大綱村治」（「年末首公務関係書類」「飯田助知家文書」大正期の資料一五一一）。
(64)「大正一五年一月起之　大横浜市建設隣接町村議会事時情」（「飯田助知家文書」［市史］九九）。
(65)(67)「橘樹郡城郷村役場位置問題時情」（「飯田助知家文書」［開港95年11月］一四）。
(66)「飯田助夫日記」一九二五年五月一三日、五月一四日、六月七日。
(68)「飯田助夫日記」一九二五年五月二二日。
(69)前掲「都市化と農地問題」八五二～八五七頁。
(70)『横浜貿易新報』一九二五年六月一七日。
(71)前掲「神奈川県の小作争議」、前掲「都市近郊の小作争議と小作地返還」、前掲「都市化と農地問題」。
(72)城郷村「本村ヲ廃シ横浜市ニ編入ノ義ニ関シ諮問答申ノ件」（「県庁各課文書」県各課二一一一二二）。

第4章　屎尿処理をめぐる都市と農村
——一九二一年の横浜市街地と近郊地域——

吉良芳恵

はじめに

都市が発展し人口が増加するにともない、人間が排出する塵芥と屎尿が増加するのは必然のことである。特に近世以来農村の肥料として農家に購入されてきた屎尿は、都市にとっては有価商品であると同時にやっかいな排泄物でもあった。この意味で、屎尿問題は農村の肥料問題であると同時に、すぐれて都市の衛生問題であり、都市と農村は相互に依存しあう関係にあったのである。とりわけ都市との結節点にあたる近郊農村は、都市の屎尿を最大限に利用し、さらに排泄物の処理という都市生活機能の一部を担っており[1]、その特徴が最も現われるところであった。

こうした屎尿をめぐる都市と農村の関係は、第一次大戦前後に変化をきたした。大豆粕や化学肥料の普及、工業発展による労働賃金の高騰、農村労働力の商工業への流出は、屎尿価値の下落と需用者の減少、屎尿汲除労賃の高騰をもたらした。また農村青年の間に屎尿汲除を嫌悪する傾向を生み、屎尿に対する農家の意識を変化させた。こうして農村の需用以上に都市の屎尿が増加し、農民に売るのではなく都市民が汲除料を払って汲み取ってもらう時代が到来することになった。(2)

ところで一九〇〇(明治三三)年三月六日「汚物掃除法」が、八日「汚物掃除法施行規則」が制定され、塵芥・汚泥・汚水の処理は市の義務となっていたが、有価物である屎尿は、農家と契約しての汲除が一般的であったため適用外におかれ、汲除は土地の所有者、使用者、占有者の義務とされていた。横浜市でも屎尿処理は個人の義務とされ、屎尿は近郊農村の肥料として売却または農産物と交換され、地主、家作主、差配人の所得となっていた。近郊農村とは、久良岐、橘樹、都筑、鎌倉四郡の村々である。この地域は、都市化の多様な影響を直接こうむることが多く、一九二〇年代から野菜・果実等新たな農産物の生産、いわゆる「近郊農業」が本格的に展開していたところである。(3)

一九二一(大正一〇)年一月から三月にかけて、横浜市とこれら近郊農村との間で、屎尿汲除をめぐる対立が起きた。二〇年からの戦後恐慌により米等農産物の価格が暴落し、(4)こうした農村の不況を理由に、近郊農民が従来の慣習を廃棄し、無料または汲除料を要求するための同盟を結成して横浜市内で汲除を停止する運動を展開したのである。この頃横浜市中から搬出される屎尿は、一日平均五一五〇荷、一カ年で一八万五二〇〇余荷にのぼっていたというが、(5)屎尿の需給関係が逆転したまさしく一九二〇年代初頭に、都市対農村の対立が起きた。本章では、この対立過程を、運動の中心であった橘樹郡大綱村長飯田助夫の史料や新聞等を用いて明らかにし、都市と農村にとって屎尿問題がどのような意味をもっていたのかを考察する。従来、屎尿をめぐる研究、とりわけ都市と農村の汲除をめぐる対立については、近郊農村の史料が欠如していたため研究されることが少なかった。その意味で、この実態研究は屎尿問題への一視角を提供できると思われる。

なお、糞尿は屎尿、汲取は汲除と表記するが、史料の引用においては、原文通り記す場合がある。

第一節　屎尿汲除料の要求

1　運動の開始と背景

一九二一（大正一〇）年一月四日、橘樹・都筑両郡下の八カ村有志三〇余名が、橘樹郡大綱村綱島東照寺で有志大会を開き、横浜市内の屎尿汲除に関し、左の「決議書」を採択した。(6)

①米穀価格下落に際し、人夫賃等を斟酌し五〇銭以上（化学肥料に比し人屎尿の高価となる分）を請求する。
②従来各自請負のものはそれぞれ交渉する。
③村長押印の陳情書を郡長経由で知事・市長に提出し示命方を具申する。
④各村大字に実行委員二名を選出する。
⑤不参加の関係各村大字や久良岐・鎌倉両郡にも至急交渉する。
⑥通信所は都筑郡都田村・橘樹郡大綱村の農会に設置し統轄する。
⑦請負交渉の結果は一月一二日までに通信する。
⑧委員実費等は各大字で負担する。

この会合が開かれる前後種々の準備がなされたようで、橘樹郡では大綱村を中心に、一月早々から屎尿汲除問題の宣伝書が「調整」され、「綱島部民」が発起して、同郡城郷・日吉・旭・橘村や都筑郡新田・中川・都田村の大字区長・有力者の同意を得、準備を整えていた。有力者とは、農会関係者や郡会・町村会議員などを意味する。その後一〇日には隈元清世郡長らの賛成も得た。都筑郡も郡会を開催し、郡産業技手と協議して部落の調査を行った。(7)

一月一二日、飯田助夫大綱村長外二名が県庁に磯貝農会技師と草柳農務課長を訪問、農民が横浜市内の地主に屎尿汲除料を要請できるよう陳情した。従来農民は地主に一戸五～二〇銭の肥料代を払っていたが、手間賃を加えると一荷五〇銭以上となり、同じ「精分」を含む化学肥料より高価となるため、東京と同様、汲取料をもらいたいというのがその趣旨であった。これに対し磯貝技師は、東京の状況を調査する必要があると伝えた。(8)

この勧告を受けた飯田村長は、一四日、大綱村助役黒川新太郎ら二人を屎尿汲除賃銭の調査のため東京へ出張させた。黒川らは、下町方面で東京糞尿肥料組合浅草区須賀橋際出張所、山手方面で牛込区神楽坂警察署の紹介により相互肥料株式会社、さらに東京府農会で調査を行い、東京市が一九二〇年から屎尿汲除を市事業として、請負業者に汲除料の補助金を交付していること、各戸一人別一カ月平均約一五銭の掃除料を負担していることなど種々の情報を入手し、帰村後の一六日、視察状況調査報告書を作成、謄写印刷した。(9)

横浜の代表的新聞である『横浜貿易新報』は、こうした陳情の背景や状況を、城郷・大綱・新田方面の汲除人（一般農家に売りさばく半農半商）に悪い手合いがあり、米価下落による困窮を理由に、屎尿料を無料にし農家へは有料で売りつけようと計画して、六角橋付近で肥料車の通行毎に同盟に参加するよう勧誘しており、最も屎尿攻めされているのは神奈川から桜木・戸部方面の一部で、別に肥汲請負会社組織の動きもある、と報じた。(10) また、運動は農村から起きたものではなく、肥料供給の仲介者が農村民の一部を煽動して起こしたものだとみる報道もなされた。(11) 橘樹郡農会長である飯田助大夫もその備忘録に、一九二〇年九月頃、屎尿請負人の高橋庄吉が東京のことを聞き、半額以下にと値段の低減を地主家主へ談判したが応じなかったので、一一月以来汲除拒否を宣言し農家を煽動したとの情報があることを記した。(12) 高橋庄吉とは、『横浜市事務報告書』に記されている、横浜市内五〇カ所の公共便所の設備と汲除事業を請け負っていた石川仲町の高橋彰吉のことであろう。

久保田政周横浜市長も談話で、一部の者が私腹を肥やす野心から起こしたらしいが、屎尿の無料化、運搬料の要求は不当であるとその見解を述べ、農村がこうした運動を継続すれば、市営か大下水を敷設して海中に流さざるを得ないとして、市が市営の畑に屎尿を運搬し、不良少年・青年に耕作させ、市財源にしているドイツの例を紹介した(13)。横浜市衛生課長も、市として直接関係があるのは外国人居留地のみで、居留地の屎尿については汲除人に汲除料を支払っているが、今回は個人関係であり、もし両者が折り合わず屎尿が溢れ出れば、掃除監督長として地主家主・責任者に戒告し、応じない場合は市が代執行し、費用は掃除の義務者である地主家主より徴収すると、「汚物掃除法」に基づく見解を述べた(14)。

一五日、橘樹・都筑両郡は都筑郡新田村新羽専念寺で打合会を開き、さらなる「決議書」を採択した。参加者は、橘樹郡城郷・大綱・日吉村、都筑郡新治・都田・新田・中川・山内・柿生外一カ村組合・都岡・二俣川・西谷村の村長と農会長等で、参加村は一〇日段階より増加している。「決議書」では、蚕糸米価暴落に際して農家が困弊しているため、救助の一策として、両郡有志が連盟して久良岐・三浦・鎌倉・高座郡に交渉し、無料汲除の実現を期すことがうたわれ、左の六点が決定された(15)。

①村の各区に委員一名を置き、村委員の指揮を受け、区内の結束を強固にして区の事務を扱う。

②各村に委員三名を置き、村長、村農会長、区委員中互選の者一名をあてる。郡委員の指揮を受けて村内の統一及び村の事務を取り扱う。村長が村農会長を兼務の場合は副会長で補充する。

③郡に委員三名を置き、各郡の交渉と連絡、郡内の統一を図り郡の事務を取り扱う。郡長が郡農会長の場合は村委員中互選の者一名で補充し、兼〔ママ〕の委員は郡農会正副会長をあてる。

④郡委員は右郡と合同して一月一八日に知事・市長に陳情する。

⑤区委員・村委員は、農家をして一月〔ママ〕　日より受持ちの家主地主に屎尿汲除相当料金を要求させること、ただし交渉困難な事情がある農家は区委員が応援する。

⑥協議会場の雑費、各委員の実費は委員会の協議により農家の負担とする。

しかし町村長等五〇余名が参会したこの打合会では、A汲除料を徴収する、B従前通り地主家主に多少肥料代を支払う、C汲除料と肥料代を支払わず無料で汲除する、の三派の主張があり、衆議が一決しなかったようで、一六日にも再討議がなされ、Aの有料派の急先鋒である「農民団体代表者」と「青年団員」の多数が専念寺付近に集合して示威運動を行っている。実行委員と青年団員等数十名が、汲除料一戸一回二〇〜三〇銭の徴収につとめ、地主家主が応じなければ汲除中止、屎尿攻めをすると、県・市に陳情したとの新聞報道もあり、過激なグループが存在していたことがうかがわれる。(16)

以上の経緯から、次のことが推察できるだろう。すなわち農村の不況を背景にしたこの運動の発端には、市内の汲除事業を請け負う業者が東京に刺激されて横浜市近郊農村に働きかけたことがあり、また運動の中心が橘樹郡大綱村(特に飯田家の所在地綱島)や橘樹郡農会であったということである。事実大綱村は、その後の汲除中止をめぐる展開(後述)の中で、神奈川町を中心とする横浜市民から名指しで交渉を拒絶されている。こうして行政が関与できない横浜市内の屎尿汲除問題は、橘樹・都筑両郡下の村々の汲除料要求運動に発展し、都市対農村の社会問題の様相を呈することになった。

2　陳情と県・市

一月一八日、橘樹郡大綱村外四カ村一二〇七名、都筑郡都田村外六カ村四〇〇〇余名の総代として、飯田助夫大綱村長、日吉村各大字総代人、飯田助大夫橘樹郡農会長、相原善太郎新治村長、岩崎良造都筑郡農会副会長らが、草柳県農務課長と山宮産業部長に面会し、井上孝哉知事あての陳情書「糞尿汲除相当賃銭請求の件」を提出した。村長、農会代表者、郡・村会議員等からなるこの陳情団は、その後久保田市長にも面会、陳情したが、(17)「糞尿汲除相当賃銭請求の件」の冒頭では、次のような論旨が展開された。

昨年の米穀・農産物価格の大暴落等により農家の生活困難は必至となり、商工業への従事、農村労力の減少という悲惨を招いている。また窒素肥料の過度の使用により、農産物は生育柔弱となり良質の生産品位を失しているため、肥料施用法を改良し耕地の生産力を増進するのが農業改善発展上一大緊要である。

というのである。その上で、「厭嫌」され化学肥料に比し高価な屎尿には一荷五〇銭以上の掃除料を出すべきであると、汲除料請求の承認が懇願された。また末尾では「万一無事解決を不視ときは素より下級農民〔筆者—小作カ〕結束して汲除を中止し忽ち都市をして黄金海に変する等不穏の挙」に出る恐れがあり警戒するところであると、脅迫的文言が記された。ちなみにこの陳情書には郡長の副申が添えられ、さらに請求の妥当性を証明するため、前述した東京市の屎尿汲除状況報告書と一月一〇日調査の「化学肥料と人糞尿との性分比較」が添付されている(18)。左にその比較を示しておこう。

①硫酸アンモニア現価一貫匁八〇銭（窒素二〇％）＝人屎尿六荷に相当、一荷一三銭三厘〔筆者—一荷とは、かつぎ桶二個分〕

②チリ硝石現価一貫匁四七銭（窒素一五％）＝人屎尿四荷に相当、一荷一一銭七厘五毛

③人屎尿汲除一車四荷二円六〇銭、一荷六五銭に相当

内訳・一人手間一円五〇銭、食料一式五〇銭

・草鞋代二〇銭、出迎後押三〇銭

・坪代〔筆者—壺代ともいい、地主家主に納入する前渡金のこと〕平均一〇銭以上

④化学肥料を一荷一二銭五厘と仮定し、四荷分五〇銭、差引二円一〇銭の損毛

次に、陳情に参加した村名を現在の横浜市域図の上に示しておこう（図4－1）。橘樹郡二町一七カ村のうち城

図4－1　陳情参加村（現横浜市域内）

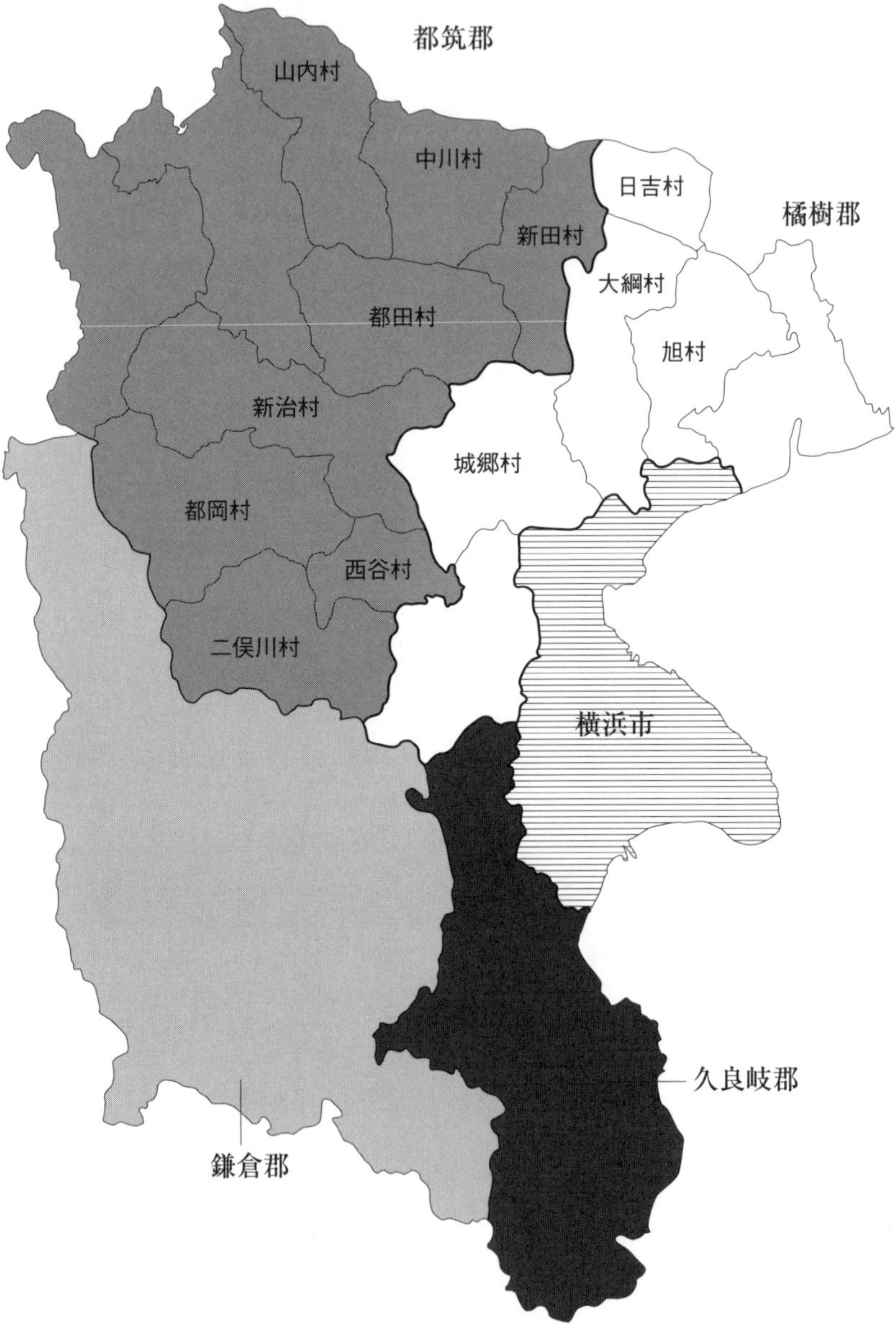

郷・大綱・旭・日吉・橘村が、都筑郡一二カ村のうち西谷・新治・都田・新田・中川・山内・柿生村外一カ村組合(後川崎市に編入)・都岡・二俣川村が参加しているが、これらの村は明らかに横浜市をとりまく近郊農村であり、東京あるいは川崎に近い農村は参加していないことがわかるだろう。

陳情翌日の一九日、飯田村長は、久良岐・鎌倉両郡の各町村長に使者を派遣して参加を呼びかけ、「屎尿汲除相当賃銭請求ノ件」など参考資料を送付した。飯田家文書中には、神奈川県の罫紙に書かれ、年月日の記入のない鎌倉郡の「請願書」原案が残されており、内容を要約すると次のとおりである。[19]

鎌倉郡と横浜市との往復は、近距離で三里、遠距離では六〜七里に達し、二荷の屎尿汲除に男一人で未明から日没までを要す。日当・荷車代等を合計すれば、無料で汲除しても一荷一円内外で、これに一〇〜二〇銭の代価を支払えば高価となる。汲除は不潔で悪疫感染の恐れもあり、危険な職業で嫌忌するところであり、農業よりの転出、農村の労力欠乏により肥料の汲除等をなす者がいなくなるかもしれぬ。衛生上由々しきことであり、横浜市も東京市と同様に掃除料を出すか、従来の関係上やむを得ないものは汲除を無料にするか、特別の配慮を請願する。

というものであったが、おそらくこれは鎌倉郡から飯田村長に送付されたものであろう。

こうした陳情に、県・市当局は次のように反応した。

まず県は、汲除はあくまでも地主家主と汲除者との自由契約であり、何等の措置もとれず収受するのみであるが、社会問題、衛生問題、さらには横浜市の問題でもあるため、事情を聴取していずれ協議するとの態度をとった。久保田市長も、米価下落による収入の減少を肥料汲除で埋めあわせようとする魂胆からきたものではないかと突き放し、従来農夫が一荷に一〇銭位払っていたのを五〇銭要求するのは虫がよいとして、ことを荒立てず、妥協点をみつけて円満解決することを希望した。市衛生課長も、県から命令があれば何時でも断固たる処分方法を講じると述べた上で、市営の処分法としては、適当の場所に屎尿の貯蔵池を設備しそこで需用者との売買を行うとか、硫酸アンモニアを製造する方法もあるが、もし市がこの方法で処分すると多数の農民が反対するのではないかと、談話を発表した。[20]汲除中止もやむを得ないとする農村の強硬陳情に対し、当初県・市は何等の対応をとらぬ方針であったようである。

3 地主家主との交渉

一月二一日、大綱村南北綱島、日吉村駒林等の各大字で汲除人の協議会が開かれ、各村一斉に、世話人が付き添って横浜市に出張し、直接地主や家作主に懇願を開始することになった。[21]翌二二日、飯田助夫はこうした直接交渉者の報告を聴取し、「屎尿汲除問題円満解決ノ為メ代弁運動報告書」を作成している。長くなるが要約しておこう。三名づつの交渉員が四組にわかれ横浜市内で調査したようである。

一、甲組（竹生源蔵、吉原園吉、小島民二）の訪問先

①本牧：戸井嘉作（不在）

②元町：石川徳右衛門（支配人山口権三、時代の要求にして賛成、おって熟考する）

③弁天通：原富太郎（原土地係に面会、石川氏支配人同様賛成）、若尾幾造

④尾上町：高島嘉兵衛（鈴木支配人不在）

⑤南太田：上郎清助（不在）

⑥戸部六丁目：小泉穀右衛門（不在、番頭が応接）

二、乙組（小泉正治、小泉民雄、小泉宜平）の訪問先

①久方町：須藤久蔵（主人不在、回答二五日限）

②日の出町：大山直次郎（世間並にすること）
③万代町：衛生事務所、山本蔵之助（地主に交渉の上挨拶、二五日限）
④翁町三丁目：畑井治三郎（世間並にすること）
⑤港橋際煙草屋：浅井商店（六カ月分肥料代受取。家作二〇〇戸を有す。家主と居住者との関係を如何に将来するか考慮すること。農家に掃除料を支払うとすれば重大問題、市の方針には服従すること）
⑥伊勢佐木町：吉野屋（七月迄肥料代受取、交渉中、一荷五〇銭では高価、区内協議の結果に任す）
⑦梅ヶ枝町：酒井松太郎、飯村鉄三郎（新年会での協議結果に任す）
三、丙組（城田孝蔵、城田八百吉、飯田助五郎）の訪問先
①平沼町：平沼亮三（主人不在、代理が応接、不得要領）
②海老塚団蔵・太一郎（差配人間宮長蔵に面会）
③海老塚明（主人面会、世間並）
④手塚利三郎（主人不在、倅に面会、賛成）
⑤海老塚四郎兵衛（主人不在）
⑥早野一馬（村上番頭陳情諒解）
四、丁組（吉原義介、池谷一郎、加藤太郎吉）の訪問先
①神奈川町：丸久下駄兵庫屋（無料なら直に承諾差支なし、しかし有料はおって解決）
②古平定次郎（世間並）
③八ノ字魚屋（世間並、無料なら直に承諾）
④太田醬油店（世間並）

⑤吉田之長病院（理屈屋、当家は汲除人と従来円満に取引。汲除人が宣伝書を持参したため、直に五〇銭を支払うのかと反問したが左にあらずと申立。過激思想の然らしむる所かと述ぶ、家主でも屎尿代をせり上げる場合もあると説明し、先方も諒解）

⑥茅木屋（世間並）

⑦内田町：竹内（衛生事務所、貿易新聞記者妻君応接）

甲・乙組には、有料無料のいずれでも従前通りの掃除を希望するが、生肥商人に乗じられぬよう注意してほしい旨、丙組には円満解決を希望する旨の回答があり、総じて、無料なら直に承諾するが、有料なら世間の「振合」（相互関係）による旨の回答が寄せられたようである。(22) こうして各地域で、汲除特約者への了解工作が契約農家自身または代理者の交渉員により開始された。ちなみに甲組が主に訪問した大規模土地家屋所有者等は、屎尿売却代金として年間四〇〇〇～五〇〇〇円の収入を得ており、これらは差配料つまり差配人の給料となっていたという。(23)

久良岐郡も二五日、日下村外四カ村農民六〇〇余名の総代として、一〇余名の町村長・農会長が県庁へ出頭し、内務部長に陳情書を提出した。(24) 鎌倉郡からも賛同を得ていたのであろう（前述の史料から推定）、運動は四郡の運動へと拡大した。

政友派から刷新派へ支持政党をかえていた大綱村長飯田助夫は（第2章大西比呂志論文参照）、有力な刷新派の横浜市会議員にも働きかけた。飯田は二九日、同志会系前代議士で本牧町在住の市議戸井嘉作に面会のため、若竹町の自治クラブに出張した。しかし戸井は市参事会へ出かけていたため、県参事会員である親友山下精吾を紹介され、飯田らは山下に円満解決をはかるため仲介の労を取ってもらいたい旨を申し出た。(25) ともあれその後戸井らが調停に乗り出した気配はない。

二七日には、県農会総会に出席した橘樹郡農会長飯田助大夫も、内務部長、産業部長、農務課長等に面会し運動の了解を求めた。県側は、未解決の期間に汲除中止を実行せぬよう助力を求めたが、助大夫は、外国人が居留する横浜でかかる醜態を演ずるのは好まぬが、双方に言い分があり示談にはならぬと、強硬な態度をつらぬいた[26]。

こうした状況に、三〇日、石田横浜市衛生課長は飯田助大夫を「内証」で訪問し、久良岐郡からの陳情で調査を開始したことを打明け、解決方法等について示唆した。一種の入れ知恵であるが、主要な点を記すと次のようになる。

①名古屋市は市営であり、横浜も一九二二年度に市営の可能性がある。大岡川、保土ヶ谷帷子川、六角橋辺に大屎池を設置すれば安価で便利に農家へ供給できる。

②平沼は一カ年五〇〇〇円以上の屎尿代を受け取っている。

③戸井嘉作らは多少金銭を取る主義なれば、戸井氏らを説得し、屎尿は無料がよいと市に宣伝すれば容易に解決する。

④原の支配人岡田は課長の親戚であり、平沼の支配人も元県衛生課長である故説得してみる。横浜の地主家主等にも談判してみるが容易ではない、農家が益々強くなっても困るから、各郡農会長に来て貰って談判すべきか考慮中である。

⑤停滞している屎尿の処分を市民が市に要求した例がある。市は責任者に執行命令を出したが執行しなかったため、代執行して損害を要求すると命じるや、地主等が執行した。

こうしたなまなましい「内証」の入れ知恵からは市がようやく重い腰をあげたことがみてとれるが、同時に相当動揺をきたしていることもうかがうことができよう[27]。

三〇日の『横浜毎朝新聞』は、知事が汲除料の負担相手を誰にするか苦慮していることを伝え、さらに汲除の市営化には問題があるため、市と市民との中間にある衛生組合が斡旋するのではないかとの予測記事を掲載した[28]。斡旋役を期待された衛生組合は、一二月一一日、神奈川町連合衛生組合委員一〇〇余名が幹部会を開き、会社組織で屎尿汲除・運輸を経営し、販路は藤沢、茅ヶ崎、海路房総へ搬出する「自決自策主義」の計画を決議した。(29) 一四日には、神奈川子安町五カ町の衛生組合長一〇数名が、樋口横浜市助役に面会してこの間の経緯を聴取し、助役から、農民が汲除を罷業すれば市は断固たる措置を取るとの言質を得た。(30)

一方、手のつけようがないとする県・市の態度に憤慨した「汲取り関係」の「青年者連」は、汲除中止以外に方法なしと息巻くようになった。村の「中老連」は、「百姓するより土方にでもなった方がいい」とする気風の蔓延を心配し、二月一〇日、四郡の代表者として橘樹郡農会長飯田助大夫外九名が県農務課長と産業部長に解決方を陳情した。(31) 助大夫は、若い者たちが陳情書位の手ぬるいことでは承知せず降雪を機に汲除には行かぬと駄々をこねているためなだめてきたと述べた上で、東京から金を出すから汲除に来てほしい旨の要請があり、橘樹・都筑の半分は東京に行ってしまうかもしれぬと伝えた。さらに横浜の石川徳右衛門・上郎清助ら大地主は、時代の変化で仕方がないが、急激に汲除料を出すのも困るから、当分無料で折り合うことを希望しており、また差配連は懐中に影響があるのでぐずぐず言っているとして、近距離は無料でもよいが遠距離は困ると哀願した。業を煮やした飯田らが、青年たちの強硬姿勢を強調することで行政当局を動かそうとしたとみてよい。(32)

第二節　要求運動の終息

1　汲除中止と鎌倉郡の離脱

二月中旬以降何等の進展もみなかった四郡名による運動は、三月になって新展開をみせた。三月一日、四郡連合農民大会が都筑郡新田村新羽専念寺で開かれ、五日から三〇日間の横浜市内の屎尿汲除中止を決議した。ちなみにこの連合会には一五〇余名が出席したが、鎌倉郡は欠席している[33]。壺方に誠意がないとして各自目的を達する事が申合され、「監視人を要路に置き申合せに背く者の有無を調査し各村総代人に通報して万全を期する事」が内規として決められた。橘樹郡城郷村羽沢・片倉・小机・岸根、大綱村菊名・篠原、旭村師岡・獅子ヶ谷・北寺尾、都筑郡都田村折本・池辺・大熊、新田村吉田の一三三名が署名捺印した「申合規約」は、要約すると次のとおりである[34]。

①各村総代人は各自代表地区内の農家を指導統一し、四郡連合会の決議を責任をもって実行させる。

②決議事項に背き、または本問題の徳義に背く行為のある者は、該村代表者が責任をもって中止させる処置をなす。

③従前の汲除契約者の壺を掠め取った者は従前の者に繰り戻し、有価汲除でない汲除を今回新契約した者は契約を解除する。

④各郡共通の費用は各郡平等の負担とし、郡内各村共通の費用は各村平等負担とする、その他は各村負担とする。

以上から、離反者に厳しい態度を要求する申合に賛同する村は、一月一八日の陳情時点より減少していることが判明する。

この後橘樹郡では郡農会が中心となって有料認可の陳情運動を続け、久良岐・都筑郡も、四日には伊沢傭次郎県議、都筑郡農会幹事外有志が県農務課長・樋口市助役を訪問し陳情した。しかし暖簾に腕押しの状態に、連合会は決議どおり、五日から汲除中止を実行することになった。既に三月一～二日頃から屎尿車が減少し、三日以後は都筑往還上には屎尿車のない状態が出現していた[35]。

一方、四郡連合会に名を連ねていた鎌倉郡は、一日の連合会に欠席するなど、歩調を異にし始めた。二日、橘樹・都筑・久良岐郡の代表者が、鎌倉郡役所に服部長太郎郡長を訪問し、運動への同意を要求した。当局へは数十回交渉したが埒が明かぬので、市が要求をいれねば各郡歩調を一にして市民を「糞攻め」にしたいと、郡長の賛同を求めたのである。しかし郡長は、手段の一部は賛成だが、「糞攻め」は考慮の余地があり、従来の代価支払を廃止し双方無料で汲み取るのが至当であるとの意見を表明し、結局物別れに終わった。(36)

五日、服部郡長は鎌倉郡農会長名で大綱村に書簡を送った。鎌倉郡は「単に時々委員を出すのみ何の御役にも立たず恐縮致居り候」と記した上で、本日、関係町村長・農会長を招集し、三郡よりの交渉について打合せたが、郡としては「矢張最初申合せ致候通り穏健なる考へを以て進み度」く、また三月一日の申合についても同様であると述べた上で、「申合規約」に対する左の内容の意見を添付した。(37)

①第一項の精神を尊重するよう関係町村で努力したが、屎尿汲除は汲除人と家主差配人等との相対契約に基づく習慣であり、町村内の汲除人の結束保持は困難である。

②第二項も努力するが、全部の実行は困難である。親戚・知己の間では実現不可能な情義があり、本郡は特にこの関係者が多い。

③第三項の契約は個人間で結ばれたもので解除不可能なことがある。後段の有償汲除にあらざる云々は、一考を希望する。

④費用負担は一月六日に橘樹郡有志が来郡の際要求せぬとの言明もあり、二月二日の打合会でも各郡で要した費用は夫々単独負担を申合せた故、今後もこの通りの実行を希望する。

さらに鎌倉郡は、汲除場所の便不便で上中下に三分し、上（便利）は汲除人から若干の料金を払い、中は無償、下（不便）は被汲除人から若干の手数料をもらう趣旨で運動する見込みであり、申合は時期尚早ゆえ留保、内規の実行も猶予を望むと伝えた。(38)

これに対し、飯田村長らは九日鎌倉郡に出張し、瀬之間平治郎郡農会副会長等の説得につとめた。しかし賛同を得ることはできなかったようで、この頃の新聞には飯田の談話として、四郡は協定して交渉を続け四日を最後に打ち上げたが、鎌倉郡長は汲除するのが穏当と言明し汲除人を派しているようである、同郡の交渉委員成瀬郡会議長は三郡と同一行動をとっているにもかかわらずこの始末で、誠意がない、一方久良岐郡は横浜に最も接近しているため結束が固いと、不満を含めてその胸の内をあかした(39)。

以上から、鎌倉郡は四郡の名による運動に当初から積極的に参加したわけではないこと、また汲除中止の実行や運動違反者への厳しい対応をせまる運動に対して一線を画し、離脱していったことが判明する。

2　横浜市民の対応と農民の分裂

三月五日からの汲除中止の実行に、衛生組合、家主地主等は左のような対抗策を講じるようになった。

橘樹・都筑両郡から年間約一〇〇万円の肥料代を受け取っていた神奈川・青木両町では、六日衛生組合長らが、各衛生組合が人夫を雇い適当の畑中または海中に投棄すること、汲除人が中止を継続すれば三崎・千葉の農家と交渉して無料で汲除させることを決議した。その後房州沿岸に汲み取らせる交渉が開始され、第一回目として五〇〇荷が船積みされている。一二日には神奈川町二ツ谷方面の住民が協議し、日本榎・斎藤分・中川・平尾前の各字は中丸の農家に屎尿を供給することになった。また子安町と神奈川町の一部は子安の農民に汲除させ、青木町の一部は三沢に一五〇円を投じて屎尿溜を新設し農家に汲み取らせることになった。神奈川町の地主も請負人を指定して船で海へ放棄し、根岸町は屎尿を堀割・相染川に放流した。石川町は汲除請負人を指定して一荷一〇銭程で汲み取らせ海中へ放流する計画で、高橋彰吉外五名は一二日に樋口助役に会見し、資本金五〇万円の硫青酸安母尼製造会社を創設し屎尿処理をしたいので、市内の屎尿を農家へ汲み取らせない方法を講究してほしい旨を陳情した。こうした堀・河川への屎尿の放流にあわてた市衛生課は、市内一七八の衛生組合に対抗策を講じるよう指示し、衛生組合は連合組合会を開いて、組合の請負事業として横浜港沖へ搬出するか、市営に任すかを決定することになった。衛生組合が結束すれば、市内で一日に生ずる六〇〇〇～七〇〇〇荷の屎尿は四郡下へ一荷も汲除されず、農村は大打撃を受けることが予想されるようになっていた(40)。

こうした反応に、農村側は態度を一層硬化させると同時に、妥協策も模索し始めた。背景には、麦作、桃園等にとって肥料需要の多い季節が到来し、供給途絶が苦痛となり始めていたことが考えられる(41)。

三月一三日、新羽専念寺での都筑・橘樹両郡総代の会合に、橘樹郡旭・大綱・日吉・城郷各村、都筑郡新田・都田・二俣川・中里・新治・中川・山内各村から委員等約一五〇名が出席し、結束を続行する「決議書」が採択された。しかし同時に、屎尿汲除料を先方より出すか無料で承諾する場合は、一般が解決するまで屎車は出さぬが、屎尿の流出しない程度に汲み取ること、また農民側に有利な条件であれば最高幹部で妥協してもよいとの付帯決議がなされた(42)。

強硬論の実現であろう、一五日、都筑・橘樹郡の農会長外数名と実行委員らが大綱村役場で協議し、汲除停止決議を無視する農民を監視すべしとして、大綱村南綱島の一名、篠原の二名に監視方を嘱託した。この三名は他の応援を得て一六日、橘樹・都筑両郡の関門である城郷村六角橋付近で、都筑郡中里村小山や橘樹郡城郷村小机の農民三〇余名が屎尿車をひき通るのを違約として叱責したため、形勢不穏となった。神奈川署から浅野衛生主任、岡本高等主任ら一〇数名が急行し、三名は神奈川署で取調べを受けたが、一七日にも、都筑郡川向の橋上で多数農民の汲除途上が阻止される事態が生じた(43)。

こうした強硬策の実行に対し、都筑郡では同盟を無視して戸部・伊勢佐木署関内の汲除を開始する者があらわれ、一五日には、中川村助役らが飯田村長を訪問して、契約済の者が汲除に出動することを認めること、示談を都田署長・神奈川署長に依頼すること、新羽で打合せをすることなどを申し入れた。橘樹郡からも、夜間密かに汲除するものの、違反を承知で公然と青木・神奈川方面を汲除するものが出るようになり、年々屎尿に六万円を払っていた大綱村でも、鶴見方面から水分が多いとされる屎尿を争って購入する状況が生まれた(44)。

市内の対抗策も、高座郡や三浦郡、多摩地域、さらには千葉県までまきこむ形で進展した。青木七軒町・宮川町・滝下町の衛生組合長は、高座郡大和村の農家に屎尿を供給し、料金は町内衛生費にあてることを協議した。神奈川一八町衛生組合長も一六日に会合し、①他郡汲除人への妨害暴行は警察へ警戒取締方を請願する、②屎尿は時価より低下させぬ、③大綱村民に限り絶対に汲除を契約しないことなどを決議した。この会合では、千葉県の肥料業者楠万太郎が、神奈川町の屎尿は日々二八〇荷以上あり、普通の糞船なら往復に六日を要すが、発動機船（購入費五〇〇〇円）なら一日に六回往復でき屎尿代金として一荷一四銭以上の利得が可能であると述べていること、三崎方面の農家は船着場までの出荷を希望していること、原町田の肥料商野川源兵衛も各所に溜を新設し汲除契約は一カ年以上を要求していること、高座郡大和村も巡回販売の目的で貨物自動車を購入すべきであり、契約期限は一カ年以上たるべきことを要求していることなどが、各地に派遣された交渉員から報告された。蒔田町・堀ノ内町・中村町・南吉田町・根岸町の五カ町民は、未解決の間は、田舎から売りにくる野菜類を不買にし、違反者からは二円の罰金をとることを決議した(45)。

市衛生課も、こうした世論の喚起を背景に、一七八の衛生組合の意向を徴収した。『東京日日新聞』は組合報告を次のように報じた。①神奈川方面が最も強硬で、三衛生組合が結束して千葉県下に船で運送する方法と、屎尿貯蓄池を設け農民に廉売する二案を講じ、一部家主は橘樹郡旭村西寺尾の農民と汲除料を契約している、②山田・南太田・吉田埋地方面では、鎌倉郡が不汲同盟を脱退して個人契約の下に無料で汲除を開始している、③その他は、小作人が市中への野菜売りの帰途汲除しているため、市内住民の三割は屎尿攻めが緩和されている、というのである。また肥料代として年二〇〇〇〜六〇〇〇円の実収がある関内関外の大地主家主は借家人の憂き目を傍観しており、小地主家主は年に二〇〇円を下らぬ屎尿料を棒にふっては借家の算盤が合わぬと泣き言を述べていること、関内の大地主連は屎尿は有価物と主張しているが、関外の大地主家主は一三日に有志会を開き農民と交渉を進めること、橘樹・久良岐・都筑の三郡は、住民と直接交渉して汲除料を任意に契約したいと主張していること、農閑期の三月は大地主が小作人を遊ばせたり解雇する時期であり、屎尿の不用時期に乗じて農会がお先棒をかついで企てたため、小作人は農閑期の自作に肥料が汲み取れず困却していること、このドサクサに横浜肥料同業者が屎尿会社の組織化に血眼になって市へ日参し市民の屎尿汲除の特許を申請していることを報じた。さらに記事は、騒げば騒ぐほど農民の不利益となるため、耕作期の四月には肥料の需要にともない解決するのではないかとも予想した(46)。

市内の状況を内偵した都筑郡農会副会長岩崎良造も飯田村長に、神奈川署長に無料汲除で解決すべく仲介を依頼するよう譲歩策を提案し、神奈川方面は無料解決の場合でも旧壺を維持することは不可能な状態にあることを報告する始末であった(47)。

以上、農作業の始まる季節になると四郡の結束は崩れざるを得ず、鎌倉・久良岐郡は同盟を破り、都筑郡も汲除を再開、橘樹郡からも裏切り者が出るなど、不汲同盟からの脱退者、軟化者が増加したことがみてとれる。

3　妥協と汲除再開

三月一八日早朝、不汲同盟の主な地主が、汲除を開始する同盟破りの「小農」を監視するため、城郷村小机方面に一〇数名、大綱村篠原方面に数名の監視人を配置した。こうした不穏な情勢に、都田署・神奈川署は巡査部長以下を派遣し非常警戒を行ったが、地主の強硬な態度に対しては、直接肥料を必要としないからであるとの観測も生まれた(48)。橘樹郡では、農村内の分裂が激しくなっていた。

同日、飯田村長ら橘樹・都筑・久良岐三郡の代表者約三〇～四〇名は県農務課長・警察部衛生課長に面会、善後策を要望した。衛生課長は汲除中止の継続をほのめかす陳情団を難詰し、汲除料の請求は不当であり、市民の迷惑を顧慮せよと述べた上で、地主家主への支払い金額の値下げか無料で満足し汲除を開始すべきであり、地主らが頑迷なら当局が相当の配慮をなすと懇説した。結局総代人は諒解し、①横浜市民と契約済の者は、名刺大の契約済の紙を屎尿車に貼付する、②各個人が相互に契約を開始し約束済のものは三月二二日に屎尿車を出荷する、③汲除は従前の取引者に権利を帰すよう努める、④汲除未契約の者は地主家主の氏名を調査し二八日に県衛生課へ陳情する、ことを決定した。(49)

その後も大綱村・旭村委員会が開かれるなど、汲除人の集会が続いたが、二一日、不汲同盟の無法に憤慨した南多摩郡南村青年会員が神奈川全町からの汲除交渉を承諾し、百数十人の会員が七〇余の屎尿車に青年会旗を押し立てて来神、汲除する事態が生じた。この情報を得た橘樹郡の農村は動揺し、二～三の衛生組合に汲除契約を哀願する者まで出るようになった。都筑郡でも各村代表者が協議し、二二日から同盟を撤廃、農民は各自以前の縁故により自由契約・汲除を開始することになった。この日、橘樹郡と都筑郡の百台の屎尿車が神奈川・青木町に入り汲除競争を開始している。(50)飯田助夫は、二二日と二三日に都筑郡の町村状況を内偵させたが、各村共無料か従前の半額で折り合ったとの情報を得、事態は急転したことを知った。大綱村全体も七分通が無料、一分が有料、二分が未契約となり、飯田はやけ気味に「如何とも致す能はす」と日記に書き残した。(51)鎌倉郡も二三日、郡農会長服部長太郎が三郡に、汲除人は家主や差配人と協議を重ねており、郡農会はこの件をうち切り単独行動に出ることを通告した。すなわち、便利な場所は一〇～二〇銭の肥料代を支払う、中間地域は無償、不便な場所は一〇～二〇銭を徴収するとの通牒を既に汲除人に発送したという報告であった。(52)

相前後して、横浜市内の動きも激しさを増した。各衛生組合は既に、①脅迫的行為に出た橘樹・都筑郡の汲除業者は今後市中に入れない、②屎尿処分会社を組織するか他の方法を講究するなど、いくつかの制裁方針を決定していたが、二三日には、全市の衛生組合や地主家主等関係者からなる屎尿問題解決期成同盟団員五〇余名が福富亭に参集し、①市内数カ所にタンクを設置して屎尿を溜め、不汲同盟に不参加の地域の農家に売り込むこと、②その設備費は地主有志から支出することなどを決議した。さらに横浜市には市営化の決心があるか否か、屎尿処分団体が組織された場合、市が補助金を与えるか否かを交渉することになった[53]。

二六日、新田村新羽専念寺で屎尿問題の最後の協議会が開かれた[54]。その後の経緯は不明だが、汲除中止を開始した三月五日から三〇日が経過した頃、近距離である市内の六割は無料汲除に、遠距離の二割は市民が相当料金を出す、二割は従来の契約を六月まで継続し、六月以後新に協定することで、最終的な決着がなされた。また農民不汲同盟も解散することになり、四月五日、大綱村長ら橘樹・都筑・久良岐三郡有志者五〇名は県農務課長を訪問し、六日から従前通り汲除することを伝えた[55]。こうして三カ月にわたる運動は終わったが、『神奈川県農会報』（一九二一年六月号）は、その情報欄に、「結局各自適当に交渉され或は是迄の肥し代を値引し或は無料となりて略ぼ落着く」と記すのみであった。

屎尿攻めにこりた横浜市連合衛生組合は、四月一三日、公衆衛生上の問題として組合長会議を開き、市直営か市が補助金を交付しての私営請負かを決定すべきであるとの建議案を久保田市長へ提出した[56]。こうして、都市（民）と農村（民）との屎尿汲除をめぐる対立はとりあえず解決し、新たに市営化という新しい課題が日程にのぼることになった。

おわりに

『横貿』は三月一五日の社説で、この運動が東京市に影響された一時的な流行であることは疑いないとしながらも、単なる農民と市地主らとの対立問題ではなく、根本的に解決すべき都市的設備の問題、つまり都市問題であることを指摘した。さらに直接苦痛を与えられる多数の市民に配慮すべきであり、農民も自己の利益のために運動したわけではないが都市生活を脅かすのは適正でないこと、地主も肥料代を地代と同一視すべきではなく、市営など早く対策を講じる必要があることを、第三者である市民の観点から鋭く説いた(57)。

こうした観点をふまえた上で、本章では、都市と近郊農村の対立過程を両者の側から分析することによって、いくつかのことを明らかにすることができた。

第一は、この運動が、橘樹・都筑両郡下の横浜市近郊農村を中心に展開され、その担い手は村行政の担当者である村長や農会長であったということである。その意味で、橘樹郡選出県会議員がこの運動の先鋒となり、地方政治家が政治的野心を渴す具にしたと分析する一九二七（昭和二）年編纂の横浜市衛生課の稿本は、行政側に立った見方であるといわざるを得ない。確かに県会・郡会・町村会議員も運動に加わっており、飯田らが戸井嘉作など市政に力をもつ政治家を利用しようとしたことも事実であるが、彼等が積極的に関与あるいは主導権を握った形跡は見あたらないのである。第二は、鎌倉郡が運動に消極的で、結局離脱していったということである。ではなぜか。いみじくも鎌倉郡の回答から、横浜市民との間に「情義」があり汲除中止を実行できなかったことが判明するが、他郡の対応との相違を考えると、鎌倉郡の都市化の進展が関係しているのかもしれない。第三は、この運動の背後に、農村内の地主小作（自小作を含む）間の階級対立が隠されていることである。農民が市内の地主家主と契約し壺代として前払金を払うには、ある程度の資力が必要とされ、小作らは肥料購入に不利な立場にあったことはしばしば指摘されることである。当初運動の主導者たちは、「下級農民」「青年者連」「小農」の強硬論を背景に県・市との交渉を有利にすすめようとしたが、汲除中止実行後、特に施肥が必要となる頃からは同盟破りの農民が増加した。こうした離脱農民の実態は明らかではないが、農閑期の小作人にとって汲除中止は痛手であり、運動末期には両者の関係が悪化していたことは確かであろう(58)。第四は、市民側も、地主（大地主と中小地主）家主と借家人との間で、あるいは農村との距離によって屎尿問題への対応の違いがあり、市民を構成する人々の実態が階層や地域差を含めて垣間見えるということである。今後はこうした視点からも都市を分析する必要があるだろう。第五は、屎尿汲除が個人間の契約によって行われていたため、行政側は強制力を持ち得ず、入れ知恵を授ける程度で対応が鈍かったということである。その反面、伝染病予防のため組織され地域の衛生活動を担わせられていた横浜市内の約一八〇の衛生組合は、対立激化の過程で、より一層衛生行政の下請け機関としての機能を発揮するようになった。すなわち衛生の行政化が一層すすんだのである。同年九月には横浜市衛生組合連合会が結成されるが、屎尿汲除問題が何らかの影響を及ぼしたことは間違いないだろう。ちなみに初代会長には原富太郎、副会長には平沼亮三、渡辺利二郎という、市の大地主たちが就任している。第六は、衛生行政を担当する警察が解決にむけて仲介的役割を担い、農村に説諭をくりかえしたこと、さらには同盟破りを監視・妨害する農民を業務妨害罪で検束するなど、時には警察権を発動したことである。

以上、都市と農村の関係はその矛盾も含めて決して単純なものではなく、地域間の特質による相異や各々の内部対立など重層的な構造をもつものであったことが判明した。

なお次の点は、史料の制約もあって明確にすることができなかった。第一は、この運動により農村側がある程度成果を得ることができたとされるが、どの地域が無料あるいは有料となったのか、また仲介業者との関係はなど、結果あるいは実態がよくわからないのである。第二は、近郊農村や三浦郡、千葉県への屎尿輸送量の把握、農家の金肥または屎尿依存率の実態などである。第三は、都市問題として同時期に起きた塵芥処理問題との関係である。第四は、市営化にいたる過程を含めて、他都市と比較することである。[59] きわめて興味のつきない問題であるが、今後の課題としたい。

注

（1） 渡辺善次郎『近代日本都市近郊農業史』（論創社、一九九一年）四〇八頁。

（2） 『東京日日新聞』（横浜横須賀付録版）一九二一年一月一三日、一九日（以後『東日』と記す）。横浜市衛生課『第三四号塵芥屎尿処理の梗概』(一九二七年一二月編纂、稿本)。前掲『近代日本都市近郊農業史』。
(3)『横浜市史　Ⅱ　第一巻(上)』(一九九三年)八四四〜八四五、八六七、八七四〜八七五頁。百瀬敏夫「大正期横浜市における青果市場の統合と生産者―横浜中央食品市場株式会社創設前後の橘樹郡の動向」(『市史研究よこはま』第一一号、横浜市史編集室、一九九九年)。『港北百話』(港北区役所、一九七六年)九七〜九八頁。
(4)『神奈川県史　通史編7　近代・現代(4)』(一九八二年)一〇一、一三一、一四三〜一四七頁。
(5)『東日』一九二二年一月一三日、一九日。
(6)大綱村長飯田助夫「大正十年一月吉日　糞尿汲除問題集」(「飯田助知家文書」大正期の資料一〇－四、飯田助知氏所蔵、神奈川県立公文書館保管、以後「糞尿汲除問題集」と記す)。『東日』一九二一年一月一一日。なお、助夫の父で橘樹郡農会長である飯田助大夫の「汲泄便と果業」(「飯田助知家文書」大正期の資料一〇－五、以後「汲泄便と果業」と記す)には、一〇〇名が参加したとあり、数に開きがある。
(7)前掲「汲泄便と果業」。「飯田助夫日記」一九二一年一月一〇日(飯田助知氏所蔵)。
(8)「飯田助夫日記」一九二二年一月一二日。『国民新聞』同年一月一三日(以後『国民』と記す)。『東日』同年一月一三日。
(9)「飯田助夫日記」一九二二年一月一四日、一六日。前掲「糞尿問題集」。なお、東京市では民間の汲除業者が有料でなければ汲除せぬ態度を強め、さらに税源も不足したため、臨時に一荷二五銭の委託料を徴収し、一九二〇年八月から二一年三月にかけて京橋・麻布・牛込・小石川・本郷・下谷・浅草等各区で汲除を行っている。市営計画は二一年一〇月から実施に移されて市営有料汲除が本格化し、関東大震災後はほとんどの汲除が有料になった。二九年の東京市の調査では、市営汲除が一割、営業人汲除が約七割、農家の汲除が二割で、汲除された屎尿はそのほとんどが農村に向けられたことが報告されている。大阪でも、一七年暮から市営で臨時の無料汲除を実施したが、財政負担の問題から二一年六月には有料汲除に切り替えたという(前掲『近代日本都市近郊農業史』三二九〜三三三頁)。
(10)『横浜貿易新報』一九二二年一月一〇日(以後『横貿』と記す)。
(11)『東日』一九二二年一月一五日。『横貿』同年一月一五日。
(12)前掲「汲泄便と果業」。
(13)『横貿』一九二二年一月一五日。
(14)『東日』一九二二年一月一五日。

(15) 前掲「糞尿問題集」。「飯田助夫日記」一九二一年一月一五日。
(16) 『東日』一九二一年一月一七日。
(17) 「飯田助夫日記」一九二一年一月一七、一八日。前掲「糞尿問題集」。『東日』同年一月一九日。『時事新報』(横浜横須賀版)一九二一年一月一九日(以後『時事』と記す)。『国民』同年一月一九日。なお、橘樹郡の署名者数は一三七一名と増えている。
(18) 『東日』一九二一年一月一八日。『国民』同年一月一九日。前掲「糞尿問題集」。
(19) 前掲「糞尿問題集」、「汲泄便と果業」。ちなみに久良岐・鎌倉郡への最初の交渉は一月六日のことである。
(20) 『東日』一九二一年一月一九日、二〇日。『国民』同年一月一九日。『時事』同年一月一九日。
(21) 「飯田助夫日記」一九二一年一月二一、二二日。
(22) 前掲「糞尿問題集」。中のタイトルは「屎尿汲除問題ノ為メ出港陳情員報告」となっている。
(23) 『横浜毎朝新聞』一九二一年三月一〇日(以後『毎朝』と記す。前掲「糞尿問題集」所収)。前掲『港北百話』一〇一頁。
(24) 『東日』一九二一年一月二六日。「飯田助夫日記」一九二一年一月二五日。前掲「汲泄便と果業」。
(25) 「飯田助夫日記」一九二一年一月二五日、二九日。前掲「糞尿問題集」。
(26)(27)(28) 前掲「汲泄便と果業の賞」。
(29) 『毎朝』一九二一年二月一三日(前掲「汲泄便と果業」所収)。
(30) 『時事』一九二一年二月一五日。
(31) 『東日』一九二一年二月一一日。
(32) 新聞名と日付は不明(前掲「汲泄便と果業」所収)。
(33) 「飯田助夫日記」一九二一年三月一日の項には、五日から一五日までと記されており、新聞報道とは異なる。飯田らは、当初一五日間位で決着するとみていたのかもしれない。また一九二一年三月六日、八日の『横貿』等では、会の名称は連合協議会、連合会等と記されている。
(34) 前掲「糞尿問題集」。
(35) 「飯田助夫日記」一九二一年三月五日。『東日』同年三月五日。『横貿』同年三月五日。
(36) 『横貿』一九二一年三月三日。

(37) 前掲「糞尿問題集」。『横貿』一九二一年三月六日。『東日』同年三月六日。
(38) 前掲「糞尿問題集」。
(39) 「飯田助夫日記」一九二一年三月九日。『毎朝』同年三月九日（前掲「糞尿問題集」所収）。
(40) 『横貿』一九二一年三月八日、一二日、一五日。『毎朝』同年三月一〇日（前掲「糞尿問題集」所収）。『東日』同年三月一三日。
(41) 『横貿』一九二一年三月一五日。
(42) 「飯田助夫日記」一九二一年三月一三日。前掲「糞尿問題集」。
(43) 『横貿』一九二一年三月一七日。「飯田助夫日記」同年三月一六日。
(44) 「飯田助夫日記」一九二一年三月一五日。『横貿』同年三月一五日。
(45) 『横貿』一九二一年三月一七、一九日。
(46) 『東日』一九二一年三月一五日。
(47) 前掲「糞尿問題集」。
(48) 『横貿』一九二一年三月一九日、二三日。この頃の「飯田助夫日記」には、大綱村から出た離脱者・違反者に関する記述が多くなり、足元の結束が崩れていたことがわかる。
(49) 「飯田助夫日記」一九二一年三月一八日。前掲「糞尿問題集」。『東日』同年三月一九日（カ）。『国民』同年三月一九日（カ）。
(50) 「飯田助夫日記」一九二一年三月一九日、二〇日。前掲「糞尿問題集」。『横貿』同年三月二一、二三日。
(51) 「飯田助夫日記」一九二一年三月二二、二四日。
(52) 前掲「糞尿問題集」。『東日』一九二一年三月二四日。
(53) 『横貿』一九二一年三月二四～二六日。
(54) 「飯田助夫日記」一九二一年三月二六日。前掲「糞尿問題集」。
(55) 『時事』一九二一年四月七日。「飯田助夫日記」同年四月五日。『東日』同年四月七日。
(56) 『東日』一九二一年四月一四日。
(57) 『横貿』一九二一年三月一五日。なお一九一〇年に横浜貿易新聞社社長となる三宅磐は、一九〇八年に『都市の研究』を著し、屎尿処理について公営と私営の得失を論じている。

(58) この時期の地主小作関係については、八田恵子「都市近郊の小作争議と小作地返還―一九二〇年代前半の神奈川県、横浜周辺を中心に」および大豆生田稔「都市化と農地問題―一九二〇年代後半の橘樹郡南部」(横浜近代史研究会・横浜開港資料館編『横浜の近代―都市の形成と展開』日本経済評論社、一九九七年)を参照。

(59) 大阪市の事例としては、松下孝昭「大阪市屎尿市営化問題の展開」(『ヒストリア』第一一九号、一九八八年六月)が、一九〇〇年代初頭からの屎尿問題を衛生組合及び家主層、市政状況、都市行政官僚との関係の中で考察しており、大変参考になる。

第Ⅱ部　農業の多様化と農村問題

第5章　農業技術の普及と農会組織の形成
――明治中後期の橘樹郡――

大豆生田　稔

はじめに

本章の課題は、農会組織や農事試験場によって明治中後期に展開した郡・町村地域への農業技術の普及を、神奈川県橘樹郡や同郡大綱村における具体的事例、および大綱村北綱島の飯田助大夫（快三）の活動に即して明らかにすることにある。この時期の橘樹郡地方では米作や養蚕、さらに果実・野菜などの商品作物が注目されるが、こうした農業生産の動向を背景に郡内の農業技術は、一八九〇年代からその普及や試験研究などにおいて組織化がすすみ、改良技術が地域に適合化され農業生産の末端にまで普及する体制が形成されていった。本章の目的は、その実態を具体的に解明することにある。

このような課題をめぐって、従来神奈川県ないしは橘樹郡や大綱村の農会組織の形成に関して、比較的多数の研究が蓄積されてきたといえる。まず丹羽邦男は、勧農政策に応じて在村耕作地主によって組織される農会を取り上げ、一八九〇（明治二三）年前後から在村耕作地主層の参加によって農会活動がはじまり、日露戦後にはそれが官製的・強制的性格に転じる過程を論じた。(1)これに対し内田修道は、飯田と橘樹郡内の農会組織を対象に分析をすすめ、丹羽のいう官製化を批判する。(2)内田は農会の「官民一致」的な性格を強調し、政策を受容する側の変化を追って、その「政治」から「実業」への転身を個別事例に即して解明しようとした。

一方、安藤哲は一八九〇年代の形成期の郡農会、およびその下部に位置づけられる町村レベルの農会の組織過程を分析する。橘樹郡農会構成員の性格、行政村の発足による下部機関の変化、合併後の町村を単位とする農会の構成員の性格などを論じ、主に組織のあり方を追求して、町村農会が旧村の「重だち層」により組織されていると論じた。(3)

これらの研究は、橘樹郡農会やその傘下にある農会組織の性格や担い手を解明することを課題とするが、農会の事業や活動がこれまで必ずしも具体的に明らかにされてきたとはいいがたい。農会の活動は農会組織のみだけでなく、一八九〇年代から一九〇〇（明治三三）年前後にかけて形成される農事試験場などの機関や、農業技術の改良・普及を目的とする諸団体組織、またしばしば開催された講習会などと、人的にも組織的にも深い関係を有していた。(4)これらもふくめて、橘樹郡地域に実際に導入される農業技術が、どのように形成され普及していくのかを検討していく。

ところで、飯田助大夫（一八五二～一九二五）は高座郡大和村に真壁以修の三男として生まれ、一八七五（明治八）年に飯田家の養子となって七八年に家督を相続、九五年には先代が没して助大夫を名乗った。(5)七八年から北綱島村会議員となり、八九年には初代の大綱村長に就任して九四年までつとめた（序章）。大綱村農会・橘樹郡農会・神奈川県農会の要職を歴任するなど、農会事業は助大夫が三〇歳台半ば以降、生涯を通じて精力を注いだ事業であった。

第一節　橘樹郡農業の変貌

表5－1　農業生産額の構成（1910，1921）

（単価：円，％）

1910年	耕種全	米	麦	雑穀	いも	まめ	野菜	果実	工芸	養蚕	畜産
神奈川県	14,805	28.6	23.4	7.6	8.4	6.5	12.2	7.1	6.2	14.8	12.3
橘樹郡	1,784	36.9	25.7	7.3	4.7	3.0	8.9	13.3	0.3	4.9	4.7
都筑郡	1,154	33.2	27.5	9.6	11.8	6.2	10.5	0.5	0.7	16.5	3.1
鎌倉郡	1,067	36.1	24.4	11.0	11.4	6.0	8.3	2.4	0.5	16.3	4.0
1921年	耕種全	米	麦	雑穀	いも	まめ	野菜	果実	工芸	養蚕	畜産
神奈川県	41,300	41.2	16.3	2.3	9.9	3.6	17.9	8.9	7.9	19.2	20.2
橘樹郡	6,684	45.5	10.5	1.6	3.9	1.4	20.1	16.4	0.5	3.0	2.5
都筑郡	3,678	42.2	16.0	2.8	8.1	3.0	18.8	8.1	0.9	16.2	1.9
鎌倉郡	3,354	40.1	16.1	3.4	9.5	3.9	24.7	1.2	0.7	20.5	3.5

出典：『神奈川県統計書』各年度．
注：養蚕・畜産は耕種全額に対する割合．

1　市場条件

明治末の橘樹郡の農業生産は、米作を中心としながらも、野菜や果実などの商品作物が一定の割合を占めるという点に特徴があった。橘樹郡とその近隣の郡について、時期はやや降るが、一九一〇（明治四三）年と一九二一（大正一〇）年の農業生産額の構成をみた表5－1によれば、橘樹郡の農業の特徴として次の点を指摘できよう。まず第一に、この時期を通じて米作の比重が高いことである。同郡内を流れる鶴見川流域には水田が広がり、同郡は県東部でも有数の水田地帯をかかえていた。第二に、この間に野菜生産の占める割合が急増している。一〇年の野菜の割合は八・九％であり、これは都筑郡・鎌倉郡や県全体と比較して必ずしも高い数値ではなかったが、一九二一年には二〇・一％へと急増しており、県平均を大幅に上回ることになった。明治末にはこうした変化が顕著になっていたものと思われる。第三の特徴は、果実の割合がきわめて高いことである。橘樹郡は桃や梨を特産としており、その比重は一九一〇年においてすでに突出しており、二一年においてもそれは変わることはなかった。他方で、養蚕は県全体、都筑郡・鎌倉郡と比較すると割合は小さく、畜産も県平均を大きく下回っていた。

こうした商品作物の生産を拡大させたのは、横浜や川崎、あるいは東京などの大都市の市場に近接する同郡の市場条件の優位性であった。一九〇〇（明治三三）年ごろには、それは次のように指摘されている。

神奈川県の地横浜を含み、東都に接す、交通の便、運輸の利、蓋し比類あるなし、果樹蔬菜夙に之が産地を以て誇り、普通農桑の業、亦古来嘖々の声ありと聞く、県民の幸福之れに過ぐるものなけん[6]本郡は県下最大好望の位置を占め、汽車は一日五十余回京浜間を往復し、其他和船汽船電信電話電車等、交通機関の設備あらざるなし、故に吾が農業界も随って他府県の農業とは其趣を異にし、園芸作物の利益多大なるを以て、雑穀栽培者を減じ、果樹蔬菜の栽培者は次第に増加し、加ふるに養蚕業に従事する者、年々増加の傾きあり[7]

2 技術の多様化と下降

ただし、いうまでもなく橘樹郡内では地域差があり、それぞれ米・野菜・果実の比重を異にしていた。表5－2は表5－1の数値を、一九一五（大正四）年において、橘樹郡内の各町村ごとにみたものである。すなわち、橘樹郡南部（保土ヶ谷・城郷・大綱・旭）は米麦と野菜（ただし大綱は果実・養蚕もさかん）、多摩川河口（町田・田島・川崎）は米と野菜・果実双方（ただし大師河原は果実に特化し米の比重は低い）、中部（御幸・日吉・住吉・中原・高津）も米麦と野菜・果実（果実が主）、北部（橘・宮前・向丘・生田・稲田）は米麦と果実および養蚕が、それぞれさかんであった。いずれも、米作に加えて野菜・果実などの商品作物が一定の割合を占めるという構成である。

野菜や果実などの商品作物栽培の広がりは、それぞれの地域に即した技術の普及を前提とするものであった。つまり栽培方法如何によっては、施肥などに多くの費用を投入しても、それに見合う利益を可能にするものであったから、地域に即した実践的・具体的な技術に対する需要が高まることになった。

従来こうした技術は経験的に獲得され、秘密にされてその利益は独占的に享受されるものであったという。しかし、

表５－２　橘樹郡各町村の農業生産額（1915年）

（単位：円，％）

	米	麦	いも	野菜	果実	耕種合計	繭
保土ヶ谷町	50,976	19,995	22,120	22,843	800	116,734	550
城郷村	71,563	29,491	11,017	23,403	2,297	137,771	4,614
大綱村	92,428	23,471	4,662	33,409	15,690	169,660	10,446
旭村	60,701	16,657	7,218	31,534	8,849	124,959	7,717
生見尾村	27,402	6,554	7,110	5,209	1,988	48,263	0
町田村	90,630	7,854	1,080	15,768	21,070	136,402	495
田島村	83,931	1,528	604	31,260	19,591	136,914	0
川崎町	30,410	758	2,320	5,350	4,720	43,558	0
大師河原村	53,404	2,614	2,083	8,369	113,476	179,946	0
御幸村	81,654	12,675	543	12,739	20,450	128,061	6,075
日吉村	72,034	16,816	7,110	7,915	11,605	115,480	4,315
住吉村	66,315	13,747	2,719	6,111	20,760	109,652	406
中原村	81,531	16,265	4,170	22,564	24,517	149,047	4,600
高津村	64,310	24,826	8,057	10,427	44,135	151,755	6,946
橘村	45,538	15,420	3,390	11,616	1,310	77,274	1,980
宮前村	30,815	23,626	1,643	5,825	1,560	63,469	11,115
向丘村	43,320	26,790	2,630	5,552	1,937	80,229	11,990
生田村	44,552	30,440	10,520	3,055	12,692	101,259	20,900
稲田村	79,078	34,277	11,264	10,350	55,011	189,980	31,050
合計	1,170,592	323,804	110,260	273,299	382,458	2,260,413	123,199
同上構成比	米	麦	いも	野菜	果実	耕種計	養蚕/耕種
保土ヶ谷町	44	17	19	20	1	100	0
城郷村	52	21	8	17	2	100	3
大綱村	54	14	3	20	9	100	6
旭村	49	13	6	25	7	100	6
生見尾村	57	14	15	11	4	100	0
町田村	66	6	1	12	15	100	0
田島村	61	1	0	23	14	100	0
川崎町	70	2	5	12	11	100	0
大師河原村	30	1	1	5	63	100	0
御幸村	64	10	0	10	16	100	5
日吉村	62	15	6	7	10	100	4
住吉村	60	13	2	6	19	100	0
中原村	55	11	3	15	16	100	3
高津村	42	16	5	7	29	100	5
橘村	59	20	4	15	2	100	3
宮前村	49	37	3	9	2	100	18
向丘村	54	33	3	7	2	100	15
生田村	44	30	10	3	13	100	21
稲田村	42	18	6	5	29	100	16
合計	52	14	5	12	17	100	5

出典：橘樹郡役所『大正四年 橘樹郡統計一覧』1917年.

技術の需要が多様化し高まるにしたがって、それは個人の独占ではなく、いわば「公的」なものとなることが求められ、農事試験場や農会など社会的な機関・組織が、その試験・研究と普及をはかる態勢が形成されていった。県農事試験場場長をつとめた高橋久四郎は、野菜・果実類の栽培技術の普及とその利益について、一九〇一年に次のように述べている。

独り天狗は封建時代の遺物のみ、文明の利益に基き四通八達頗る短縮せられたる本邦現時に行はるべきものに非らず……我県下の如き独り天狗の多からさること疑ふ可らす、栽培法の秘密又決してなかるべし……畑地の応用にして四五毛作以上の利用をなすを得ば、肥料並に労力に対する資本巨額に上るも収支相償ひ得ること必せり、唯に相償ひ得るのみならす其の利益は商工業に譲らさるものなり……神奈川県下に於て、園芸地として僅々川崎・小田原の果樹、鶴見の西洋蔬菜に指を屈するに止まるは、寧ろ其の現象の奇異なるに驚かさるを得ず(8)

ここで「天狗」とは、自らの栽培技術を独占・固守して優位をたもとうとする者を指すが、それを「封建地代の遺物」とみなしている。また、神奈川県の畑作が有利であると強調し、その展開がなお一部の地域にとどまっていることを「奇異」ともみている。

高橋場長は、有利な市場条件を前提に、それぞれの地域に即した技術普及によって園芸作物の発展をはかろうとした。こうした技術普及や栽培指導は、明治末から組織的に実施されていくことになった。

第二節　農会組織の形成と技術普及

1　橘樹郡農会発足まで

農業生産に携わる者が新たな技術を必要とする場合、一八八〇年代においては、農談会・農事雑誌・県庁などへ質問して回答を求める方法があった。しかしそこから得られる知識の多くは、必ずしも質問者が属する地域に即したものではなく、一般的・普遍的なものにとどまっていた。

たとえば、それを橘樹郡における養蚕技術についてみよう。飯田助大夫はすでに一八八〇年代には先駆的に養蚕を導入していたが、一八八二（明治一五）年に「蚕児舎利病」が発生した。飯田は同年六月三日付で、この蚕病対策を県勧業課に次のように問い合わせた。

従来拙子儀蚕業相営、已ニ本年四月廿六日蚕種発産、同年六月一日四眠目ニ至、今日簇入成繭ノ際、昨二日朝之レヲ見ルニ蚕籠壱枚ノ中ニ壱弐虫白色ニシテ、常ニ喫桑ノ如ク躰形不異斃死セルアリ、良々アツテ又之レヲ見レハ伝染最卜速ニシテ数十虫死迄ニ至ル、此死躰半ケ日間ヲ過キ惣身へ白粉ヲ楳生ス、蚕家ニテ阿舎利ト曰フ是也、拙子少シク発助ノ予防ヲ施ト雖トモ、其功験少シ困苦罷在候、右ハ発蚕以来積日ノ丹精画併〔餅〕〔三〕属スルノミナラス、随テ若干ノ費用相失シ、若シ伝染症タルヤ一大事業トナス産家ニ発生セハ、身代沽却ノ患モ起ルノ恐レ少シトセサラン歟、旁以深ク愁フ処ナリ、故ニ黙伏ニ堪カタシ、何卒之レヲ予防スヘキ究理ノ伝策モ有之ハ至急御告示被成下度、因テ蚕児死躰ノ現影相添伺上候也(9)

蚕病「阿舎利」に遭遇した飯田がその翌日、県に病状を具に報告し、被害が大きく「黙伏」しがたいとその「予防法」を尋ねたのである。

飯田の問い合わせに対し、六月五日付で神奈川県から回答があった。それによれば、①この蚕病の原因は不明だが、蚕室の「空気流通不宜」によるものであること、②発病した蚕を除去して健康な蚕に感染しないようにすること、③同県高座郡深谷村で先年発生したが、蚕具を「川流ニ投シ掃除」したところ翌年は発生しなかったこと、④気候の影響もあり「勉メテ飼養ニ注意」するほかないことの四点が記されている。③以外はいずれも抽象的であり、具体的に如何なる手段を講じればよいかは明示されていない。またこの回答には、『大日本農会報』に掲載されたこの蚕病の処置法が添付されていた(10)。それは、死蚕・病蚕やその糞・桑葉を除去し、生石灰溶液で蚕室の壁を洗い、「黴菌ノ無胚子ヲ消滅スヘキ薬剤ヲ滌《ママ》クヘシ」というものである。ただしこの薬剤が何であるか、その名称は記されていない。別紙の記載もまた既成の情報であり、飯田が直面したこの蚕病には、直接かつ具体的な効果は生まなかったといえよう。

つまり飯田は六月二四日付で県勧業課に対し、先の「数説抜粋御示報」を「正ニ了承」したと返答したが、そのなかで自ら遭遇した蚕病は、ある人から教えられた「剽説」によってすでに解決したと、次のように述べた。

> 小生ニ於テハ或人ノ剽説ニ泥ミ食塩ヲ一々虫ヘ振散シタルニ該病質ノ聊消滅ニ至ル、然シ乍食塩ノ如キハ温気ヲ促スノ一分タルヲ以、此病質ヲ予防スル原因ハ不詳ナルモ其概略ヲ左ニ登記シテ上申仕候
> 舎利病ノ蚕児並ニ蚕糞残葉等ヲ悉ク除去シ、蚕籠壱枚中凡蚕虫参四百条、之レヘ食塩目方五匁程ヲ透ナク蒔散シ桑常ノ如ク壱度ヲ与ヘ、……
> 右者小生実行ノ概略上申候也(11)

飯田は独自に「剽説」にたより、食塩を散布するという方法で蚕病を処置して一応の解決をはかった。つまり、応急の処置方法としては、県からの情報は直ちには役にたたず、ある程度信頼できる人に教えを請うしか方法はなかったといえる。その上で、その「剽説」を試した結果を県勧業課に上申したのである。

これに対して県勧業課から七月一日付で返答が来た。それは、「蚕虫ニ食塩ハ不可ナル反対説」があるというものであった。つまり、まず、食塩を散布して成功したのは「僥倖」であり、「某地ノ某己」が同様に食塩を散布したところ「該蚕過半ヲ斃」した例をあげている。次いで、「蚕児舎利病ヲ発スル原因ハ空気流通ノ宜シカラサルニ依ル」と指摘して、このため「毎室天井ノ四隅ニ弐尺四方ノ風抜」を設けたり、蚕棚を「適宜ニ並列」して「積ミ重ヌルモ

高サ五尺ヲ限リ」とするなどして空気の流通をよくする手段について述べている[12]。ただしこれらの事例がどの地域のものかは明示されなかった。このように県勧業課から入ってくる知見は、神奈川県ないし橘樹郡、または郡内の諸地域において実践されその効果が認められた経験的なものではなく、あくまで具体的な地域を超えた一般的なものにとどまっていたのである。

同じく養蚕の技術について橘樹郡内のもう一例をあげると、一八八七（明治二〇）年一一月、北綱島村に近い駒岡村の青木与三郎は、飯田に宛てた書簡のなかで、次のように桑苗についての教えを請うている。

近時他ニ比シテ最モ利益多シトスル養蚕ノ如キハ仮リニモ顧ミナスモノナシ、……因テ小生奮発率先シテ該業ニ従事シ徐々ニ村内人々ヲ誘導シテ養蚕ノ業ニ従事セシメタリ、然レドモ未タ一株ノ桑木モ無之候ニ付、第一着ニ桑苗植付度致候間、甚御手数恐入候ヘトモ左ノ項御教諭被下度願上候、……

明治廿年十一月廿八日

駒岡村青木与三郎拝

北綱島村　飯田快三様

一、桑苗ヲ販売スルトコロハ何レニ有リテ何種ト申スガ可ナルヤ

一、桑苗植付法及植付期節、培養法及肥料、カリトリ法、カリトリ期節、利害

一、ベタ植一反分ノ員数及手入ニ適当スル位作付シテ、一反分ノ植付員数[13]

青木は「利益多」いという養蚕に着手しようとするが、彼の周囲にそれを試みる者はなく、桑の植え付けも皆無であったようである。このため、飯田に直接質問することになる。その内容は、①桑苗の販売場所と適当な種類、②桑苗の植付方法とその時期、栽培方法、施肥方法、刈り取り方法とその時期、③一反あたりの適切な植付数などであり、きわめて具体的な事項であった。実際に農作業に従事する者が切望したのはこうした技術や知識であり、それは地域の具体的実践のなかで生み出されてきたものであった。農業技術に関する有益な情報とは、近隣で実際に行われ、成

功を収めている経験的なものであったといえよう。

2　橘樹郡農会・大綱農会

改良技術の普及を目指す農会組織が、一八九〇年代から広がる背景には、こうした技術需要の高まりがあった。橘樹郡では一八八九（明治二二）年六月に橘樹郡農会の規程が作成されたが、その目的は「農事の体験智識を交換し該業一般の改良進歩を図る」ことにあった。

橘樹郡農会はこの目的を達成するため、「大集会、小集会を開き農事の講話談論をなす」ことになった。大集会は総会、小集会は「各部落」ごとの集会をいう。ところが郡農会設立の過程で町村合併による行政村が発足することになった。このため農会組織は、町村制施行により再考されることになり、(14)大綱村には大綱農会が発足することになった。一八九一年の大綱村の総戸数六三一戸のうち大綱農会員は一一六名、橘樹郡農会員は一九名であった。橘樹郡農会員が各大字に二～三人ずつほぼ均等に存在し、「それぞれの旧村での上位土地所有者で、おそらく合併直前まで各旧村の重立ちとして活躍していた人物」であるのに対し、大綱農会員は「地主あるいは自作上層が主流を成」すという階層構成であった。(15)次に大綱農会の活動の実態をみよう。

まず、同農会の規程によれば、その目的は「農事ノ経験知識ヲ交換シ該業一般ノ改進ヲ図」ることにあった。この目的を実現するために、「春秋二回ニ集会ヲ開キ農事上に関する談話」や、講師を招聘して「演説」などが実施された。(16)大綱農会は橘樹郡農会の「小集会」に位置づけられ、一八九一年五月八日に「大綱村小集会」が開かれた。

同日正午、大綱村小集会は同村椎橋宗輔宅に開会し、一四〇人余りが集まった。発起人総代の飯田助大夫が「開会の主意」を述べたのち、まず、中山郡長が「輸出品の不権衡のこと」について、次いで飯田が「菊薯を栽培して救荒予備に供すること」について演説した。ほかに小机村長・旭村長の祝詞があり、その後懇親会を開いて椎橋からの

「馳走」があり、午後四時に散会した[17]。

参会者数が会員数を上回っているのは、一戸のうちから複数参加したことや、会員以外にも参加者があったことによるものであろう。集会の二題の「演説」については、中山郡長によるものの内容は不明だが、飯田は菊薯の栽培を奨励し、その実際の栽培方法を示したものであったと思われる。したがって農談会のように質疑応答があったことも十分に考えられよう。また隣接する行政村である小机・旭両村の村長も参加して祝詞を述べており、近隣行政村でも関心が高かったことをうかがわせる。後述する『神奈川県農業協会雑誌』（以下、『農業協会雑誌』と略す）は、この小集会を報じたなかで、「余輩は諸氏の我農業上熱心の度高きを喜ぶ、此の如き会の続々起らんことを望むものなり」と結んでおり[18]、行政村レベルの農会組織はこの時点ではまれであったが、その拡大が予想されかつ期待されていたのである。

また一八九二年二月刊行の『農業協会雑誌』（第六号）には、第二回小集会の記事が掲載されている[19]。それによれば、出席者は一〇六名を数え、村長の飯田が議長となり同会の規程を議決し役員を選挙した。続いて、①沖縄特産の藍染め（会員森与四蔵）、農事試験場設置（郡長）、種子選法（飯田）などについてそれぞれ講演があり、また会員座間良助が「砂糖豆」の種子を会員に「分与」し、「喫食」ののち解散した。やはり、会員相互の知識交換の場であり、有志者からは種子も配付された。

3　神奈川県農業協会

郡農会の設立とほぼ同時期に神奈川県農業協会が創立された。仮事務所を農科大学内におき当初会員は四三名。各郡の会員数は、久良岐二・橘樹三・都筑二・北多摩四・南多摩四・西多摩三・鎌倉二であった。橘樹郡内の会員三名の中に飯田快三の名がある[20]。なお、会員数は急増して一八九一（明治二四）年末には一〇〇〇人を超えた[21]。

同協会は次のような目的により設立された。

実業界の改良は徒らに机上の空論を以て成すべからず、殊に農業の如き気候、風土、地質、人情等の如何に依り一々其趣を異にするものなり、されば欧米の農法如何に良美を極むるも是を直に我邦に応用しがたきは勿論のこと、奥羽、九州の法も恐らくは直ちに我県下に応用する能はざるものあらん、実に農業の改良は各地方農家協同団結、以て其方法を講究するの外、他に良策あらざるなり……実業家は宜しく実業家たるべし、……空論を唱へて蟬鳴蛙騒するもの何の効かあらん、只不屈不撓の精神を以て着々歩を進むるにあるのみ、故に発行の雑誌に於ても務めて虚飾空論を省き、実利実益を旨とし……多数農家の希望をして達せしむるの織席網縄の友たらんことを期するものなり(22)

すなわちここでは、新たな改良技術をある地域に導入する場合、それを「直ちに」は「応用」できず、地域に即して「其方法を講究」しなければならないことが主張される。さきの飯田や駒岡村の青木与三郎の事例にみたように、実地に即した具体的・実践的な技術が求められていたのである。このため同協会の機関誌には、改良技術に関するきわめて実務的な記事を掲載することが述べられている。また、神奈川県農業協会の事業は次のように定められた。

会員ハ各自事業上の質問ハ勿論、家畜、種苗又ハ農具器械等の買入鑑定を本会に依頼するを得、但し質問ハ隔月発行の雑誌上に応答し物品購入にハ相当の実費を要す(仮規則第八条)(23)

会員は農業に関して質問することができ、その回答は誌上に掲載された。また家畜・種苗・農器具などの購入にも「鑑定」や斡旋を依頼できたのである。

『農業協会雑誌』は第一号から第六号まで現存する。それらの掲載記事のタイトルを列挙したのが表5-3である。「論説」の記事は農科大学の教授や農学士によるもので、大学など中央の研究機関や欧米から移入した農学に関する技術・知識の紹介であり、必ずしも神奈川県ないし橘樹郡地方の実例に基づくものではなかった。ただし、「雑録」

表5－3 『神奈川県農業協会雑誌』記事一覧（第1～6号，1891～92年）

[論説] レンゲを水田に耕作して緑肥に用ひたる試験結果（農科大学教師ケルネル・外山亀太郎訳）／水産物に就き（農科大学教授石川千代松）／甘藍根瘻病（農科大学助教授白井光太郎）／吾人の敵／獣医談（獣医学士今井吉平）／馬匹の衛生に就て（農科大学教師ヤンソン）／農科の本色（農学士横井時敬）／共同稚蚕飼育所設置の必要／水田に於ける燐酸肥の比較試験成跡（ケルネル）／遊離窒素の類化に就て／降雨と農作（農科大学教授玉利喜造）／窒素肥料比較試験成績（農科大学教師ケルネル）／接木一班（外山亀太郎）／米作肥料規則（酒匂常明）／蚕苺栽培法（福羽逸人）
[演説筆記] 鎌倉郡農業に就て（玉利喜造）／麦の萎縮病に就て（青山元）／養蚕業に就て（高橋信貞）
[抄訳] 禾穀類の銹黴予防法
[栽培雑録] 桑苗仕立方／馬鈴薯栽培法
[雑録] 桑樹縮葉病の原因／煙草の品質／愛甲郡の御人に御相談／燐酸肥料の効験（茨城）／輸出海産物／小鮎村の石炭／蚕卵紙に就て／蚕種貯蔵の注意／玉川農事研究会創立／樹木ハ製産物の材料となる／最良の鶏／牝鶏の一見識別法／結核病に就て／牛畜の食量／ニラネギの美味／農科大学農場作物種類／県下の土性／生糸の直輸と販売との得失並に地方販売と横浜販売との得失／明治廿三年自一月至十二月貿易品商況／明治廿三年農事の景況／養蚕／茶／試作試験結果／玄米品評会／堆積場の設置／鎌倉郡勧業会／煙草の肥料／茄子立枯病／秦野煙草／英国の商況／愛甲郡の御人に御相談／除虫菊栽培法／愛甲の御人に御相談／相州小麦／蚕卵用雛の食物／葛葉を牧草に用ふること／稲の除草／陰樹と陽樹の別／客員の洋行／農科大学卒業生／其他数件／皇后陛下の聖徳／三浦半島／愛甲郡の御人に御相談／夏期孟宗藪の手入／過熱／棕櫚縄の需要／山羊の飼養を望む／玉川農事研究会／鎌倉郡勧業会／其他数件／乳牛取締規則の厳ならんを望む／新糸の光沢悪し／蚕の新飼料／桑樹に就て注意／魚の敵／馬の鼻感冒に就て／蹄鉄を打つ注意／擬造糠／昔の排水法／種苗に就ての注意／愛甲郡の御人に御相談／むくらを防ぐ法／苗床の注文／水害／米国コロンブス世界博覧会／農話会／稲のガメムシ／元素の植物体中にある割合／家畜に与ふる水／楊柳／圃に点あるを直す法／蚕／間接肥料／木炭の肥料／其他数件／仙石原の牧場／麦角／蘿蔔害虫駆除法／柿の手入に就て／稲麦の種子及発芽／華臍魚／家畜の成年期／間種及びフリーマルチン／胡蘿蔔／牛馬に豈科植物を与ふるの注意／壁蝨／牛ハ赤色の服を見て怒る／愛甲郡御人に御相談／海産物講義／緑綬賞下賜せられたる県下老農者姓名
[通信] 麦作概況・蚕事略況・人気（養蚕から麦作へ）大要（高座郡深見村）／本年久良岐郡の麦作景況／足柄上郡蚕桑近況／愛甲郡農況／大住・西多摩郡農況／橘樹郡農会報告／西多摩郡檜原村麦作景況／津久井郡麦作景況／大住郡・洵綾郡養蚕並に麦作景況／鎌倉郡農業概況／橘樹郡農況／橘樹郡二件／久良岐郡一件／北多摩郡一件／久良岐郡農況／橘樹郡大綱村小集会
[話叢] 菜圃に鶏／稲麦の花／廿四年豊凶予想／害虫駆除法／眠より先きにす／あわれなもの／いやなもの／うれしいもの／をそろしいもの／頭の仕事／最も安直の卵
[寄書] 家兎飼養法大略／簡単なる骨粉製造法／鉄道小言／大麦改良試作結果／田麦作肥料試験成績報告／敢えて会員諸君に問ふ／蘆粟製糖法概略／トウジンビヘ〔唐人稗〕栽培及調理法（飯田快三）／久良岐郡農友に計る／鉄道小言を反駁す
[問答] [質問] 漆樹栽培及ビ利益に付質問／蚕の糸に就て／稲再移植／甘露

出典：『神奈川県農業協会雑誌』各号.
注：[　] は記事のジャンル，（　）は著者.

は実際のケースに即した具体的な問題を取り上げている。さらに「通信」欄には、県内各地の作況などの農業事情が数多く紹介された。「問答」は会員の質問に対する回答である。たとえば第一号には「漆樹栽培及ビ利益に付質問」が掲載されたが、その具体的な質問事項としては、「土質」「気候」「地勢」「苗木仕立方」「栽植及心得」「収穫ハ何年目頃より甫まり且如何なる利益ありや」「漆汁の掻き取り時期」などが列挙され、それらに対する回答が掲載されている。

4　技術情報の収集と交換

橘樹郡農会と下部にある大綱農会、ほぼ同時期に刊行された『農業協会雑誌』は、橘樹郡や大綱村のなかで、農事改良技術に関する多様な情報の交換の場となった。それがどのように実施されたかを、これらすべての組織にかかわった飯田助大夫のメモによってみよう。(24)

まず飯田は、「橘樹郡農会特派委員」として、他の三名とともに一八九〇（明治二三）年六月、東京で開催された第三回内国勧業博覧会を訪れた。彼らは橘樹郡農会から「特選」された会員であり、博覧会に「臨場」し、多数の出品をそれぞれの解説書を参考に「熟視」して「調査」した。ただし、解説書は「数百冊ノ多キニ至」ったため、わずかの期間には「正確ナル調査ナシカタ」かったとも記している。しかし同年七月には活版刷りの調査報告書を刊行した。(25)それは、多くの出品物のうちから、調査した四名が「出品ト解説書トニ就キ調査」して「最モ優等ト認定」したものを掲載したものである。掲載内容は、出品物のうちから農産物五六点・農具五点について、粳米・大麦などの種類、品種、反収、出品人の氏名・住所などを記した簡単なものである。しかし、より詳しく知りたい場合には、「本会派出委員ノ録上セシ原本ニ就テ査閲」せよとも述べているように、それぞれ詳細な報告書が作成されていたと思われる。飯田のメモ帳には農具のスケッチなども残されている。このように、東京で開催された内国勧業博覧会の諸情報は、四名の調査員によって選択され、橘樹郡農会に持ち帰られ、それらの基本的なデータがこの報告書を通じて広く紹介されたのであった。

また一八九一年六月三日付で、大日本農会と神奈川県農業協会に対し、次のような質問を提出した。すなわち、「当地方」は地質が「漲粘」であり当年は干天のため「近日地盤破裂」し、苗代の水も不足している。井戸水などによって「細々」と栽培し、また稲株の間に「麦ハラヲ刻ミ」また「麦糠其他ノ雑種」をまいて「時々少々ヅ、水ヲ散布」して「地盤ノ破裂」を防いでいる有様で、「天水ノ潤沢ヲ渇望スル外ナ」い状態である。何か「良策」はないか、というものである。当年の旱害は、「本春以降々雨少なく……用水路に水絶へ田面地盤破裂し沖も植付けは六ツケしきものと諦らめ……」と、八月末に飯田が郡役所に報告したように(26)、きわめて深刻であった。

これに対する回答は、まず『農業協会雑誌』のものは、「別ニ良策モ無之」とするものであったが、湿気を保持するために麦藁は「最トモ宜シクト考へ」るが、発熱・発酵しやすいと注意を喚起している。一方、大日本農会からは船津伝次兵衛からの回答があった。挿秧後の干天続きは「如何トモ為スノ方法」はないが、挿秧前であれば「時々耕鋤ヲ丁寧ニ為シ置」いて、七月一〇日頃まで降雨をまって挿秧すればよく、その頃にもなお降雨がなければ、蕎麦・小豆・粟・稗などを植え付ければ「幾分カ利益アルヘシ」というものであった。

実際の気候は、六月三日に「降雨の潤沢ありし」ため「安心」となり、「再度耕鋤を丁寧になして分秧をな」したという。ところでこの六月三日は質問を提出した日である。したがっておそらく、降雨があって一安心したところで、この質問を大日本農会と神奈川県農業協会に差し出したのではないかとも思われる。つまりこの質問は、干天が続いてなす術が解らず切迫してだされたものではなく、複数の回答をえて次年以降同様の問題が生じた場合の対応の選択肢を広げることが目的であったといえよう。結果としてこの年は作柄がよく、郡役所あての報告書には「近来稀なる豊作ならん歟」と記されるほどであった。

さらに、飯田のところにも依頼がやってくることになった。一八九一年五月八日の橘樹郡農会大綱村小集会のおり、飯田が菊薯について演説したことは『農業協会雑誌』（第三号）に掲載されたが、その内容までは記事にならなかった。ところが、その記事を読んだ鎌倉郡豊田村長沼の石井丈助から、菊薯を手作りをしているなら種子を譲ってほしい旨のハガキが八月に到着した。

本年五月八日貴郡大綱村農談会ニ於テ、菊薯ノコトヲ貴兄ノ演説アリシコトヲ、七月十五日発刊神奈川県農業協会雑誌ニテ閲覧仕候、就テハ貴兄ニ於テ御手作ニ相成候哉、若御手作ニ相成候ハヽ、該菊薯ノ種御分与被下度、尤モ種料及運送費者当方テ弁償可仕候間、是又御承知ノ上否哉御回答被下度、奉待候也　艸々不宜

二申　菊薯ノ説者東京何ヤラ農業雑誌ニテ鳥渡見請ケ候事有之候ニ付、従来懇望致居候所、今ヤ貴兄ノ説ニ〔ヲ〕耳ニシ申上タル次第、あしからず御許容有之度奉願上候

石井はすでに菊薯についての知識があり「懇望」していたが、『農業協会雑誌』の記事を手がかりに飯田までその種を要望したのである。ここで注目すべきは、「東京何ヤラ農業雑誌」(27)に記事をみたときには、「懇望」したものの種子を注文するまでには至らなかったが、飯田の記事に接して注文におよんだ点にある。隣郡の事例を知り、それを実践する助大夫の推奨と種子の分与によって、作付の実践に踏みきったのである。要望に対して飯田は早速回答し、適時である一一月に分与する旨の返書を認めた。

第三節　農事試験場－講習会－農友会

1　農事試験場の設立

一九〇〇（明治三三）年前後の時期に、農会による技術普及の組織に、農事試験場が加わった。九〇年代末には、九三年に設立された農商務省の農事試験場を頂点に、府県にも技術を定着・普及させる機関として、府県農事試験場の設立がすすんだ。さらに府県農事試験場のもとには、郡農事試験場が設置されていった。ここに、従来の経験的技術の交換や普及だけではなく、西欧の農学に基づく改良技術の研究・普及が県以下の地域においてもはじまった。

神奈川県農事試験場は一八九六年に開業するが、その初代場長をつとめた沢野房次郎は府県農事試験場および郡農事試験場について次のように述べている[28]。すなわち、農事の試験には①「研究的試験」、②「応用的試験」、③「模範的試験」の三種類がある。①「研究的試験」は「学理ヲ応用シテ」新たに知見を「発見」する基礎的研究、②「応用的試験」は欧米などの試験場で得られた技術を「風土ノ異ナル農事ニ応用」すること、③「模範的試験」は①②のうち結果の良好なものを「知ラナイ人」「読マナイ人」「信ゼナイ人」に対して「実地ニ遣ツテ見セル」もので、技術の普及のための模範的試行であった。

沢野は農商務省直轄の西ヶ原の農事試験場が①を行うものとし、府県農事試験場では②③を主として「高尚ナル研究的試験ナドハ余リ入用デハアリマセヌ」という。さらに、府県農事試験場による成果を実地に試作し、③を実施する場として、郡農事試験場を位置づけた。

③のように、実地に即した栽培技術の改良と普及には、府県よりさらに地域に密着した、郡レベルの農事試験場が必要とされた。つまり沢野は、郡農事試験場の必要性について、多収穫の大麦ゴールデンメロン種の例にあげて説明する。つまり、そのまま神奈川県のどこでも同種が一定の収穫が期待できるものではないと、続いて次のように述べた。

ソレナラバ此ごるでんめろんト云フ様ナ大麦ガ、神奈川県ノ何処ニデモ其通リ収穫ガアルカト云フトソウデハナイ、或ハ在来ノ種類ヲ作ツテ居ル方ガ余計ニ収穫ガアルカモシレナイ、然シナカラ其ごるでんめろんガ東京ノ農事試験場ノ近辺ニ適スルト同様ニ其地方ニモ適スル種類ガアルニ違ヒナイケレドモ、皆様ガソレヲ知ラナイノデアル、又教エテクレル者ガナイノデアル

地域に適した品種を選ぶには、県より一層実地に即して、郡ないし町村という地域にまでおりた試作が必要であり、その機能を果たすのが郡以下の農事試験場であるという。つまり、技術普及を地域で担う試験機関として、郡－町村の農事試験場を位置づけている。さらに沢野は、新たに設立がすすんでいた県－郡－町村の農会組織に、郡や町村の農事試験場を任せようと構想した。

既ニ本県ニモ農会ガ組織サレ、即チ県農会ガアリ郡農会ガアリ町村農会ガアリ、系統的ノ農会ガ出来之レニ附属スル所ノ階級的試験場ガ出来タナラバ、将来ドレ位ノ改良ガ出来ルダラウト云フコトハ鳥渡御話スルコトハ出来マセヌガ、……

また沢野は、農事試験場－府県農事試験場－郡農事試験場という試験場組織による農事改良の実際の効果について、神奈川県の米麦平均反収は他府県と比較して多くはないが、選種・施肥・耕耘などの改良により「一割乃至五割位の増産は「敢テ難事デナカラウト考ヘマス」と述べた。つまり東京府では大麦の反収は二・〇～二・五石であったが、試験場の試験研究により三～四石以上取れる品種ができるとし、その一例として、ゴールデンメロン種を紹介している。

2　県農事試験場技術者による講習会

県農事試験場は、設立後から試験研究だけでなく普及に関する事業を多様に展開したが、その一つに講習会がある。県農事試験場は、設立後まもない一九〇〇年代はじめから、活発に講習会を開催して技術普及をはかった。新たな試験場の技術は、多くの農家には縁のうすいものであった。それは、園芸作物ばかりでなく、米麦などの作

物についても同様であったと思われる。このため農学の知識を普及させる必要があり、講習会や講演会が活発に開かれた。この時期、農事試験場に勤務した富樫常治は次のようにいう。

日露戦争の直前より直後に至る五、六年間にして、此の時代は独り園芸作物のみに限らず普通作物即ち農業の全般に亘り農学の素養がなく、一般農家に対し農学の知識を与へ根本的に農業を立て直ほさせねばならぬとの事より農学なる知識の注入に全力を傾注せられた。明治以後今日に至る迄此の時代程農学の講習会・講演会を開いた時代はなかろふと思う。(29)

講習会には短期と長期があった。短期は三〜五日くらいで栽培法を説明するもので、この講習は「随分回数が多く各郡でも「競って開いた」という。職員の富樫常治も一九〇二（明治三五）年一月に赴任すると、三日目からすぐに講習会にでたという。富樫は「かな遣ひの恐れある様な言葉、又六づかしき述語等は一々黒板に記載した」というように丁寧に解りやすく講話し、また「講習しながら自分でも解からぬことを申した様なことが度々あった」と、どの程度理解されたかを気にかけていたから、講習は専門的知識のない農家に基礎的なことがらを講じていたと推測できる。また長期は、前期一カ月、後期一カ月の二カ月にわたり、年間で春秋二回開かれた。場長の高橋久四郎は「園芸通として自他共に許した」といわれたから、おそらく園芸関係の講習にも力点がおかれたものと思われる。

ところで参加した講習生は、「大抵その地方の有力者で、年輩も三十前後より五、六十年代の人で県会議員や郡会議員等も相当居った」といわれる。日露戦争前後の時点において、農事試験場技術の普及の対象は、県議・郡議を含む有力者層というから、村内上層の地主階層の壮年クラスであったと考えられる。こうした階層が、新たに農学の知識を授けられて、郡や町村における技術普及の指導層となった。とりわけ耕地整理などの新技術を実践する場合、彼らの協力が不可欠であったから、地主層への期待は大きかったといえる。

農業社界の改善を謀らんが為めには、先づ他の方面に傾斜せる有志家の頭脳を改め、地主に向て農事改良の必要なるを覚らしめ……所謂農民の柱石……彼等の声を以て農業社界改善の必要を叫ばしめ……資本の必要あれば、彼等自ら其衝に当りて、資本融通の法を講じ、耕地整理の計画あれば、彼等率先して此業に身を委ね、其農業上に関する百般の設備経営を、彼等の双肩に荷ハしめ……(30)

したがって小作人は、指導層となる地主層を補助する存在として位置づけられた。つまり、「小作人、小農夫は、其補助となり、手足となり、時に或は其器械となり、所謂上下一心以て斯業の改良を謀る」のである。したがって、農業生産の現場では両者の「上下一心」が強く求められた。

一九〇一（明治三四）年九月四日から六日にかけて、橘樹郡郡農会大綱小集会が主体となって、農事講習会が開催された(31)。ただし、講習会終了後に村長から郡役所に対し「決了届」を差し出しているから、郡役所が実質的に主催していたと思われる。つまり、県農事試験場の講習会ではなかったが、この時期各地で「競って」開かれた講習会のひとつであり、柏田橘樹郡農事試験場長が出席している。

発起人は吉原道太郎（北綱島）・小泉吉太郎（北綱島）・城田孝蔵（南綱島）・飯田助夫（北綱島、助大夫の子）・岡本貞二郎・池谷鏡之助（南綱島）らで、大綱村の有力地主たちである。それに加えて参加人員は大曽根七、樽二、南中村四、別所六、中北谷二、北谷六、学校二、磯部村長、柏田郡農事試験場長、その他数人、合計三八名であった。なお六日には、「傍聴人四十三人」が参加した。各地区ごとに数名が参加しており、いずれも上層の農家であったと推測される。

講習会のテーマは、四日は「水稲ニ関スル種類、種選方、水張方、苗代及蒔付方、虫害、排水」、五日は「肥料、植付」、六日は「麦作ニ関スル要項及土地整理、信用組合之件等」とある。米麦作に関するテーマが多く、さらに肥料、耕地整理や信用組合について講じられた。講習後に開かれた懇親会には三八名全員が出席し、会費は講習生が負担したが、村農会員の有力地主たちから五円の補助が交付された。

3　農友会の発足

県農事試験場の講習会参加者たちは修了後「農友会」を組織し、町村における技術普及の媒介役となった。農友会員は講習生とほぼ同様の階層からなり、青壮年が多く「一家の主人ではな」く「資力がない仕事をすることができない」ので、通常会員（一年三〇銭・一時金五円）のほか終身会員を募って「会の基本金」を形成しようとした(32)。農友会員は、「町村三、四人つゝの会員は皆あります」といわれたように、ほぼ県下各町村に広く存在していた。講習会が県内全域で展開したことを物語るものであろう。

農友会の活動については不明の点が多い。橘樹郡農友会は、一九〇三（明治三六）年時点で二四〇～二五〇名の会員を数える大きな組織になっていた。その機関誌『橘樹郡農友会報』に掲載された記事から、郡農会の活動をみよう。一九〇九年から一一年に至る第一一号から一八号までの記事をまとめた表5－4によれば、「巻頭記事」だけは橘樹郡地方に関連する話題には乏しく、戊申詔書・報徳・模範村など、全国的な話題についてのものであった。ただし、「論説」になると、おそらく農友会員による記事が多くを占め、しかも郡内の具体的な事柄をテーマとしたものが大半になる。たとえば郡農会長井田文三・飯田助夫・城田孝造〔蔵〕らの名前が確認できる。記事の内容は、郡内の農事改良についての指針などであり、農業経営の多角化、玉川電鉄の開業、耕地整理、農業組合、鶴見川など地域の農業経営についての身近な話題が多かった。

まず「耕種」「園芸」欄は、技術に関わる記事が大半を占め、農事試験場の試験研究の成果が公表されている。また、それぞれの記事の著者の出身村が判明するものが多い。記事がどの村のことを述べているかが重要であったことを示している。「耕種」の方は農作業、稲の品種、正常植えなどの農法、害虫駆除、栽培法、水田裏作、農具などにおよんでいる。「園芸」も同様で、桃・梨など橘樹郡の特産果実について、岡山県の視察記事、農薬の効果、栽培方

表5－4 『橘樹郡農友会報』記事一覧（第11～18号，1909～11年）

[巻頭記事] 会報増刊の趣旨（会長 上原量平）／戊申詔書に因みある国雅／報徳訓／会告（総会通知）／由本勘助百目録／視察号・千葉県山武郡源村視察随想録（飯田芳塢）〈帰路千葉・東京の園芸を視察〉
[論説] 種苗育成場に就て（橘樹郡農会長 井田文三）／会員諸君に望む（幹事 飯田助夫）〈郡内農事改良と農友会活動〉／農業の分業に就て（佐村水哉）〈農業経営の多角化〉／所感（黒川楽村）〈農友会の活動〉／吾農村の一班を叙して併せて村内会員に寄す（高津 三富芳次）〈玉川電鉄の開業〉／農業の性質及び決心（城田孝造）／耕地整理の概念（田夫野人）／農は国の基（玉陽）／農業組合の実行に就て（大綱村 城田孝造）／農界の現況（田中呵々子）／無題録（芳塢生）〈橘樹郡農業と農友会への希望〉／惨雨悽水（田夫野人）〈鶴見川水害〉／成功とは何ぞや（飯田生）／新年之辞（田夫野人）／郡農会に望む（禾風生）／農友会員に望む（佐村幹事）〈農事改良に努めよ〉／無題録（飯田幹事）〈園芸栽培に比較的利益多し〉
[耕種] 中原村下小田中壱年中の休業日（中原村 鹿島儀左衛門）〈労働〉／古手帳（楽村）〈水稲粳八右衛門・水稲粳竹成・陸稲団子糯〉／正常植に就て（中原村 一農生）／明治四十弐年度小学校生徒螟虫採卵及稗抜取成蹟表（佐村農業技手）／橘樹郡保土ヶ谷町馬鈴薯栽培沿革（河合旭州）〈郡立農事試験場調査〉／稲の螟虫と稗に就て（飯田生）／水田裏作と冬季処置法試験（本県農事試験場）／農業用器具と力学（続）（島田生）／農業用器具と力学（続）／農業用器具と力学
[園芸] 岡山県桃樹栽培視察（青木豊十郎）／伝桃園之由来（伝桃園）／ボルドー液の効験に就て（榎本生）／梨発芽開花期に就きて（平間調査K生）／草苺温床栽培に就て（子安村 鈴木与助氏断片）／茂木枇杷に就て（楽村）／玉葱培養法（住吉農夫）／百合栽培（旭惰農）／園芸暦（住吉農夫）／生田村の梨（楽村）／稲田村の梨（旭州生）／柿の甘乾を製する法（住吉農夫）／古手帳（楽村）〈桃アーリーリバー，温州蜜柑及蜜柑箱の事〉／橘樹郡旭村越瓜栽培略記（旭州生）／桃の実付盆栽培養法（相原禾風）／胡瓜ベト病予防ボルドー液散布試験（風来山人）／園芸果樹論（恩田場長口述・佐村技手筆記）〈総論と各論〉／七月の農業（相原禾風）
[副業] 農家諸君に告ぐ（橘樹郡役所内 好農生）
[病害虫] 害虫に就て（佐村技手）／軍扇虫に付きて（稲田生）／農業用具と力学（島田生）
[調査] 根深葱の栽培法（禾風生）／宮前村蚕業発達の沿革其他調査（水哉）／南瓜の栽培法（相原生）／旭村蚕業の沿革其他調査（水哉）／子安村トマトーソース調査（佐村技手）
[講話] 肥料鑑定講習会講義録要項筆記（編輯生）
[雑報] 園芸視察旅行（旅行狂人）〈郡農会主催園芸視察，農科大学～埼玉～千葉〉

出典：『橘樹郡農友会報』各号.
注：［ ］は記事のジャンル，（ ）は著者，〈 〉は記事の概要.

法などについての記事が掲載された。そのほか、草苺・枇杷・越瓜・タマネギ・キュウリ・ユリなどの園芸作物の栽培法についても、それぞれの経験者が記事を書いている。この「耕種」「園芸」の欄の多様な記事は、本誌を特色あるものにしている。

さらに、「病害虫」「調査」「講話」「雑報」欄の記事も「耕種」「園芸」欄と同様の性格がある。「雑報」欄には、農科大学から埼玉県・千葉県地方におもむいた園芸視察旅行の記事がある。園芸作の研究と普及をはかるために、農友会が多様な活動をしていたことが判明する。なお、巻頭記事に千葉県山武郡源村を視察したときの「随想録」が掲載されている。源村は日露戦後の三模範村として地方改良運動の一環で喧伝され多くの視察者が訪れたが、一行はこの視察旅行の帰路、千葉・東京の園芸を視察している。旅行の目的の一つには、園芸地の視察があったことに注目すべきであろう。一九〇〇年代の千葉県千葉郡・東葛飾郡地方は、すでに野菜や果実、養鶏が活発化した先進地であった。とりわけ東葛飾郡の松戸町などでは、東京市場に近いという地理的な立地条件から、野菜作がさかんであった(33)。

4　大綱村農友会

飯田助大夫のメモには一九〇二(明治三五)年五月一日、大綱村役場において「委員部会集会」が開かれ、「農友へ加盟ノ儀モ講習生大体ハ賛成ス」と記されている(34)。委員とはさきにみた大綱村農会の委員と考えられ、五月一一日に「県農友会加盟其他ノ件ニ付協議ノ旨通知」とあるように、県の農友会加盟について検討がはじまっている。

同年一一月末には委員による「相談会」が村役場で開かれ、各大字に任期二年の「組長」をおくことが検討された。組長は「委員ヲ補佐シ、会費其他報告事務ヲ取扱フ」ものとされ、それぞれの大字で「選挙」により選ばれることになった。その結果、組長に選ばれたのは、北綱島・吉原道之助、南綱島・池谷鏡之助、大曽根・武田彦作、樽・横溝岩吉、太尾・磯部広吉、大豆戸・加藤定吉、菊名・青木卯之助、篠原・加藤与七郎の八名であった。一九〇二年末の

大綱村農友会員は、飯田によれば次のとおりである。(35)

北綱島　飯田助夫、小泉吉太郎、△吉原道之助、岡本定吉、現役兵○小島茂一、○吉原喜作、〆六人
南綱島　城田孝蔵、△池谷鏡之助、吉原富蔵、座間良助、城田嵯一、仝八百吉、〆六人
樽　　△横溝岩吉、仝荘太郎、仝利三郎、〆三人
大曽根　△武田彦作
太尾　△磯部広吉、仝嘉一郎、仝義通、前川清一郎、漆原彦作、仝喜十郎、磯部峯吉、〆七人
大豆戸　△加藤定吉、高橋金作、椎橋清吉、仝牛太郎、〆四人
菊名　△青木卯之助、金子信吉、仝芳蔵、斎藤又次郎、金子兵助、小泉庄吉、仝弥吉、斎藤和吉、鈴木照吉、
　　小泉亀吉、柴田弘厳、〆十一人
篠原　金子耕三、△加藤与七郎、峰岸新助、加藤彦次郎、金子淑蔵、田中滝蔵、仝直次郎、〆七人
十二月三日現在大綱村四拾四〔五〕名

右のうち、△印は組長である。村内の会員数は合計四五名にのぼる。一八九〇年代はじめの大綱村六三一戸のうち郡農会員一九名・村農会員一一六名であったから、この農友会員数は、村農会員数には及ばないが、郡農会員数の二倍強にあたるものであった。講習会経験者によって組織された農友会員は、地主階層出身といわれたが、大綱村の場合は郡農会員に名を連ねる地主層よりやや広がって存在していた。おそらく、実際に農業経営に従事する耕作地主・自作農層であったと考えられる。しかも、大曽根を除いて各大字から数名ずつ参加しており、それぞれの地区においては、技術普及の核となる存在であった。

おわりに

こうして日清戦後に大綱村の農会組織は、県の農事試験場を頂点とする県内の技術研究・普及組織の末端ともなって、有力地主から耕作地主層へと急速に浸透していった。ところで、農学を基礎とする技術の普及には、従来の老農たちに代わる新たな担い手を必要とした。それは、農学の新知識を理解できると同時に、新技術を実際に地域に普及する任務を帯びていたから、技術の地域的特徴や慣行にも通じている必要があった。沢野場長は、地域に最適な品種は何かと問いながら、次のように述べた。

其種類ヲ教エテ呉レル者ハ誰カト云フト、老農デモナケレバ農学士デモナイ、各郡村農事試験場ノ成蹟ガ教エテ呉ルノデアル(36)

彼らは「老農デモナケレバ農学士デモナイ」者たちであり、郡や町村の農会員や農友会員であったといえる。彼らこそ、郡農会や村農会を組織したり、講習会に参加して新技術を学んだ層であり、各郡や町村の農事試験場の成果を地域で実践していったのである。

農会組織の末端は、日露戦後になるとさらに地区ごとに細分化していった。大綱村の場合、それを決定的にしたのが、村農会の下部組織である農事改良組合実行組合（以下、「実行組合」と略す）の設置であった。同村の実行組合「規約雛形」によれば、それは村農会の傘下に位置づけられ、事業として塩水選、害虫駆除、短冊形共同苗代、稲苗正条植、肥料の改良・応急策、労力減少に対する救治策などが定められている(37)。そこには、日露戦争前後に農商務省が全国的にすすめた塩水選など、農会「必行事項」が列挙されている(38)。

大綱村の実行組合の組織のされ方を篠原地区についてみると、同地区の実行組合は一九〇五（明治三八）年六月三日、篠原の全農家（組合員一〇三名）によって組織された。その業務は「種子塩水撰、短冊苗代、稲正条植、病虫害予防駆除、肥料改良応急策、労力減少護方、種子肥料其外共同シテ購入スヘキ者トス」と定められた。これらの事業は、各実行組合ともにほぼ画一的に定められた。組合の経費は組合員の負担となった。また組合長には金子耕三が、副長には加藤与七郎が、委員は加藤峯太郎ほか九名が就任した。金子耕三・加藤与七郎は農友会員であり、講習会などで新たな技術を体験した担い手である中上層の農家が実行組合を主導したのである。

篠原で実行組合が発足したのち、同月には北綱島で大北谷（一九名）・中北谷（一七名）・中村（一六名）の三実行組合が成立した。北綱島では農事講習会も小字ごとに組織されたから、おそらく地域の実情に即して綿密な技術指導をおこなう場合、こうした地区設定が有効であったと考えられる。次いで七月には樽（全域五六名）、翌一九〇六（明治三九）年三月には、大豆戸（全域四〇名）・太尾（全域九七名）・大曽根（全域三一名）・菊名（全域三〇名）、九月には南綱島の別所（三五名）においてと、実行組合の組織化は着々とすすんだ。

一九〇七（明治四〇）年四月一一日、大北谷実行組合が塩水撰を実施したと、飯田助夫は日記に述べている。[39] この日、同実行組合は大綱村農会から補助金を交付されて、大北谷地区内の全農家を集めて塩水撰を実施し指導した。同地区の農家は、塩水撰を目の当たりにしたのである。こうして一九〇〇年前後には、橘樹郡や大綱村の事例によると、県農会・県農事試験場の指導のもと、郡農会や町村農会、郡農事試験場が実働する農事改良の組織がほぼ成立したといえる。すなわち、農事試験場の講習会などで農学の洗礼を受けた地主層を現場の担い手として、塩水撰などの改良技術を高い実施率で施行していく組織が形成されたのである。

注

（1）神奈川県県民部県史編集室『神奈川県史 通史編6 近代・現代（3）』（神奈川県、一九八一年）第二章第三節（丹羽邦男執筆)。
(2) 内田修道「神奈川県における農会活動の成立と展開―日露戦後地方経営の前提」(『神奈川県地域史研究』一四、一九九五年)、同「神奈川県における農会運動の展開 (二) ―日露戦後地方経営の前提」(『京浜歴科研年報』一〇、一九九六年)。
(3) 安藤哲『大久保利通と民業奨励』(御茶の水書房、一九九九年) 補章二「神奈川県橘樹郡における初期農会の成立」。
(4) たとえば、一八八〇年代末に先駆的な郡農会が中郡・都筑郡・橘樹郡地方で発足し、一八九五年に県農会が創立した翌九六年に県立農事試験場が開業し、一九〇〇年には郡農事試験場が開かれる。
(5) 品川貞一『飯田家三代の俤』(一九四一年)。
(6)(7)『本農』(第一号、一九〇三年七月)。それぞれ、橘樹郡農事試験場長、橘樹郡農会副会長・橘樹郡農友会長による。
(8) 神奈川県農事試験場長高橋久四郎「神奈川県下の園芸」(『神奈川県農会報』〈以下『県農会報』と略す〉第一〇号、一九〇一年一二月) 一三頁。
(9)「蚕児伝染病症ニ付窺」(「産物取締議定連印簿」、「飯田助知家文書」近代・冊・I―一〈飯田助知氏所蔵・神奈川県立公文書館保管、以下同様〉) 一八八二年六月三日飯田より神奈川県令沖守固あて。
(10)「県第五百十九号」(前掲「産物取締議定連印簿」) 一八八二年六月五日。勧業課より飯田あて。別紙は「会員外栗田万次郎」による「『モスカルヴィン』ノ説」(同前)。
(11)「蚕児舎利病予防ニ付上申」(前掲「産物取締議定連印簿」) 一八八二年六月二四日。飯田より県勧業課あて。
(12)「勧第五百九十七号」(前掲「産物取締議定連印簿」) 一八八二年七月一日。本県勧業課より飯田あて。
(13) 以下、「明治拾九年六月起　橘樹郡蚕糸業組合書類」(「飯田助知家文書」近代・冊・一五―一)。
(14)(15) 前掲、安藤『大久保利通と民業奨励』。
(16)「大綱農会規程」(「明治廿三季六月吉辰　農談録　甲号」、「飯田助知家文書」近代・冊・H―六)。
(17)(18)『神奈川県農業協会雑誌』(〈以下『農業協会雑誌』と略す〉第三号、一八九一年七月)。
(19) 同前 (第六号、一八九二年二月) 三九頁。
(20)「農科大学内神奈川県農業協会加盟連名」(前掲「農談録　甲号」)。
(21)「神奈川県農業協会雑誌第五号附録」(『農業協会雑誌』第五号、一八九一年一二月)。
(22)「神奈川県農業協会雑誌発行の辞」(『農業協会雑誌』第一号、一八九一年)。

(23)『農業協会雑誌』（第二号、一八九一年五月）。
(24)橘樹郡農会特派委員飯田快三「第三回内国勧業博覧会農産物蚕農具調査表」（前掲「農談録　甲号」）。また、おそらくこのときに、農務局からゴールデンメロン種三合が分与され、持ち帰って試作された。どこに播種されたか明らかではないが、一八九〇年一一月に播種し、一斗五升の収穫があった。飯田は試作にあたって、「試作注意」として、「晩熟ニシテ東京近在ニテゴルテンメロンハ在京種ヨリ四五日、ケープハ十日計リ早ク播種スヘシ、ケーフ《プ》ハ乾燥ノ地ニ適セス又稍ヤ薄ク播クヘシ」と指摘している（同前）。
(25)橘樹郡農会『第三回内国勧業博覧会出品　農産物及農具査点略表』（一八九〇年七月）。
(26)前掲「農談録　甲号」。
(27)おそらく、東京市の津田仙ら学農舎による『農業雑誌』であると思われる。
(28)「沢野農事試験場長演説」（『県農会報』第一号、一八九六年六月）六～一〇頁。以下、本資料による。
(29)富樫常治『神奈川県園芸発達史』（養賢堂、一九四三年）一六頁。また、「此の時代は農学校と云ふものがなかったから農学の知識と云ふものは全くなく、肥料の三要素たる窒素・燐酸・加里等の必要性の説明でも中々容易でなかった」ともいう（一六～一七頁）。
(30)神奈川県農会幹事福井準造「農事改良の方策如何」（『県農会報』第一一号、一九〇二年六月）三七頁。
(31)「〔農事講習会書類〕」（「飯田助知家文書」近代・冊・H―一〇）。
(32)「郡農会記事・郡農会の状況」（『県農会報』第一三号、一九〇三年三月）一四頁。
(33)千葉県史料研究財団『千葉県の歴史　資料編近現代4（産業・経済1）』（千葉県、一九九六年）、資料番号二七。
(34)(35)「農友会事務要録　幹事飯田助夫」（「飯田助知家文書」近代・冊・一五―一一）。
(36)前掲「沢野農事試験場長演説」一〇頁。
(37)「農事改良実行組合書類」（「飯田助知家文書」近代・冊・一五―一三）。
(38)「農事実行組合設置申告書」（前掲「農事改良実行組合書類」）。
(39)「飯田助夫日記」（飯田助知氏所蔵）一九〇七年四月一二日。

第6章　桃産地形成と園芸組合
——綱島果樹園芸組合を事例として——

百瀬敏夫

はじめに

明治時代から昭和戦前期において、神奈川県は果物生産の盛んな県であった。県内では、現在の横浜市や川崎市にまたがる橘樹郡が落葉果樹やカキなどの生産で、柑橘類の県西部とともに、有名であった。このうち、現在の横浜市港北区綱島地区は、高級なモモを産することで名前が知られ、昭和初期には、「その声価は隆々として他の地方産を凌ぎ、知事又は横浜市長が御料用として桃を献上するとき、常に必らず綱島桃を用命さる、」[(1)]といわれるようにまでなっていた。

この「綱島桃」や橘樹郡のモモ栽培については、『神奈川県史』『横浜市史』『川崎市史』などの自治体史、『神奈川区誌』『港北区史』などの区史に言及がある。しかし、時系列な変化について記したものは少なく、細かい点がわかる資料が残っている大正期の記述が多く、昭和戦前期の記述は比較的少ないようである。綱島地区に限れば、『港北百話』に聞き取りに基づく記述があり、最近では、地元組織のWebページに年表が掲載されており、栽培の歴史の概観ができるようになっている。しかし、地域おこしになじまないものなどは記されていない点がある。したがって、綱島のモモ生産について、なるべく時系列に変化を記述することを本章の第一の課題とする。

ところで、橘樹郡のモモ生産における園芸組合の機能については、現在の川崎市の中原共盛組合を事例とした小川一朗氏の研究がある。(2) 小川氏は、中原地区のモモ生産は、明治から昭和にかけて極めて有利な農業経営であったが、都市化の進展とともに後退し、これは「近郊農村の歴史的発展過程と地域変容モデル」として考えることができるとする。都市近郊論としては、そのとおりであろうが、生産物の特長により近郊農業といってもさまざまな様相があると思われる。ここで扱うモモなどの果物は、古くは水菓子と呼ばれた嗜好品であり、東京などの都市には高級果物小売店があり、「綱島桃」のような高級品も生まれていた。本章では、嗜好品としての果物生産・出荷に、園芸組合がどのように活動したのかを、綱島果樹園芸組合を事例として明らかにすることを第二の課題とする。(3)

第一節　モモの生産高の概要

まず、表6-1により、戦前期の果物生産高（数量）におけるモモの位置を見ていこう。(4) 戦前期の果物生産は、一貫してミカンとカキが上位で、特にミカンは隔年の変化はあるものの常に増加傾向にあった。一九二〇年代まで漸増傾向で三位のナシは、三〇年代には横ばいになり、二〇年代後半から増加し、三〇年代に急増したリンゴは、三〇年代後半にはナシを抜き、四〇年代にはカキと並ぶようになった。このなかで、モモは一九〇五（明治三八）年には、リンゴとほぼ同じ数量であり、一〇年代前半にかけて増加したが、その後、二〇年代には若干減少するものの、四〇年代初めまで、ほぼ横ばいの生産高であり、〇五年にはモモの三分の一ほどであったブドウにも、三〇年代には抜か

表6－1　主要果物生産高

（百万貫）

年次	ミカン	ナツミカン	リンゴ	ブドウ	日本ナシ	モモ	カキ
1905年	23	—	6	2	15	5	43
1910年	37	11	13	3	19	9	46
1915年	42	11	7	5	22	12	48
1920年	56	14	8	7	27	13	46
1925年	53	15	15	9	33	12	43
1930年	84	16	27	15	38	14	63
1935年	118	17	42	19	44	13	62
1940年	115	22	60	17	44	13	74

出典：『日本長期統計総覧』第2巻（日本統計協会，1988年）60〜65頁．

れている。このように、戦前期のモモの生産高は、ほぼ横ばい傾向にあった。

次に、府県別の生産高割合を示した表6－2により、神奈川県の位置を見ていこう。一九一二年では、岡山県が一四・三％で一位、東京府が一〇・八％で二位、神奈川県は二・八％で八位であった。一七（大正六）年では、岡山県の一位は変わらないものの、東京府は一・七％へと急減し、一方、神奈川県は生産高で約三倍増加し七・〇％となり、大阪府についで三位となった。二二年には、神奈川県は二位となり、岡山県・神奈川県・大阪府の順位は、二七（昭和二）年、三二年も変わらなかった。三七年には、神奈川県は岡山県の約二倍の生産高で一位となり、岡山県が二位、広島県が三位で、大阪府は三・五％で順位を低下させた。その他、福島県・広島県は常に上位一〇県に入っており、新潟県・香川県・愛媛県もほぼ一〇県に入っており、神奈川県・岡山県・大阪府とともに、古くからの産地といえる。

しかし、これらの各産地は、必ずしも競合状態にあるのではない。生食用のモモは、出荷時期が六〜八月と夏季にあたり、「果肉柔かにして果皮薄く遠距離輸送困難なるもの」であり、このため「十里以上遠地より輸送せるものは新鮮を欠き高値販売は覚束なし」といわれていた(5)。

そこで、神奈川県に隣接する大消費地である東京市で流通するモモの生

表6－2　モモ生産高上位県

（％）

順位	1912年	1917年	1922年	1927年	1932年	1937年
①	岡山県 (14.3)	岡山県 (14.2)	岡山県 (11.3)	岡山県 (11.0)	岡山県 (8.4)	**神奈川県 (12.0)**
②	東京府 (10.8)	大阪府 (9.0)	**神奈川県 (6.8)**	**神奈川県 (10.3)**	**神奈川県 (8.2)**	岡山県 (6.7)
③	香川県 (8.6)	**神奈川県 (7.0)**	大阪府 (6.7)	大阪府 (6.7)	大阪府 (7.0)	広島県 (5.8)
④	大阪府 (4.9)	香川県 (5.0)	新潟県 (5.8)	広島県 (5.2)	広島県 (5.9)	福島県 (5.7)
⑤	長野県 (4.3)	福島県 (4.4)	広島県 (4.9)	兵庫県 (4.2)	新潟県 (4.6)	愛知県 (5.3)
⑥	兵庫県 (3.1)	群馬県 (3.4)	福島県 (3.9)	新潟県 (4.0)	福島県 (4.1)	新潟県 (4.3)
⑦	福島県 (3.1)	京都府 (3.2)	香川県 (3.9)	福島県 (3.8)	福井県 (3.8)	福岡県 (3.7)
⑧	**神奈川県 (2.8)**	愛媛県 (3.1)	長野県 (3.4)	福岡県 (3.4)	愛知県 (3.6)	愛媛県 (3.5)
⑨	愛媛県 (2.8)	広島県 (2.9)	愛媛県 (3.4)	奈良県 (3.2)	福岡県 (3.3)	大阪府 (3.5)
⑩	広島県 (2.6)	新潟県 (2.9)	福岡県 (3.3)	京都府 (3.0)	香川県 (3.2)	千葉県 (3.4)
生産高	10,962	13,400	11,322	13,750	13,512	12,354

出典：『日本帝国統計年鑑』各年次.
注：（　）は生産高の割合．生産高合計は千貫.

産地を見てみると、一九二一年の調査では、金額で神奈川県が五二・九％で一位、山梨県一六・二％、東京府・千葉県が約一〇％などであり、三六年の東京市中央卸売市場では、神奈川県五四・〇％、静岡県一五・三％、千葉県一一・四％などで、神奈川県が半数以上を占めていた(6)。東京市場へは、大産地の岡山県産なども鉄道輸送により入荷していたが、神奈川県産と競合するのは、静岡県や千葉県などの東京近県産のモモであった。一九一二年に二位であった東京府は、多摩川沿いが産地で消費地に近く輸送に有利であったが、都市化の進展により、果樹作からより有利な野菜作や宅地に変わっていった(7)。

以上のように、神奈川県のモモ生産は、一九一〇年代に割合を増加させ、二〇年代からは岡山県とともに二大産地となった。特に大消費地である東京市においては、取引額で約半数を占めていた。

次に、神奈川県内におけるモモ生産について見ていこう。

神奈川県のモモ生産は江戸時代からであったが、外国種の導入による栽培は、一八七四年における橘樹郡大師河原（現川崎市）付近の「上海」「天津」が最初であった(8)。その後、同郡保土ケ谷の青物仲買商が居留地より外国種を手に入れ、大師河原の者に託して栽培を試みている。これらの中国種・米国種は、ともに虫害を受けやすかったが、八七年に袋掛けが採用されてから、次第に栽培面積が増加していった。一方、高座郡鵠沼地方では、一八八〇年代半ば頃から急増した。これは、砂土耕地における栽培により樹高が低く、結実が容易なためであった。この地域の収穫期は、他の地域より一〇日以上早く、品質も良いことから、明治末には有名であったといわれている(9)。しかし、外国種は日本の風土に適さないものも多かったので、外国種から有望種を選抜することが行われ、一九〇〇年代～一〇年代初めに「伝十郎」「早生水蜜」「日月桃」「橘早生」などが橘樹郡の栽培家により選抜されている(10)。昭和期になると、神奈川県農事試験場において選抜された品種の栽培が行われるようになるが、戦前期には、主に先の栽培家により選抜された品種が栽培されていた。

これら神奈川県産モモの生産高・生産額の推移を図6-1、図6-2により見ていこう。

生産高では、神奈川県全体は一九三〇年代半ばまで、増減はあるものの増加傾向にある。細かく見ると、〇五～〇九年までは上昇し、一一年まで下降した後、一〇年代前半に急上昇している。一〇年代後半から二〇年代前半までは横ばい傾向で、二〇年代後半は増減があるが二七年が一つの頂点となっている。二〇年代後半から三〇年代初めの昭和恐慌期には低迷し、その後三四年に戦前期最高となり、三八年以降急激に低下している。

一方生産額で見ると、数量が上昇し始める起点の一一年から二〇年代前半まで一貫して上昇傾向にあり、特に第一次大戦以降、二四年まで急増している。その後、二九年までは高下があるもののゆっくり低下し、三〇年代は、三〇

図 6 - 1　神奈川県主要市郡モモ生産高

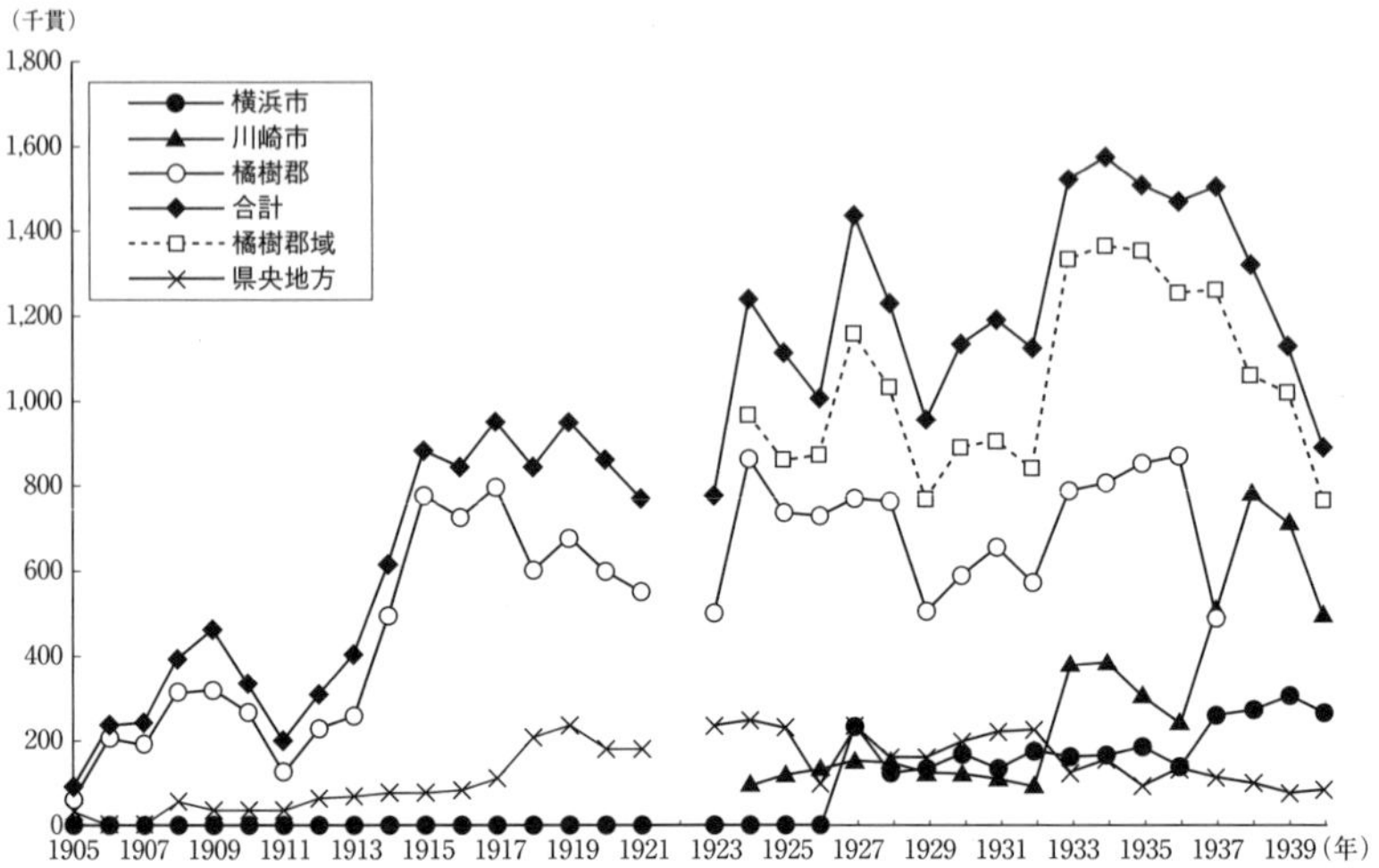

出典：『神奈川県統計書』各年次.
注：誤りと思われる数値は訂正した．橘樹郡域は，橘樹郡・横浜市・川崎市の合計．県央地方は，中郡・高座郡・平塚市の合計．

図 6 - 2　神奈川県主要都市別モモ生産額

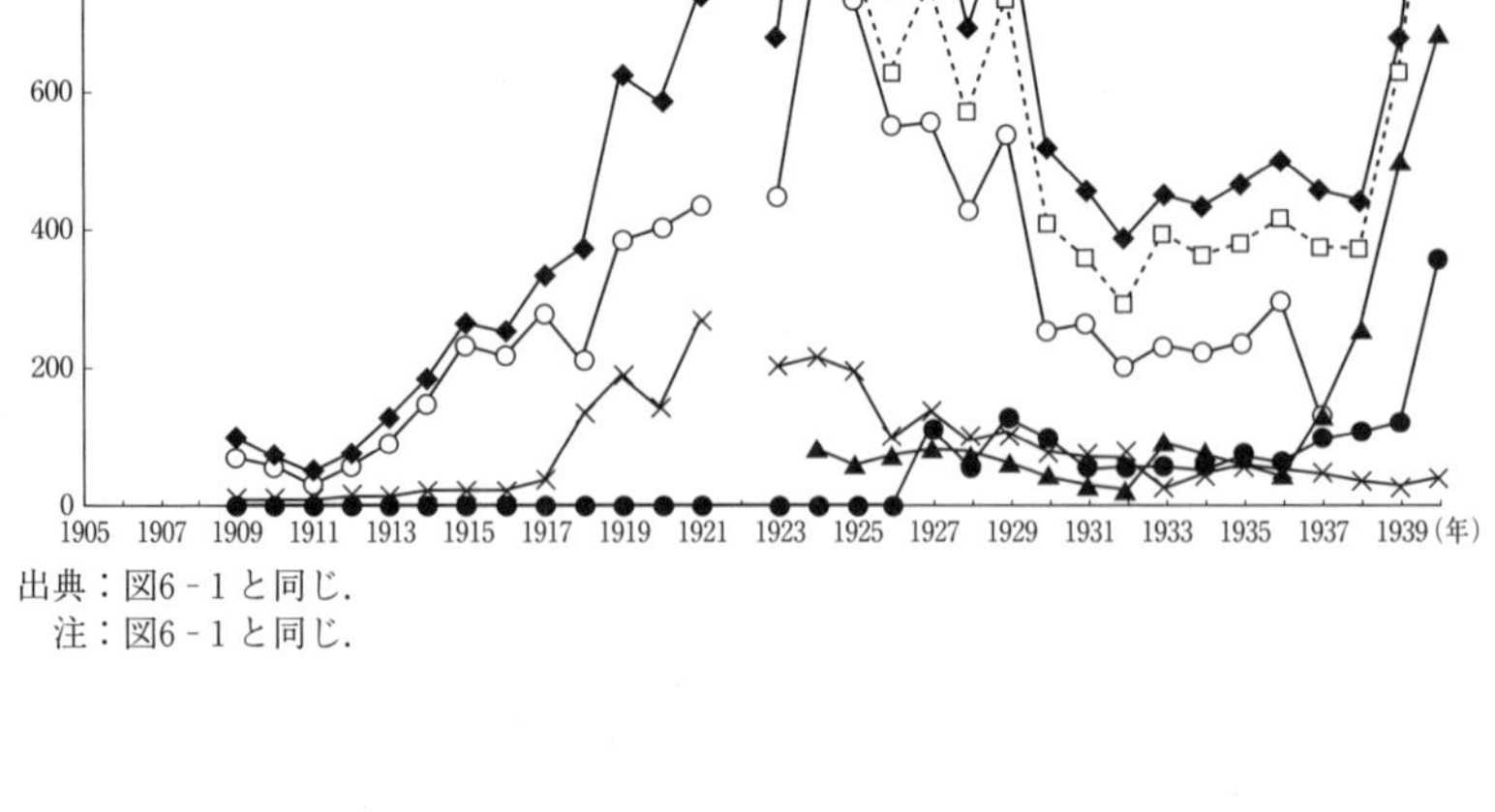

出典：図6 - 1 と同じ.
注：図6 - 1 と同じ.

年に急減したあと横ばい傾向で、三九年から急激に上昇した。このことから、数量の最初の山である二〇年代では、価格も上昇していたのに対し、三〇年代の山は、価格の低迷のなかでの数量の拡大であったことがわかる。

価格について、他の農産物と一六〜二〇年を一〇〇とした指数で比較してみると(11)、米・麦は一八〜一九年から二〇年代は横ばいから低下傾向にあるのに対し、モモは二一年まで上昇し、二〇年代前半はその価格を維持し、二〇年代後半からの下降期にも、米・麦との差を保ったままであった。しかし、米・麦は三〇年代前半に底になってから上昇したのに対しモモは低迷を続け、三〇年代後半には米・麦を下回り、三九年からの急上昇によって四〇年に再逆転するまで下回り続けた。このことから、二〇年代・三〇年代の生産数量の拡大は、ともに、米や麦などと比較すると価格的に有利であったためといえよう。

次に県内の主要郡市における生産を見てみよう。先に見たように、神奈川県の主要産地は、橘樹郡と、高座郡などの県央地方であった。主要産地の生産高の割合を見ると、橘樹郡（郡域）は、一九一〇年代前半に六割台、一〇年代末から二〇年代初めに七割前後となっているが、そのほかは七〜八割以上であり、神奈川県産のかなりの部分を占めていた。県央地方は、〇五年と一〇年代末から二〇年代初めには二割を超えたものの、あとはほぼ一割台で、三〇年代には一割を切ることも多くなっていた。このように、神奈川県では、橘樹郡域がモモ生産のかなりの部分を占める一大産地であった。

第二節　橘樹郡の産地と大綱村

ここでは、橘樹郡内の産地の変遷と大綱村におけるモモ生産の位置について見ていく。

橘樹郡の産地は、既に指摘されているように、時期によって移動があった。たとえば『神奈川県園芸発達史』では、

表6-3　橘樹郡町村別出荷・生産高割合

（%）

<table>
<tr><th></th><th>1914年</th><th>1920年</th><th>1924年</th><th colspan="2">1930年</th></tr>
<tr><td>大綱村</td><td>8.5</td><td>5.2</td><td>9.4</td><td rowspan="6">14.7</td><td rowspan="6">横浜市</td></tr>
<tr><td>旭村</td><td>2.3</td><td>2.3</td><td>6.3</td></tr>
<tr><td>城郷村</td><td>0.1</td><td>0.6</td><td>0.6</td></tr>
<tr><td>保土ヶ谷町</td><td>0.2</td><td>0.0</td><td></td></tr>
<tr><td>生見尾村</td><td>0.1</td><td>0.0</td><td></td></tr>
<tr><td>町田村</td><td>4.3</td><td>2.9</td><td>1.2</td></tr>
<tr><td>日吉村</td><td>6.1</td><td>7.4</td><td>8.8</td><td>15.8</td><td>日吉村</td></tr>
<tr><td>稲田村</td><td>2.7</td><td>6.2</td><td>14.3</td><td>16.2</td><td>稲田村</td></tr>
<tr><td>生田村</td><td>0.2</td><td>0.0</td><td>0.0</td><td>0.3</td><td>生田村</td></tr>
<tr><td>向丘村</td><td>0.2</td><td>1.0</td><td>1.4</td><td>5.3</td><td>向丘村</td></tr>
<tr><td>高津村</td><td>16.4</td><td>18.0</td><td>21.8</td><td>15.1</td><td>高津村</td></tr>
<tr><td>中原村</td><td>14.9</td><td>16.0</td><td>13.2</td><td rowspan="2">19.7</td><td rowspan="2">中原町</td></tr>
<tr><td>住吉村</td><td>10.7</td><td>11.8</td><td>9.4</td></tr>
<tr><td>田島村</td><td>3.1</td><td>3.1</td><td>2.7</td><td rowspan="4">12.9</td><td rowspan="4">川崎市</td></tr>
<tr><td>大師河原村</td><td>26.9</td><td>12.0</td><td>11.0</td></tr>
<tr><td>御幸村</td><td>2.6</td><td>13.5</td><td></td></tr>
<tr><td>川崎町</td><td>0.8</td><td>0.0</td><td></td></tr>
<tr><td>総計</td><td>100.0</td><td>100.0</td><td>100.0</td><td>100.0</td><td></td></tr>
</table>

出典：『大正三年橘樹郡統計一覧』（橘樹郡役所）1916年，橘樹郡果物業組合聯合会調査「大正九年度橘樹郡梨桃生産統計（大正九年十一月調）」（飯田助丸家大正期10-45「大正十年八月号　果物と畜産」），「大正拾参年度橘樹郡川崎市梨桃生産統計」（「大正十四年郡勢風聞録」飯田助知家文書［市史］95），神奈川県内務部統計調査課『統計パンフレット　県下の果実』1932年．

「大正の半頃までは本県としては川崎大師附近が落葉果樹の本場であつて川崎・大師河原・田嶋・御幸等四ケ町村に広がり」「京浜地方への供給地として有名なりしが工業の発達に伴ひ次第に縮小し、その産地は多摩川の上流稲田生田方面へ転向するに至つた」と指摘されている(12)。一方で、現横浜市の鶴見川や支流の沿岸へも広まっていった。

これら郡内それぞれの産地の生産高は、大正期には、郡統計や果物業組合聯合会による調査があり判明するが、横浜市や川崎市に合併した後はあまりよくわからない。ここでは、表6-3により、一九一四（大正三）・二〇・二四・三〇（昭和五）年について生産高の割合を見ておく(13)。一四年では、大師河原村が約二七%で一位、高津・中原村が一五～一六%で、これに次いでいる。大綱村は八・五%で五位の生産高であった。二〇・二四年になると、大師河原村は一一～一二%と割合が半分以下となり、代わって高津村が一位となり、二四年には二〇%を超えている。二四年二位の稲田村は、二〇年二四年と割合を倍にしており、急激に伸びていることがわかる。大綱村は、二〇年には割合を下げており、一〇年代後半には増加していない。しかし二四年には、九・四％に回復しており、二〇年代前半は増加していた。三〇年には、中原・住吉村が合併した中原町が一位であるが、二四年の両村の割合よりも低下しており、二位の稲田村は漸増、三位日吉村は、倍増と大きく割合を増加させている。旧大綱村を含む横浜市は、この間、数量はやや増加しているが、割合は少し下げており、旧大綱村域も同様であったと思われる(14)。

前掲図6-1により、その後の変化を見ると、横浜市は、一九二七年大綱村などと合併する以前は、ほとんど生産がなく、その後、二八年にやや低下した後は三五年まで漸増傾向であり、三七年日吉村の一部の合併によって増加した後も漸増を続けた。川崎市は、二四年の成立から横ばいから減少傾向であるので、先に見たように母体となった川崎町・大師町（二三年大師河原村から改名）、二七年合併した田島町（二三年田島村から改名）の地域では、この間減少傾向にあったことがわかる。これは従来から指摘されているように、これらの地域において京浜工業地帯が拡大して、工場用地化や宅地化が進んだためであった。その後は、三三年の中原町の合併により増加し、三七・三八年の合併により急上昇しているように、合併した現高津区や多摩区の地域が、橘樹郡域の主要な産地であった。川崎市の生産高は三九年から減少し、四〇年には急減する。しかし、横浜市では四〇年の減少は少ない。これも戦時期における工場進出の差によるものであろう。

次に、大綱村の農業生産に占めるモモ生産を見ていこう。横浜市に合併した後は、神奈川区勢要覧により神奈川区全体について見ておく。

表6-4は、一九一二（明治四五）・一八・二一・二五年の大綱村の生産額と割合を見たものである。年代が前になると、米と比べて野菜などの補足率が下がると思われるが、四年ともに米が一位で、さかのぼるほど割合は高くなっている。麦・野菜は、二二年を除くと、ほぼ同率で米に次いでいる。果物は、一二・一八年は、イモ類と同程度で割合が低かったが、二一・二五年では、約一四％と野菜と肩を並べるまでになっていた。果物のうちモモは約八割を

表6－4　大綱村農産物生産額

(円，%)

	1912年		1918年		1922年		1925年	
	生産額	割合	生産額	割合	生産額	割合	生産額	割合
米	133,800	66.6	233,686	52.8	166,006	40.6	214,857	46.9
麦	18,500	9.2	75,301	17.0	62,712	15.3	65,280	14.3
雑穀	13,250	6.6	6,082	1.4	6,604	1.6	5,322	1.2
イモ	8,450	4.2	22,553	5.1	19,500	4.8	24,000	5.2
野菜	18,880	9.4	83,447	18.9	81,709	20.0	65,916	14.4
果物	8,100	4.0	21,116	4.8	72,129	17.6	76,149	16.6
(モモ)	(6,500)	(3.2)	(17,250)	(3.9)	(57,354)	(14.0)	(65,664)	(14.4)
その他					350	0.1	6,204	1.4
計	200,980	100.0	442,185	100.0	409,010	100.0	457,728	100.0
養蚕	8,000		21,124		15,135		7,117	

出典：「橘樹郡大綱村郷土誌」（港北区図書館他『横浜市港北区　皇国地誌　附四村四誌』1984年）1913年，『大正八年三月調査　神奈川県橘樹郡大綱村勢一覧』（飯田助丸家文書大正期 9-9），『大綱時報』第20号，1923年5月1日（「大正一二年五月祝辞号」，飯田助丸家文書大正期 12-29），『大綱村勢要覧（大正拾四年度調）』（飯田助知家文書［市史］59）．

占め、二五年には八六％で、果物のかなりの部分を占めていた。養蚕収入は、一二〜二三年では耕種生産の三・七〜四・八％であったのに対し、二六年には一・七％まで減少している。既に、二一年の橘樹郡の農業経営については、自作中規模農家でも一町歩以上の水田を所有し、果樹は必ずしも最大の現金収入源ではなく、畑作では桑園があり、果樹栽培は桑園を駆逐するにはいたらず、限られた地域にとどまっていたと指摘されている(15)。大綱村も二〇年代初めまでは同様であり、二〇年代を通して果樹が増加し、養蚕が減少していった。

横浜市合併後の神奈川区では、二八〜三三年の果物の割合は、三〇・三一年以外は、一〇％前後で一定しており、野菜が四割を超え、米を上回っており、野菜作が発達してきていた(16)。旧大綱村域では、後に見るように、果樹作も発達しており、野菜の割合がこれ程大きくはないと思われる。

以上見てきたように、大綱村は橘樹郡内でモモ産地として上位にあったが、飛び抜けた存在ではなかった。モモ生産は、一九二〇年代から割合を増加させ、合併以降も、横浜市全体の数値からみて漸増傾向にあったものと思われる。

第三節　綱島果樹園芸組合の活動

まず、綱島地区におけるモモ生産の導入から見ていこう。これは、既に知られているように、南綱島の池谷道太郎による生産から本格的に始まった[17]。池谷道太郎は、毎年のように発生する鶴見川の水害に堪えうる作物として水没しない果樹を選び、さまざまな果樹の調査栽培をした。そのなかでモモは、水害が起こりやすい台風到来期前に収穫ができ、隔年の出来不出来が少ないことから、一九〇三年から本格的に栽培を開始した。当初は、先進地であった橘樹郡の上平間・小向・大師河原から、「アーリーリバー」や「アムスデンヂューン」という六月中旬より成熟する早生種や「早生水蜜」（中生種）を購入し、栽培を行った。このうち、早生種の二つは、結果はよかったものの、炭疽病に罹りやすく、結局、栽培を断念した。道太郎は、早生二種に代わる病害に強い品種を選定しようとして、多くの苗木を集め接木し栽培をした。このなかで選び出された品種が、一九〇七（明治四〇）年に「日月桃」と名づけられた早生種であった。綱島地区では、この頃から次第にモモ栽培が広がり、一〇年に綱島果樹園芸組合が組織された。

この後、二五（大正一四）年に、組合から多くの脱退者が出て別組合を作り、二七（昭和二）年にも若干の脱退者が別の組合を作り、組合は三つに分裂した。このため、大正期では、綱島果樹園芸組合の活動は綱島地区のモモ生産者全体の活動であるのに対し、昭和期では、綱島地区全体を網羅できないことになる。以下、綱島地区唯一の果樹園芸組合であった大正期と三つの組合が並存していた昭和期に分けて、綱島果樹園芸組合の活動を述べていく。

1　大正期の活動

一九一〇年二月、池谷鏡之助以下三三名を組合員とし、うち二九名の出席により組合創設の会合が開かれた[18]。ここで、以下の「申合規約」が決定されている。

組合組織は、「農家ノ副業タル新富源ヲ探リテ」とあるように、農家の本業である米麦作に対して、副業として果樹栽培を推進することを目的とした。このための具体的な内容は、園主の許可なく園内への立ち入り禁止、「桃園使役人夫」の賃金の標準、果物運搬賃金（東京一箱二銭、横浜一箱六厘・カツギ一銭二厘、神奈川一箱五厘）の標準を定めた、ごく簡単なものであった。

その後、一九一四年になると規約が整備された[19]。ここでは、組合は「綱島果樹栽培者ヲ以テ組織」とあるように、明確にモモ以外の果樹生産者も含め組織されていた。ただし、後述のように、ナシの生産者は、すべてモモとの兼業で面積もわずかであった。組合の目的としては、「農事ノ新富源ヲ探リ果樹栽培法ノ振興改良ヲ図ル」としており、発足時と同様に、農家にとって新たな収入源として果樹栽培を振興するとした。この目的を達するために、発足時の規約と異なり、「病虫害ノ防除」、「講話及実習会」の実施、「販路ノ拡張」、「共同購入」など、具体的な事業が定められていた。組合の経費についても栽培反別率で徴収することが記された。組合長以下、組織も整えられ、組合長池谷道太郎、副長小泉兼太郎、評議員五名、幹事四名、顧問飯田助大夫が決められていた。

なお、綱島地区では、一九一二年綱島果樹病虫害駆除予防組合が、果樹園芸組合とほぼ同様の役員により、同住所の事務所で組織されており、翌年まで活動が確認できる[20]。これは、神奈川県の病虫害予防奨励金の受け皿として組織されたようで、果樹園芸組合と表裏一体の組合といえよう。

次に、組合員数や栽培面積・生産高について。表6-5は、組合員数・栽培面積・出荷高などについて、大正昭和期を通じてわかる範囲で示したものである。

組合員数は、一九一〇年代には四〇人前後とほぼ一定しているが、二〇年代に入って増加し始め、二〇年四七名、二一年五二名、不明な二二年をはさんで、二三年には八五名へと急増し、二四年九一名、二五年九三名まで増加し、

表6－5　綱島果樹園芸組合　組合員数・作付面積・生産高

年代	組合員数	作付面積	箱数	金額(円)	組合員1人当り	
					面積(畝)	箱数
1913年						
1914年	44	9町12			20.7	
1915年						
1916年	38	10町50			27.6	
1917年	41	10町43			25.4	
1918年	41	11町99			29.2	
1919年						
1920年	47	11町31	69,378	28,385	24.1	1,476
1921年	52	11町70	69,235	34,017	22.5	1,331
1922年						
1923年	85	16町31	80,000		19.2	941
1924年	91	21町84	105,230		24.0	1,156
1925年	93	23町84	148,543		25.6	1,597
1926年	56	16町69	87,939	43,415	29.8	1,570
1927年	41	14町37	119,260	47,793	35.2	2,851
1928年	41	14町45	116,881	44,568	35.2	2,851
1929年	40	14町83	74,536	35,442	37.1	1,863
1930年	46	19町61	122,492	34,457	42.6	2,663
1931年	46	20町55	126,432		44.7	2,749
1932年	46	21町40	139,731		46.5	3,038
1933年	47	21町27	109,949		45.3	2,339
1934年	46	21町57	137,809		46.9	2,996
1935年	46	24町80	106,342		53.9	2,312
1936年	55	28町31	128,199		51.5	2,331
1937年						
1938年	56					
1939年	55	22町42	86,618		40.8	1,575

出典：大正3年9月「果樹栽培反別表」･「大正五年度栽培反別調書」･「大正六年度調」･「橘樹郡大綱村綱島組合員及反別」(「自大正三年八月至同七年　月規約」池谷家桃4)，「大正九年度綱島園芸組合基準統計表」･「大正十年度綱島果樹園芸組合生産額統計表」･「大正十三年度綱島果樹園芸組合統計一覧」(「大正時代統計表」池谷家桃36)，「大正拾四年　組合費段別割生産割取立原簿」(池谷家桃31)，大正11年度～昭和10年度「綱島果樹園芸組合決算報告書」(「園芸組合予算決算書綴」池谷家桃18，※年度により，資料の名称は若干異なる)，大正15年8月橘樹郡農会宛綱島農事改良組合「出荷団体調査ニ関スル件」(「補助申請事業報告其他書類綴」池谷家桃35)，昭和3～11年横浜市農会宛綱島果樹園芸組合「奨励金交付申請書」(「事業奨励金交附申請書同成績報告書」池谷家桃41)，横浜市勧業課『横浜に於ける桃の生産並販売状況』(1930年)，昭和11年8月17日「昭和拾壱年度組合費徴収原簿」(池谷家桃64)，昭和13年横浜市農会宛綱島果樹園芸組合「奨励金交付申請書」(池谷家桃71)，「昭和十四年度綱島果樹園芸組合経費収支清算書」(池谷家桃77)．

表6-6　綱島果樹園芸組合　作付面積別組合員数

（人）

面積区分	1914年	1916年	1918年	1921年	1924年	1925年	1926年	1936年
1町以上	2	2	3	1	8			6
5反以上	2	2	3	5		6	7	17
4～5反	2	3	2	3	5	(1) 8	4	11
3～4反	2	2	3	4	14	(6) 16	14	7
2～3反	5	4	3	4	19	(12) 27	15	6
1～2反	12	16	17	20	25	(14) 23	14	8
1反未満	19	9	10	15	20	(12) 13	2	
計	44	38	41	52	91	(45) 93	56	55

出典：大正3年9月「果樹栽培反別表」「大正五年度栽培反別調書」「橘樹郡大綱村綱島組合員及反別」（「自大正三年八月至同七年　月　規約」池谷家桃4），綱島果樹園芸組合「〔大正十年度生産高等統計表〕」（「村行政書類」，飯田家大正期10-22），「大正十三年度綱島果樹園芸組合統計一覧」（「大正時代統計表」池谷家桃36），「大正拾四年組合費段別割生産割取立原簿」（池谷家桃31），綱島果樹園芸組合「大正十五年八月廿四日組合費反別割生産割取立原簿」（池谷家桃33），昭和11年8月17日「昭和拾壱年度組合費徴収原簿」（池谷家桃64）．

注：1925年（　）内は，21年以降組合員となったと思われる人数．21年組合員の内，48名が25年にも確認ができ，それ以外の45名について示した．

一五年間で倍増以上となった。この人数は、綱島地区の生産者の数を示しているといえる。綱島地区の一九二六年県税戸数割賦課対象者は一七七であるので(21)、約半数がモモ生産を行っていたことがわかる。この増加は、先に神奈川県全体の数値で見たように、モモの価格が、米などと比較すると有利であったためと思われる。たとえば、二四年の綱島地区では、モモの上作は一反あたり八五〇箱を収穫し、一箱八〇銭平均で六八〇円、費用を差し引くと三四〇円の収入があり、これは田の一町歩に匹敵し、凶作でも一〇〇箱（箱五〇銭）で、収入が二五円となり、田の一反歩と変わらないと指摘されている(22)。

作付面積も加盟人数の増加に伴って増加している(23)。しかし、組合員一人あたりの作付面積では、組合員数が横ばいであった一〇年代では増加しているが、組合員数が増加する二〇年代では減少している。この点を表6-6により作付面積階層別の組合員数を見ると、一九二一年以降、一～四反の人数が大幅に増加しており、また、二一年と二五年を比較してみると、新規参入と思われる四五名のうち、一人を除いて四反未満であり、そのうち二六名が二反未満であるので、新たな参入者は、主に二反未満から栽培を始めているといえよう。一〇年代では、上位二名の面積が飛び抜けて大きく、一四・一六年では三町七反弱と三分の一を超えており、池谷道太郎家を含む二～三軒によりモモ生産が牽引されていた。しかし、二〇年代になると最上位者が面積を減少させて、一町歩以上の栽培者が二五年にはいなくなる反面、多くの人々がモモの生産を始めるようになった。

組合の費用は、主にこれら組合員の組合費でまかなわれている。組合費の詳細は、発足当初はわからないが、一九一三年度からは反別割で徴収され、一九二二年度から生産割が加わった。反別割の基準は、一九一三年九月では、一反以下三〇銭・三反以下五〇銭・五反以下七〇銭・五反以上一円の基準で徴収されており、一反あたり何銭という基準ではなかった[24]。一六年度からは一反あたり三〇銭となり、二〇年度では四五銭となり、二二年度は五〇銭、二三・二四年度は八〇銭、二五年度は七〇銭、二六年度は五〇銭であった。一方、生産割は、二二年度は一箱あたり一厘、二三年度は三厘、二四～二六年度は五厘であった。反別割と生産割の割合は、当初は半々くらいであったが、二三年度には生産割が一・八倍となり、二四～二五年度は約四倍となり、二六年度には八倍弱にまでなり、組合費は生産割重視へと移行していった。

次に組合の事業について、まず販路拡張について、出荷の状況も含めて表6-7により見ていく。

出荷の状況は、一九一五年頃までは、個人が主に横浜市場へ出荷しており、輸送手段は、当初は人が担いで出荷し、次第にバネ付き荷車へ変わった。出荷先は、中区万代町の木村屋・カネヨシ・鎌倉屋の三問屋であったという[25]。この頃の出荷に使用された箱は、粗造な板で造った輸送のためだけのもので、中に敷く紙も古新聞を使用していた。販路拡張のための宣伝としては、謄写版印刷の申合要領を配布していた。

一六年頃からは、組合による共同出荷を開始し、出荷先も次第に東京神田市場へと移行させていった。東京出荷と横浜出荷の割合は、二四年には、東京八万一六六二箱、横浜二万三五六八箱と東京出荷が約八割で、翌二五年は八

表 6－7　綱島果樹園芸組合事業等年表

<table>
<tr><td>年</td><td>1910</td><td>1911</td><td>1912</td><td>1913</td><td>1914</td><td>1915</td><td>1916</td><td>1917</td><td>1918</td><td>1919</td><td>1920</td><td>1921</td><td>1922</td><td>1923</td><td>1924</td><td>1925</td><td>1926</td><td>1927</td><td>1928</td><td>1929</td><td>1930</td><td>1931</td><td>1932</td><td>1933</td><td>1934</td><td>1935</td></tr>
<tr><td>出荷方法</td><td colspan="6">個人出荷</td><td colspan="20">共同出荷</td></tr>
<tr><td>出荷地</td><td colspan="6">横浜市場</td><td colspan="14">東京神田市場・横浜市場</td><td colspan="6">東京神田市場・江東市場・荏原市場・横浜市場</td></tr>
<tr><td>輸送</td><td colspan="6">人の肩―バネ付荷車</td><td colspan="3"></td><td colspan="7">バネ付荷馬車</td><td colspan="4">電鉄（温泉駅→目黒），貨物自動車</td><td colspan="6">貨物自動車直送</td></tr>
<tr><td>荷扱所</td><td colspan="6"></td><td colspan="10">入船亭前・県道沿</td><td colspan="4">電鉄駅構内</td><td colspan="6">現在の集荷場（32 年増設）</td></tr>
<tr><td>容器</td><td colspan="14">製函業者提供のまま，粗造材組立</td><td colspan="3"></td><td colspan="9">化粧箱　贈答品用として大箱・並箱 2 種類</td></tr>
<tr><td>敷紙</td><td colspan="7">古新聞紙</td><td colspan="9">白洋紙と古新聞紙混用</td><td colspan="10">パラヒン紙と白洋紙併用</td></tr>
<tr><td>詰め物</td><td colspan="16">麦　　稈</td><td colspan="1"></td><td colspan="9">木毛（大部分）</td></tr>
<tr><td rowspan="2">レッテル</td><td colspan="3" rowspan="2"></td><td colspan="13">容器入レッテル</td><td colspan="3">容器入レッテル改良</td><td colspan="7">容器裱貼レッテル</td></tr>
<tr><td colspan="17"></td><td colspan="6">蓋貼レッテル（化粧箱に蓋貼付のため）</td></tr>
<tr><td>格付</td><td colspan="20"></td><td colspan="6">特選・松・竹・梅の格付創設</td></tr>
<tr><td>検査</td><td colspan="22"></td><td colspan="4">集荷場に於て選果など随意検査</td></tr>
<tr><td>宣伝</td><td colspan="3"></td><td colspan="6">謄写版印刷組合申合要領を配布</td><td colspan="4">中入レッテルと謄写版印刷物</td><td colspan="7">ポスター頒布（1000 枚ずつ 3 回改版）</td><td colspan="3">荷造改善広告を頒布（3 千枚 1 回，4 千枚 2 回）</td><td></td><td>ポスター 1k（共同）</td><td>ポスター2k／チラシ 3k</td></tr>
<tr><td>販売業者と会見</td><td colspan="9"></td><td colspan="10">生産者と問屋との懇談（桃満開期の 4 月）</td><td colspan="7">生産者と小売商組合と会見</td></tr>
<tr><td>綱島の農産物</td><td colspan="2">主:米麦/副:養蚕酸漿蚕豆蔬菜</td><td colspan="9">主：桃，養蚕並行　副：米麦</td><td colspan="15">主：桃全盛の出現　副：米麦その他</td></tr>
<tr><td></td><td>1910</td><td>1911</td><td>1912</td><td>1913</td><td>1914</td><td>1915</td><td>1916</td><td>1917</td><td>1918</td><td>1919</td><td>1920</td><td>1921</td><td>1922</td><td>1923</td><td>1924</td><td>1925</td><td>1926</td><td>1927</td><td>1928</td><td>1929</td><td>1930</td><td>1931</td><td>1932</td><td>1933</td><td>1934</td><td>1935</td></tr>
</table>

出典：「神奈川県横浜市神奈川区南綱島町綱島果樹園芸組合ノ沿革及現状概要」，「綱島果樹園芸組合ニ関スル事項」（綱島果樹園芸組合「園芸組合事業計画其他参考綴」池谷家桃 38）など．

注：網掛けは，資料間で異なる点があるため境界が不明なもの．

八％が東京出荷であった[26]。共同出荷に伴って荷扱所を二箇所に設置し、輸送手段もバネ付き荷馬車へと変わっていった。二二年度には運送用バネ代一〇〇円、二四年度には荷馬車及バネ備付金全額償還費六〇〇円、二四・二五年度には荷馬車等の税金一二三円五〇銭が支出されており、大正末には組合として荷馬車を所有していたことがわかる[27]。二五年度の予算書では、「荷馬車七輌荷車一輌」の税金が計上されており、七輌の荷馬車を所有していた[28]。東京出荷に伴い、箱の敷き紙も古新聞から白洋紙との併用へと変わり、見栄えに気配りするようになった。また、一九年からは、問屋との懇談をモモの開花期の四月に行い、定期的に情報交換・交流をするようになった。

特に販路拡張で注目されるのは、一九二三年からポスターを作成して配布するようになったことである。ポスターは、二九年までに三回改版され、毎年一〇〇〇枚が作られた。ただ、当期の収支決算書にはポスターの制作費用が計上されておらず、費用など詳細は判然としない。

以上のように、東京へ出荷するようになると、宣伝と商品の見栄えが次第に重視されるようになった。この点は、綱島果樹園芸組合だけでなく、橘樹郡全体の果物出荷の問題として出てきており、郡聯合会主催の品評会でも重視されていた。一九二三年東京日本橋三越で開催された橘樹郡のモモの品評会では、東京への売り込みを重点に行われた[29]。この品評会は、「橘樹郡ニ於ケル優秀ナル桃果ヲ中流以上ノ東京市民ニ紹介シ、其特産地タルヲ認メシムルハ勿論、大ニ嗜好ノ喚起ヲ計カリ需要ヲ増サシメンガ為メニシテ、単ニ果実ノ優劣ヲ定メ生産者相互ノ研究ニ止ムル一般的品評会トハ趣キヲ異ニスルモノ」であり、このために審査の基準も「独リ果実其物ノ優劣ヨリモ販売政策上有利ノ位置ヲ占ムルモノニ対シ多大ノ顧慮ヲ払」ったものとなった。具体的には、箱中のモモの向きや、橘樹郡産とわかるような商標の有無なども審査の対象となっていた。また、二五年に横浜市の野沢屋で行われた橘樹郡川崎市の品評会も、従来あまり販売を行ってこなかった横浜市へ「優良ナル桃果ヲ周知セシムルタメノ一種ノ宣伝」として、産地・組合名・生産者名のわかる商標の添付の必要性を指摘している。この品評会では、綱島地区は、旭村駒岡の組合とともに

「商標ニ注意ヲ払ヒ販売政策上顧慮セル点ヲ見受タル」として評価されており、販路拡張への取り組みは郡内の先進地であった。

次に、この他の事業を見ていくと、まず、病虫害の防除については、先述した病虫害駆除予防組合においても行われていたが、果樹園芸組合でも一九一一・一二・一三年度に薬剤噴霧器代、一四〜一六年度に薬剤購入費、一四・一六・一九年度に薬剤用釜の代金が、それぞれ組合から支出されている。[30] これらの器具を使い、病虫害の共同防除が行われたものと思われる。講話・実習会についても詳しい内容はわからないが、一四年度に剪定講習会実費、二〇・二二・二四年度に講習会費が支出されている。[31] 共同購入事業は、袋掛用の紙袋、箱、消毒用の硫酸銅・除虫菊・生石灰、「日月ペーパー」(日月桃の広告)、箱の敷き紙などについて行っていた。[32]

以上のように、大正期には、横浜から東京へ出荷先を移行しつつ、販売の見栄えなども重視されるようになった。このなかで、綱島果樹園芸組合は、商標の添付など販売拡張で橘樹郡内において先んじた存在であった。

2　綱島果樹園芸組合の分裂

綱島果樹園芸組合は、大正末・昭和初期に大きな変化があった。それは、前掲表6－5にあるように、一九二六年には組合員数が三七名も減少し、二七年にも一〇名余減少していることである。これらの脱退した組合員は、それぞれ綱島果物生産組合・綱島果実組合を結成し、綱島地区に三つの組合が並存するようになった。

この組合分裂の原因をいくつかの資料から推測すると、まず、生産規模の差があげられる。二五年脱退者と組合員との反別について表6－8で見てみると、脱退者は五反以上の栽培者はなく、一〜二反・二〜三反の者が多く、二〇年代からの参入者が多い。一方、残った組合員は三〜四反以上の割合が大きくなっている。このように脱退者の作付面積は比較的小さいものが多い。[33]

この作付面積の差については、少々後の資料であるが、次のような指摘がある。一九三九年に刊行された石川武彦の著書では、(34)「綱島果樹園芸組合の組合員には専業家多く、之より分離した綱島果物生産組合員は副業家が多い。専業家は一町乃至二町の栽培面積を経営してゐるが、副業者は水田三反畑五反五畝で、畑の中の二、三反が桃園に過ぎない」と記述されており、作付面積の差は、農業経営におけるモモの位置付けの差であったとしている。

次に、地域の問題があげられる。一九三〇年の資料によると、(35)組合のそれぞれの区域は、綱島果樹園芸組合は南綱島町中村・下組の大部分・北綱島町北中村、綱島果物生産組合は北綱島町中北谷・大北谷・南綱島町別所、綱島果実組合は南綱島町下組・中村の一部となっており、地域別で組織されている。二六年の大綱村長飯田助夫の日記においても、二月二五日「果樹組合中北谷大北谷別所役員自宅訪問、組合員脱会問題ニ付相談」とあり、また、三月一四日には「消防組第一部長ハ果実組合ノ脱退員ノ事ヨリ部下統一ノ権力ナキ故辞任申出」とあり、地域の団体である消防組へも影響を与えるなど地域の問題としてあらわれている。(36)

この二点から、生産規模が比較的小さく副業的に行っているものが多かった中北谷などと、本業的に生産を進めようとしていた南綱島の中村などの生産者の意見が異なり、組合規模が拡大したこともあり、分裂したと考えられる。

これら三組合について、そのほかの点についても、一九三〇年の資料により簡単にみておこう。組合員数は、果樹園芸

表6－8　綱島果樹園芸組合員と脱退者数比較

作付面積	組合員		脱退者	
	人数	生産箱数	人数	生産箱数
5反～1町	6	27,630		
4～5反	(1)　6	20,761	2	6,261
3～4反	(5)　11	20,965	(1)　5	11,615
2～3反	(6)　15	16,855	(6)　12	15,987
1～2反	(6)　13	8,661	(8)　10	7,722
1反　＞	(3)　4	948	(9)　9	3,289
計	(21)　55	95,820	(24)　38	44,874

出典：a綱島果樹園芸組合「大正拾四年　組合費段別割生産割取立原簿」，(池谷家桃31)，b綱島果樹園芸組合「大正十五年八月廿四日　組合費反別割生産割取立原簿」，(池谷家桃33)，綱島果樹園芸組合「〔大正十年度生産高等統計表〕」(「村行政書類」，飯田家大正期10-22).

注：b資料の作付面積がある56人のうち，a資料で判明した55人について組合員として示した．数値は1925年．(　)内は，表6－5と同じ．

組合四六名、果物生産組合五七名、果実組合一三名で、分裂した二組合の方が多い。取引問屋は、果物生産組合・果実組合がほぼ同じで、分裂には問屋側の影響力もあったとも考えられる。(37) 箱単価は、果樹園芸組合が二八銭一厘と一番高く、果物生産組合は二七銭で一銭の差があり、果実組合は二三銭で五銭もの差があった。果樹園芸組合・果物生産組合の箱単価は、他の横浜市内の生産地からも抜けた存在であった。品種別の作付面積をみると、果樹園芸組合は、「橘早生」三七・四％、「伝十郎」二九・〇％、「日月桃」二八・一％、「田中早生」一一・六％、「早生水蜜」一・五％であるのに対し、果物生産組合は「田中早生」・「早生水蜜」が約一割ずつある。田中早生は欠点があるので「漸次橘早生に駆逐せらるゝ傾向あり」とされ、早生水蜜も収穫期に豪雨になることがあるので「栽培は減少しつゝあり」とされるなど、栽培が減少していた品種であった。(38) このことから、果物生産組合の方が優良品種への転換が遅れていたといえる。なお、横浜市内の綱島地区以外の組合との比較では、綱島地区の三組合では「日月桃」が二割以上つくられており、発祥の地としての特色となっている。(39)

3　昭和期の組合の活動

ここでは、分裂後の綱島果樹園芸組合の活動についてみていく。先に述べたように、果樹園芸組合の活動は、綱島地区において相対的にモモ生産に力を入れている農家の活動といえるであろう。

まず、前掲表6－5により組合員数や作付面積を見てみると、組合員数は、一九二八年には四一名、二九年四〇名と最少になり、三〇～三五年四六名、三六年五五名となり、当初より約一五名の増加となった。

作付面積は、三〇年代から次第に増加し、一人あたりの面積も、三〇年には四反を超え、三五年には五反を超えており、増加傾向にあった。前掲表6－6で面積別の組合員数をみると、一九二六年には一町歩以上が皆無であるのに対し、三六年には六名おり、五反以上も一〇名の増加、四～七反も七名が増加している。一方で、三～四反以下が減少しており、組合員個々の作付面積が増加していることがわかる。これは先に見た、果樹園芸組合には専業家が多いとの石川武彦の指摘に対応している。

しかし、生産高は、面積に比例して増加せず、増減はあるものの横ばい傾向である。反収をみると二七・八年にピークとなった後、翌年には減少し、三五年にも減少している。後に見るように、三〇年代後半には、多くの樹木が植え換え期にあったとされ、樹木の生産力が低下していたことも一因であろう。

組合員に掛かる組合費は、一九三二年までは、大正期と同様に反別割と生産割で賦課され、反別割は一反あたり三〇〜五〇銭、生産割は箱あたり三〜四厘で、両者全体の割合は生産割が七〜五倍であった。三三年からは、組合員割が新たにつくられ、一人あたり五〇銭ずつ賦課された。これに伴い、反別割は、三三〜三五年は二〇銭、三九年三〇銭へと額が下げられている(40)。三三年は、神奈川県産のモモの単価が、二九年に上昇した後の急減の底にあたり、生産割・反別割では組合の経営が維持できなくなったのであろう。

次に、組合の各事業について、前掲表6－7により見ていこう。当該期では、横浜市農会に対し補助金申請をしたときの控えが残っており、三四年までの事業内容が判明する(41)。主にこの時期における事業内容を見ていく。

まず、共同出荷・輸送について。出荷先は、昭和初期には前期と同様東京神田市場が主であり、一九三〇年頃からは江東・荏原などの市場へも出荷されるようになった。事業報告には、二七年大崎市場、二八年からは戸越市場へ出荷していた記述があり、荏原方面への出荷は昭和初期から行われていた。

この際の輸送手段は、当該期に大きく変化した。一九二六年東京横浜電鉄の綱島温泉駅が設置され、目黒蒲田電鉄と直通運転により目黒駅まで直結すると、この年から電車により目黒駅まで輸送し、目黒駅から貨物自動車で各市場へ輸送するようになった。実際の輸送は、一九二六年度では大崎駅の井沢運送店、二七・二八年度は川岸運送店綱島温泉出張所及び高輪自動車運輸と契約しており、輸送業者に委託していた(42)。この電車輸送に伴い、荷扱所も綱島温泉駅構内に移転した。当初、電車輸送は、「荷物ノ損傷ナカリシ為ニ需用者及商人ニ満足ヲ与ヘ予期以上ノ良果ヲ収メ声価ヲ高メシノミナラズ、運賃ハ多大ノ低減ヲ来タシタリ」（二六年）と評価されたが、三〇年には、荷傷みから組合員や販売方面関係者より非難の声があがり、また、発車時間が一定していて融通がきかないため、全面的に貨物自動車輸送へ変更された。鉄道輸送は、馬車輸送による損傷よりは良好であったが、目黒駅における積み替え等の際に損傷し、後述のようにより良果を求められるなかで変更に至ったと思われる。これに伴い、荷扱所は、自動車輸送に便利な県道大崎線沿いに移転され、また新たに荷扱所分場を設置した。三四年には、横浜市果物組合聯合会において共同輸送を行い、運賃の低廉に効果があったとしている。この後も、聯合会による共同輸送が続いたものと思われる。

次に、大正期にも特徴的であった宣伝活動について。一九二九年までは、大正期と同様に、毎年一〇〇〇枚のポスターの頒布を行っている。たとえば二九年では、縦二尺五寸・横一尺七寸五分の八色刷りポスターを、果物問屋七〇枚（うち東京市五〇）・小売店八三〇枚（うち東京市七〇〇）などへ配布する計画であった(43)。これらの費用には、一部農会からの補助金が使われた。横浜市農会では、「果物宣伝ポスター印刷奨励規程」をつくり奨励金を出しており、果樹園芸組合では、二九年までに毎年約四〇円の印刷奨励金を受けていた(44)。一九三〇年からは、ポスターにかえて宣伝用パンフレット三〇〇〇枚を業者に配布するようになった。パンフレットの配布は、同年から始めた格付けを広報するためであった。パンフレットは、三一年からは四〇〇〇枚に増加されたが、三三年には、東京市内の需要拡大は、宣伝ポスターやパンフレットよりも、小売商組合幹部や指定問屋との懇談会の方が格段の効果があるとの理由で廃止された。しかし、すぐにポスターは復活し、三四年には、綱島果物生産組合と共同で作成している。

このような宣伝活動については、組合の販売業績は「偏見誤解ノ第三者ハ宣伝ノ巧妙ナル結果ト断定批判スル者アル」というまでになった。もっとも、これに対し、実質の優秀がなければ、声価の維持永続はないと反論し、さまざまな品評会における成績をあげている(45)。品質については、果樹園芸組合が「旧来の陋習」である「早取りの弊」を改め、「真に生食に適した美味な果物を供給」しているとの指摘もある。[46] 後述するように、組合の品質向上への活動も活発であり反論は妥当であるが、他の組合と比較して宣伝活動が巧妙であったことも事実であろう。

次にモモの格付けについて。先述のように、三〇年から格付けをして出荷するようになった。格付けは、特選・松・竹・梅・無印の五段階で、市場では非常に好評であったという。このため、同年七月には「各方面ヨリ殆ト同様格付品ノ市場ニ現ハレ」る状況となった。[47] 三五年からは、松以上には「金票」を添付するようになった。

この格付け出荷は「組合ノ統制ノ下ニ」したとするが、品質については、当初、個々の出荷者に任されていたようである。たとえば、三〇年に組合員の出荷したモモについて、新宿高野果実店からの苦情に対する詫び状では、「新加入組合員の鑑識眼なきと組合側の不行届の結果」の不始末であったと述べており、[48] 三一年の記事では、「果実を選別して等級に分けるのは、主人の最大の任務であつて、之を正しく行ふと否とは生産者と組合との不信用を招くことになるから、この点は主人が特に自ら厳重に行ひつゝある」とされ、規定に反した品があれば「出荷者の氏名を組合に通知せしめ、組合は之を本人に警告」することになっていたが、出荷前の検査などはなく、選果箱詰は個々の責任で行っていた。[49] この後、三二年からは、荷造りなどの「不時検査」を開始し、三六年頃からは、荷扱所などにおいて、組合員と農会の技術者によって、抜き打ち検査を行うなど検査の強化をしている。[50]

この他の販売拡張事業では、大正期同様に商品の見栄えを重視することが行われた。出荷する箱については、二七年頃より贈答品向けに板を磨いた化粧箱を導入し、三〇年からは化粧箱に蓋を添付するようになる。[51] 箱に敷く紙も、白洋紙のほかパラフィン紙も使用するようになり、箱の詰めものも麦稈から木毛を使用するようになった。レッテルも、棲貼や蓋貼など容器に貼るものになった。これらは市場からの要請もあったものと思われる。[52]

この他の事業では、品質を向上させる栽培の改良については、神奈川県農事試験場「二宮園芸部ノ栽培方法ヲ模範トシテ桃ノ栽培ニアタリ剪定整枝、施肥方法、管理ナド統一セリ」（二八年度）などとあるように、県の農事試験場園芸部の関わりが大きいようである。[53] これは講話会や視察によって広められ、組合主催の講話会には試験場の技師がよく招かれており、三一年以降、組合主催の講話会が開かれなくなったあとは、聯合会の講話会への出席を勧奨している。視察でも試験場二宮園芸部に何回も訪問している。その他、ビワ産地の千葉県富浦地方へ出荷統制を視察するなど、果物の生産や出荷の先進地へ赴いている。

このほか、大正期と同様に、病虫害駆除や共同購入事業が行われ、共同購入では、モモ栽培・出荷に関わるあらゆるもの、肥料・薬剤・箱・レッテル・敷き紙類・桃袋・柵用の竹などが扱われていた。

最後に一九三五年以降について、次の二点を述べておく。

まず、三八年におきた洪水の被害について。六月末から七月初めにかけての豪雨によって、綱島地区は、「水禍桃を全滅／損害十五万円余」（『横浜貿易新報』七月四日）、「綱島の桃は全滅か」（『朝日新聞』神奈川版七月六日）との報道に見られるように大きな被害にあった。翌三九年度には、県から水害復興補助金七五七円余を受け、また苗木頒布金四一五円余を臨時徴収して、復興に向けて動き出していた。同年の作付面積は、三六年と比較すると約八割に減少し、収穫高は六七％まで減少した。しかし、この被害により全面的に綱島地区のモモ生産が壊滅したわけではなく、「同地方の桃は樹齢相当古く恰も更新期に達しつつある折柄、此の水害を動機として古木の更新、新品種の栽培等を行ひ寧ろ禍変じて福となすの途を開いたもの[54]」との評価もあり、復旧に向かいつつあった。

次に、神奈川県販売購買組合聯合会による販売統制について。一九三七年、県経済部から県販購聯の販売統制に参加するよう「強調勧誘」を受けた果樹園芸組合は、果物生産組合と共同で会議を開き承認できない旨を決議した。[55] 理由は、長い間かけて築いてきた販売機関との機構を破壊する統制には参加できないというものであった。そして販売先である東京市の荷受会社などに対し、「流行思潮たる統制網に拘束せられす自由明朗に天恵と地の利に感謝しつゝ斯業に一路万進可仕存念」と通知した。このように、組合の方針には、「綱島桃」という商標で培ってきた販売方法への自信がうかがえる。

以上、分裂後の組合の様子を見てきたが、まず、当該期には、大正期以上に販売・宣伝に力をいれていた。市場の需要に対応するために、包装の改良や格付けを行って、より見栄えがよく、品質の判断が容易な方向へ進んでいった。一方で、品質の向上についても、品種統一や栽培法の研究・普及が継続して行われ、加えて組合が検査を行うようになり、より一層の取り組みがされるようになった。これらに裏付けられた自信により、県の販売統制に対し拒否を主張したのであった。

おわりに

以上、綱島地区のモモ生産の過程と綱島果樹園芸組合の活動についてみてきた。まず、綱島地区のモモ生産の変化については、一九〇〇（明治三三）年頃から本格的に始まり、一〇年代にかけて生産者が増加し、園芸組合を組織するまでとなった。二〇年代半ばには価格高騰により生産者が増加し、作付面積の多寡による違いが地域の違いとして現れ、組合が分裂することとなった。その後は、果樹園芸組合のみしかわからないが、三〇年代に作付面積を増加させている。この時期は、農産物価格が低迷している時期で、モモの価格は他の農産物よりも相対的に良かったが、量によって補おうとしていたと思われる。三八（昭和一三）年には水害により大打撃を受け、復興過程に太平洋戦争となり、果樹は整理されることとなった。戦後は、一時復活したが、その規模は小さかった。

このような生産の変化の中で、「綱島桃」として名をなすようになったのは、綱島果樹園芸組合の活動によるものであった。このうち特徴的なのは販売促進活動で、ポスターなどの宣伝活動、化粧箱やパラフィン紙などの使用による産物の見栄えが重視されていた。これらは県や郡レベルにおいても意識されていたが、綱島果樹園芸組合は、そのなかでも、先端を行ったいくつかの組合の一つであった。しかし、宣伝活動だけで有名となったわけではなく、品質を高め維持する活動も行っていた。その一端は、問屋からの苦情を組合員へ警告、講話会・視察に現れていたが、一番大きいのは、資料に現れない村落内規制というべき、日々の横のつながりであったのであろう。そのため、品質の責任は各戸に任された時期が長く、検査が取り入れられたのはかなり後になってからであった。

このような、果樹園芸組合の宣伝重視や見栄え重視は、果物の嗜好品としての性格からといってよいと思われる。包装の統一は、野菜出荷でもいわれるようになっていたが、高級品として販売する市場がある果物においては、見栄えはより重要であり、品質に裏付けがあれば、見栄えは価格にも影響したと思われる。綱島果樹園芸組合の活動は、このような果物市場に、よく対応したものであったといえよう。

注

（1）慈亭生「禍を転じて福とした話　水害村が今は桃の生産地」（『実業之日本』第三四巻第一四号、一九三一年七月）。

（2）小川一朗「二〇世紀前期の『多摩川桃』果実組合の構成と機能―川崎市中原共盛組合の事例」（立正大学地理学教室創立六〇周年記念会『地域の探究―立正大学地理学教室創立六〇周年記念論文集』古今書院、一九八五年）。

（3）本章で引用した資料のうち、池谷光朗家文書は同家所蔵。引用した分類「桃園芸組合」資料は、すべて横浜開港資料館の写真版を使用した。番号は『横浜市資料所在目録』第一一集補遺編一（横浜開港資料館、一九八六年）による。以下、池谷家桃一のように略す。飯田助知家文書は飯田助知家所蔵・神奈川県立公文書館寄託。引用した分類「大正期の資料」の番号は、『神奈川県史資料所在目録』第二九集（県史編集室、一九七一年）による。なおその外の飯田助知家文書は同家所蔵。番号[市史]は、『横浜市史料所在目録―近現代』第二、四集（横浜市史編集室、八九、九四年）による。番号［開港95年11月］は、横浜開港資料館が一九九五年一一月に調査・整理した文書である。

（4）『日本長期統計総覧』第二巻（日本統計協会、一九八八年）六〇～六五頁。

（5）「果樹栽培要義」（神奈川県園芸会『園芸』第五巻第三号、一九二一年）、「横浜に於ける果物の取引状況」（『神奈川県農会報』第一七四号、一二三年七月）。たとえば、長野県北佐久郡三岡村では、明治三〇年代からモモ栽培が盛んになったが、東京への出荷が増加すると、問屋から果実の傷みの苦情が増え買い叩かれたため、缶詰製造を始めている（小林収編著『塩川伊一郎評伝』龍鳳書房、一九九六年）。

（6）㈳神田市場協会他『神田市場史』上巻（一九六八年）一〇三六頁、下巻（一九七〇年）一七九頁。

（7）同前上巻、一〇五七～五八頁など。

（8）富樫常治『神奈川県園芸発達史』（養賢堂、一九四三年）八九～九六頁、以下の記述は同書による。

（9）『藤沢市史』第六巻通史編（一九七七年）三七三頁。

（10）「伝十郎」は、一九〇二年橘樹郡田島村の吉沢寅之助が発表した中生種で、七月中～下旬に成熟する。「早生水蜜」は、一八九九年頃大師河原村の伊藤市兵衛が発見した中生種で、七月下～八月上旬に成熟する。「日月桃」は、後に触れるように綱島の池谷道太郎が発見した早生種で、五月下旬～七月上旬に成熟する。「橘早生」は、一九一二年頃吉沢寅之助が発見した早生種で、七月上旬に成熟する（前掲『神奈川県園芸発達史』九一～九三頁など）。

（11）『神奈川県史』通史編七（一九八二年）一三三頁の表二－一八から計算。

（12）前掲『神奈川県園芸発達史』六一頁。

（13）一四・二〇年については、川崎市史が、既に同じ資料により分析をしている（『川崎市史』通史編三近代、一九九五年、四〇〇～四〇一頁）。以下、川崎市に関する記述は同書による。

（14）二四年の単位は箱で、三〇年は貫であるので厳密な比較はできない。ここでは、モモ一個四〇匁として一箱一二個で四八〇匁＝〇・四八貫で換算した。

（15）前掲『神奈川県史』通史編七、一〇二～一〇三頁。果樹と桑は「鶴見川沿岸ノ畑ハ沖積土ニシテ果樹栽培殊ニ桃、梨、及蚕桑ノ生産地ニ適セリ」（「大正八年三月調査　神奈川県橘樹郡大綱村勢一覧」〈飯田助知家大正期八－一八〉二丁）とあるように、適している土地が同じであった。

（16）『横浜市史Ⅱ』第一巻上（一九九三年）八七〇頁。

（17）横浜市勧業課『横浜に於ける桃の生産並販売状況』（一九三〇年、以下『生産並販売状況』と略す）ほか。

（18）「明治四拾参年弐月十一日　果樹園芸組合発会」（池谷家桃一）。

（19）大正三年八月二五日「綱島果樹園芸組合規約」（「自大正三年八月至同七年月　規約」池谷家桃四）。

（20）「綱島果樹病虫害駆除予防組合規約」（池谷家桃八五）など。

(21) 大綱村「村第三七号議案　大正十五年昭和元年度追加県税戸数割賦課方法」(「昭和二年村会関係書類」飯田助知家文書[開港95年11月]三〇)。
(22) 飯田助大夫が、綱島果樹園芸組合の総会に出席した際に、配布された資料に対する感想(「埼玉産業視察　大正十三年八月号之二」飯田助知家大正期一三―四)。
(23) この面積にはナシの栽培面積も含まれるが、ナシの面積がわかる一九一八年では、三反七畝二五歩で約三%に過ぎなかった(「橘樹郡大綱村綱島組合員及反別」(「自大正三年八月至七年月　規約」池谷家桃四))。
(24) 「明治四四年二月起之　組合費精算原簿」(池谷家桃二)。
(25) 「古老を囲んで港北を語る」編集委員会『港北百話』(港北区老人クラブ連合会他、一九七六年)一一七頁。
(26) 「大正十三年綱島果樹園芸組合統計一覧」(「大正時代統計表」池谷家桃三六)、「大正拾四年組合費段別割生産割取立原簿」(池谷家桃三二)。
(27) 前掲『港北百話』では、大綱村樽町横溝運送店に依頼して輸送していたとする(一一七頁)。これは、組合で馬車を所有する以前のことであろう。
(28) 「大正十四年度綱島果樹園芸組合経費収支予算書」(「園芸組合予算決算書綴」池谷家桃一八)。
(29) 橘樹郡果物業組合聯合会「大正十三年三月　橘樹郡桃果品評会成績」(「桃果品評会関係書類」池谷家桃二五)。
(30) 前掲「明治四四年二月起之　組合費精算原簿」(池谷家桃二)。
(31) 同前、各年度「綱島果樹園芸組合決算報告書」(「園芸組合予算決算書綴」池谷家桃一八)。
(32) たとえば、「大正五年度共同購入精算書」(池谷家桃七)。
(33) これは、全体の所得格差ではない。一九二六年の県税戸数割の資料でみると、二五年の組合員・脱退者の三割が照合できないという問題はあるが、戸数割基準の所得額に差は見られない(前掲「村第三七号議案　大正十五年昭和元年度追加県税戸数割賦課方法」)。
(34) 石川武彦『経済上より観たる園芸地域変動論』(日本評論社、一九三九年)二三五頁。
(35) 前掲『生産並販売状況』(一九三〇年九月)。
(36) 「飯田助夫日記」一九二六年(飯田助知家所蔵)。飯田助夫については、本書第2章を参照。なお、前掲『生産並販売状況』では、綱島果物生産組合の設立を二七年二月一五日とするが、「飯田助夫日記」二六年八月二二日の総会の記述や、同日提出の「綱島果物生産組合創立年度歳入出決算表」等が残っており（飯田助知家文書［開港95年11月］二〇）、同組合の設立は、二六年二月と考えられる。

(37) 果物生産・果実両組合の取引問屋の一つである万彌商店は、大正末に（おそらく一九二四年）綱島果樹園芸組合の取引問屋として指定されたが、前からの取引問屋の「懇願」により一時中止となったという（二五）年四月一五日、飯田助大夫宛万彌商店書簡、「大正十四年四月号　選挙感之新年　海山記」飯田助知家大正期一四―五）。二五年にも結局取引問屋にはなれず、このような問屋からの働きかけもあったとも思われる。

(38) 綱島果樹園芸組合では、一九三〇年に、田中早生が「市場方面ヨリ近来嫌忌セラル、傾向」があるので、組合員の田中早生三町歩を橘早生に更新するため、埼玉県安行村で貼木を購入し、芽接ぎをして、苗木の配給を行っている（三一年五月「事業成績並決算報告」、注41参照）。「田中早生」の二七～二九年平均の生産箱数・金額の割合は約一五％であるので、この組合事業が、減少に大きく寄与しているといえよう（昭和二～四年度、商工大臣宛綱島果樹園芸組合「出荷団体事業成績報告」（「園芸組合事業計画其他参考綴」池谷家桃三八））。

(39) 「日月桃」は、「熟期早やきに失して七月十三、四日の盆に先たて成熟し」、七月一〇日頃から収穫される「橘早生の発見により衰退せる」と評されている（前掲『神奈川県園芸発達史』九二、九五頁）。

(40) 各年「決算報告書」（「園芸組合予算決算書綴」池谷家桃一八）、「昭和十四年度綱島果樹園芸組合経費収支清算書」（池谷家桃七七）。以下、組合経費に関する記述はこの資料による。

(41) 以下、「大正十五年以降補助申請事業報告其他書類綴」（池谷家桃三五）、「昭和二年度以降事業奨励金交附申請書同成績報告書」（池谷家桃四二）に綴られている各年の事業成績書による。なお、前者は「綱島農事改良組合」名で作成されているが、後者と重なる昭和二・三年度の報告書を見ると、一部違う点もあるがほぼ同じで、組合決算・住所・組合員数も共通しており綱島果樹園芸組合と同一のものである。農事改良組合の報告書は、「橘樹郡農会農事改良組合奨励規程」により作成されており、同規程は農事改良組合への奨励金交付を定めた規程（「大正拾五年一月　郡農会村農会関係資料」飯田助知家文書［開港95年11月］二二）であるので、奨励金の受け皿として作られたものであろう。『昭和五年四月　神奈川区勢要覧』（神奈川区役所）の「農業に関する諸組合」（二五五～二五六頁）には、綱島果物生産・綱島果実の両組合は掲載されているが綱島果樹園芸組合の名前はなく、一九二六年四月創立、代表者池谷道太郎、組合員四一名の綱島農事改良組合が掲載されている。この時期には、正式には農事改良組合とも考えられるが、果樹園芸組合名による報告書も市などへ提出されており、両名前の使い分けについては不明である。
(42) 組合と各運送業者との「契約証書」(「桃果輸送契約」池谷家桃三〇)。
(43) 一九二九年六月二九日「果物宣伝ポスター印刷奨励金申請書」(「昭和二年度以降事業奨励金交附申請書同成績報告書」池谷家桃四一)。
(44) その他の補助金についても簡単に触れておこう。まず、二七年一〇月商工省の出荷団体への補助金一五〇円を受けている(「綱島果樹園芸組合ニ関スル事項」(「園芸組合事業計画其他参考綴」池谷家桃三八))。県園芸組合聯合会からは、三三年三月に七〇円の補助を受けた。市農会からは、昭和初期には二〇〇円を超えていたが、二九年にはポスター奨励金も含めて八七円、三〇・三一年三五円、三二・三三・三九年一七~八円へと減少した。また、合併前の二五年大綱村から二〇〇円の補助があった。このように補助金は、大正末から昭和初期に集中していた。
(45) 「神奈川県横浜市神奈川区南綱島町果樹園芸組合ノ沿革及現状概要」(「園芸組合事業計画其他参考綴」池谷家桃三八)。
(46) 「桃栽培者に一考を促す」(『神奈川之園芸』第二七号、一九三六年九月)。
(47) 注45と同じ。
(48) 一九三〇年七月一一日、高野果実店宛書簡(「園芸組合事業計画其他参考綴」池谷家三八)。
(49) 前掲、慈亭生「禍を転じて福とした話　水害村が今は桃の生産地」。
(50) 「綱島果樹園芸組合ニ関スル事項」(「園芸組合事業計画其他参考綴」池谷家三八)など。
(51) 出荷には、通常一二個ほどが一段に入る箱を用い、それを五箱重ねて最上部に蓋をして、縄で緊縛して一梱とした。添付した化粧蓋は特選三枚、松二枚、竹・梅一枚であった(前掲『生産並販売状況』)。
(52) たとえば箱については、西村果実店主西村長市が、二八年の果物の中元贈答について述べたなかで、中元期は橘早生の最盛期にあたり籠盛に使用したいが小事が多いので、本年は減少したと述べ、今後は箱詰の需要は伸びるが、籠盛用としては困難であると述べている(「中元贈答より観たる果物」(『日本青果時報』第一七号、一九二八年八月))。
(53) 石川武彦も「綱島の桃栽培は県農事試験場の指導よろしきを得たことも隆昌の一因として数ふべきである」とする(前掲『経済上より観たる園芸地域変動論』二一八頁)。
(54) 横浜市産業部『昭和十四年度　横浜市農政概要』(一九四〇年、復刻版『横浜市史Ⅱ』資料編二別冊)二一頁。
(55) 六月二七日、中央青果卸株式会社他宛「綱島産桃果之県販購聯統制に対する決議ニ就て謹告」(池谷家桃六七)。

第7章　恐慌期都市近郊の農村問題
――横浜・川崎周辺を中心に――

八田恵子

はじめに

昭和恐慌期の都市近郊農村の姿はいかなるものであったのか。恐慌期の農業、農村問題はファシズムへの移行との関連で、最も恐慌の打撃の大きかった養蚕地帯及び東北を中心に分析がなされてきた。都市近郊農村は農村が破綻を来たす「養蚕型」や「東北型」地域に比し、恐慌の影響が軽微であり、早期に回復するとされ、分析の埒外に置かれた感すらある。これは大正期に小作争議が高揚した大都市近接地域として措定された近畿をはじめとする西日本で、恐慌期に争議数が少ないことに由来しよう。暉峻衆三『日本農業問題の展開　下』[1]は、近畿を中心とする西日本の農村では、地主が小作料への生活依存度を弱めていたこと、「協調体制」のもと争議発生を防止する機構が整えられていたこと、蔬菜、果樹、畜産などの農民的小商品生産がより発展していたこと、そしてこれらが米、繭などよりも価格低下が軽微であったこと、恐慌期においても賃労働、自営兼業の機会に恵まれていたこと、軍事費急増による景気回復の影響をいち早く受けたこと等を挙げ、これらにより争議が抑制されたとしている。

本章ではなぜ小作争議が少ないかなのではなく、第一次世界大戦後、著しく発展を見せた都市の影響を最も間近に受けた近郊農村に恐慌期、いかなる問題が存在したのかを都市との関連で明らかにしたい。具体的には横浜、川崎の両都市に隣接する橘樹郡（合併により当該期には横浜市、川崎市域となっている旧橘樹郡域を含む）とその周辺に位置する都筑郡、高座郡を中心に、恐慌勃発の一九三〇（昭和五）年から農村が不況を脱し、好況に入る直前の三六年までを時系列で追っていく。

その際に都市近郊農村分析の指標として都市型労働力市場、都市型地価圏、都市向農業の展開を援用する。田崎宣義「都市化と小作争議―都市発展説序説」(2)は、これらを用い、一九二〇年代の大小作争議の発生と終息（もしくは抑止）を都市発展との関係で説明した。ここで小作争議発生の原動力となるのは都市型労働力市場の拡大である。都市型労働力市場の拡大により、農業労働力が都市へと流出するが、ここでは都市雑業労賃と農業の採算性の間に格差感が拡大していることが前提となっている。労働力流出の中心となったのは小作層である。彼らは都市での就労のため、さかんに小作地を地主に返還した。これにより、地主、小作間の力関係は接近、または逆転し、村内の階層秩序に動揺が走る。このような状況下で、多少なりとも土地を所有し、小作農ほど容易に都市型労働力市場に関与できない自小作層は相対的不償還を募らせ、小作料減額争議の担い手となっていく。この際の彼らの戦術は小作地の共同返還である。返還面積が大きいほど有効であった。こうした特長を持った小作争議が終息する条件としては以下の三点が挙げられている。まず第一に都市型労働力市場の停滞、縮小により相対的不償還が減退すること、第二としては都市向農業の発展により、相対的不償還を感じさせない高収益を実現すること、三点目として都市型地価圏が拡大し、農地転用のための地主による土地取上げが起こることである。

本章では恐慌期にこれらの指標がいかなる関連性を持ってこの期特有の問題を表出するのか見ていくことになる。

最後に前史として一九二〇年代の横浜近郊の農村の状況を確認しておきたい(3)。一九二〇年代前半から半ばにかけて大阪など西日本の都市近郊農村では小作料減額争議が高揚するが、神奈川県は小作争議数は少なく、その点において農村は表面上穏やかに見えた。しかし内実は小作地返還、農民の離農がひどく、県当局、県農会は対応を迫られていたのである。雑業層を多用する横浜の産業構造や震災復興工事により都市型労働市場が農村労働力を強力かつ長期にわたり吸収し、その結果、周辺農村では小作農の離作による小作地返還が広範に出現した。地主の多数を占める小規模な耕作地主は年雇、日雇等の農業労働力の確保もままならない状態で、小作地を返還され、対処しきれず、「不得已小作料ハ何程ニテモ宜シキ故、小作シ〔ママ〕呉レト無理ニ頼ミ、小作米ハ小作人ノ持チ来ル儘ニテ、地主ハ如何トモナシ能ハサル状況(4)」と小作地返還の前に無力を呈した。こうした状況のもと村内での地主と小作人の力関係は著しく接近、または逆転していたのである。

第一節　恐慌の勃発

1　農産物価格暴落の打撃

一九二〇年代後半すでに低落傾向を示していた農産物価格は一九三〇（昭和五）年の昭和恐慌の勃発とともに暴落した。神奈川県においても表7-1に示すごとくである。諸農産物価格下落のうちでも繭価の暴落が養蚕経営を著しく破綻させたのに比し、蔬菜の下落は繭ほど激しく、長期的ではなかったため、蔬菜地帯の農業経営の破綻は軽微であったといわれている。それが蔬菜栽培の発達した都市近郊農村での恐慌の打撃が軽微であった理由の一つとされているのだが、本節では、恐慌勃発が都市近郊農村に与えた衝撃とそれによる農村内の変化を見ていく。まずは恐慌勃

表 7－1　農産物価格指数（1926～1929 年平均を 100 とする）

年	1930	1931	1932	1933	1934	1935	1936	1937
水稲	57	56	70	71	93	95	94	106
小麦	74	54	58	85	80	77	108	123
大麦	78	64	48	65	85	82	102	125
甘藷	60	19	57	54	71	63	63	63
キュウリ	46	58	52	54	51	60	65	74
ナス	54	48	47	53	49	57	52	69
ネギ	67	48	44	60	54	59	64	80
ダイコン	51	62	55	114	67	63	78	96
サトイモ	70	54	53	75	63	66	64	73
スイカ	76	60	41	24	37	41	51	62
キャベツ	45	39	78	62	61	111	104	107
落花生	58	65	70	58	77	92	92	108
葉煙草	70	61	56	61	64	57	76	84
梨	85	80	64	68	65	69	88	89
桃	64	55	49	41	37	48	46	42
蜜柑	116	65	60	74	71	59	112	75
蕪	43	42	50	78	35	64	71	75

出典：『神奈川県統計書』各年次より作成.

発年である一九三〇年の蔬菜を取りまく状況を年間平均の価格だけではなく、季節ごとの作況、市況から明らかにしたい。

蕪、水稲の激しい落ち込みに劣らず、キュウリ、ナスといった夏野菜、ダイコン、ネギなどの冬野菜、橘樹郡でさかんな桃の価格も低落した。三〇年に入る間もなく、ネギは「目下盛ニ出荷中ニシテ平年ノ作柄ナルモ市価低ク経済上相当ノ影響アル見込」と中郡での苦境が語られている[5]。三浦地方に多く産する結球ハクサイも近年稀に見る不作に加え、「市価低下シ為ニ経済的打撃相当大ナル見込」と伝えられた。農家は次期の値上がりを期待せず、全県下を通じ、ハクサイやダイコンの肥培、管理を怠り、年末の作柄の不良が予想された。皮肉にもダイコンは「天候順調ナルヲ以テ生育良好ニシテ目下ノ作柄ニテハ平年ニ劣ラザル見込」と持ち直したが、「市価低下セル打撃大ナリ」との結果に終わった。

キュウリも生育良好で、相当の生産量を上げるが、六月下旬以降、市価低落がはなはだしく、京浜市場へ出荷するも箱代、運賃を差し引くと手取り無し、または追金が必要な状況に陥り、出荷中止に追い込まれた。ナスも同様で、中郡の平塚地方の生産地では結果中にもかかわらず、甘藷を植え付けるなど栽培作物を転換する農家が続出した。しかし転作した甘藷も収穫の秋には作柄は平年作であったが、「市価下落ノ為経済的影響大ナリ」と見込が外れた。

こうして三〇年は麦を除き、豊作であったにもかかわらず、蔬菜一般が暴落し、蔬菜生産農家は出荷中止、生育中の転作などに追い込まれた。しかも年間を通しての暴落であり、季節による栽培サイクルで損益を平均化することもできなかった。さらに麦の不作と価格下落が重なったことは畑作地帯である神奈川県の農家にとっては打撃が大きい。第一次世界大戦後、都市の膨張とともに園芸作物生産の急激なる進歩をみせていた神奈川県の農家にとって蔬菜価格の暴落として襲ってきた恐慌の衝撃は大きなものであった。ただしすべての蔬菜が一様に下落したのではないことを見逃してはならない。たとえば落花生は「引続キ生育頗ル良好ニシテ目下ノ所近年稀ニ見ル作柄ナリ、殊ニ県ノ指導ニ係ル高座北部ノ促成栽培ハ其成績頗ル良好ニシテ本月下旬ニハ既ニ収穫ヲナシ京浜市場へ出荷セリ、将来有望ノ見込」であり、一寸蚕豆も六月の初めには全部出荷を終え、ナスなどの暴落を尻目に「前年ニ比シ収量多ク且ツ他府県ニ比シ出荷早キ為メ市場相場最モ高キ時ニ販売セルヲ以テ相当収益ヲ見タリ」との状況であった。促成栽培の他、温室栽培の切花も恐慌に関係なく、花生産農家に高収入をもたらした(6)。また前記のごとくナスの暴落に際して即座に他の作物に転換することも可能であり、農家自身がそうした市況に容易に対応する能力も備えていた。

園芸作物価格は三〇年代半ば過ぎまで低迷するが、蔬菜生産農家は生産物の組み合わせ、出荷時期の工夫などにより、農産物価格の低迷から脱却する可能性を有していたのである。

表7-2　郡市別小作争議件数

年	1930	1931	1932	1933	1934	1935	1936	合計
横浜市	0	0	0	2	5	0	0	7
横須賀市	0	0	0	0	0	0	0	0
川崎市	0	0	0	0	6	2	7	15
平塚市	—	—	0	0	0	0	0	0
久良岐郡	2	0	0	0	0	0	0	2
橘樹郡	4	6	4	3	17	20	4	58
都筑郡	2	0	1	4	4	5	7	23
三浦郡	0	1	0	0	0	0	0	1
鎌倉郡	0	4	0	1	1	0	1	7
高座郡	7	5	2	6	11	5	2	38
中郡	2	4	2	1	17	4	1	31
足柄上郡	0	0	0	0	0	1	0	1
足柄下郡	0	0	1	0	1	3	0	5
愛甲郡	5	4	1	1	24	0	0	35
津久井郡	3	0	1	1	0	3	0	8
合計	25	24	12	19	86	43	22	231

出典：『神奈川県統計書』各年次より作成.

2　恐慌勃発時の小作争議の特徴

恐慌勃発の一九三〇（昭和五）年において神奈川県の小作争議件数はわずか二五件である（表7-2）。全国的に見ても少ない。この年は前年に比しても少なく、その原因を「昭和六年十月最近ノ小作争議及小作調停ノ状況(7)」は「是同年ニ於ケル水稲ガ稀有ノ豊作ナリシ為田ニ関スル争議極メテ少カリシニ依ル」とするが、続けて「畑ニ関スル争議ノミヲ比較スルトキハ従来殆ンド其ノ例ヲ見ザル多数ニ上レルモノナリ」と畑関係の争議の激増を述べている。表7-3の関係土地面積からもこの年の争議が畑地中心であることが分かる。件数は少なく、畑地中心であるが、一件あたりの面積と関係人員は大きい。件数は限定されながらも争議が勃発したところでは大規模な争議となっているといえよう。

争議発生地は表7-2、表7-4より、養蚕のさかんな高座、愛甲、津久井の各郡と川崎市に隣接し、蔬菜、果樹栽培の展開する橘樹郡であることが分かる。さらに「昭和六年十月最近ノ小作争議及小作調停ノ状況(8)」によると「従来全ク争議ナカリシ蔬菜栽培地帯タル久良岐郡内ニモ遂ニ其ノ発生ヲ見、尚本年ニ入リテハ同ジク蔬菜生産地タル三浦郡内ニモ勃発スルニ至リタリ」とあり、養蚕に並び、これまで争議のまったく見られなかった蔬菜地帯で発生して

表7－3　小作争議人員，面積

	1930年	1932年	1934年	1936年
a：件数（件）	25	12	86	22
b：地主数（人）	525	89	937	89
c：小作数（人）	2,771	422	4,421	191
d：田畑数（町）	13.6	77.4	1,888.5	4.3
e：畑面積（町）	1,339.2	306.4	655.8	61.5
f：d＋e（町）	1,352.8	383.8	2,544.3	65.8
f/a（町）	54.1	32.0	29.6	3.0
b/a（人）	21.0	7.4	10.9	4.1
c/a（人）	110.8	35.2	51.4	8.7
f/b（町）	2.6	4.3	2.7	0.7
f/c（町）	0.5	0.9	0.6	0.3

出典：『神奈川県統計』各年より作成.

いる。

従来の争議の多くが稲作の減収を理由とするものであったが、恐慌後の争議はその趣を異にする。前掲「昭和六年十月最近ノ小作争議及小作調停ノ状況」では「昭和五年以来本年ニ入リ発生セル争議ハ大部分繭、其ノ他畑作物、特ニ蔬菜類ノ価格暴落ノ結果小作農家ノ窮乏其ノ極ニ達シタルニ因ルモノニシテ、其ノ他地主ノ土地返還請求ニ因ルモノ僅カニ二件トス[9]」と争議の原因が不作でもなく、地主による土地取上げでもなく、まさに恐慌による農産物価格の暴落による農家収入の減収とし、特に蔬菜の価格暴落が農家に与えた影響の大きさを強調している。

そのため小作人の要求も一時的小作料の減額であった。しかも減額率は「従来小作料減額ノ要求ハ殆ント不作凶作時ニ限ラレ、然モ其ノ減額要求率ハ比較的低率ナルモノナリシカ、一般小作農家ノ生活窮乏ノ結果、本年ハ却ッテ収入減少ヲ名トスルモノ大部分ヲ占ムルニ至リタルノミナラス、其ノ要求率ハ普通五割、多キハ六割余ニ上レルモノ出スニ至レリ[10]」と非常に高額であった。しかし争議のほとんどは年内に二割五分内外の減額率で決着し、次年に持ち越したものはわずかであった。争議自体は大きく紛糾することなく終わったといえよう。

ところがこれで小作料が速やかに納入されたわけではない。「小作農家中ニハ小作料ニ充ツヘキ金穀ヲ自己又ハ家族ノ医療費其ノ他突然ノ出

表 7－4　小作争議原因

	関係面積		争議原因								
橘樹郡	田（町）	畑（町）	病害・風水・旱害による減収	小作料高　率	天候不良による減収	農産物価格の下落によるもの	小作地引上げ要求	小作料値上げ	小作料滞納	その他	計
1930 年	11.6	18.6				2				2	4
1931 年	134.1	360.0	3			2	1				6
1932 年	0	1.8					4				4
1933 年	0	0.4					1		2		3
1934 年	134.4	14.5	1		5		9		2		17
1935 年	11.0	21.9		1	10	1	6		1	1	20
1936 年	0.3	1.6					3		1		4
計	291.4	418.8	4	1	15	5	24	0	6	3	58
高座郡											
1930 年	0	450.0				7					7
1931 年	102.5	156.3	2	1		2					5
1932 年	44.6	232.7				2					2
1933 年	16.9	100.9		1			1	1	2	1	6
1934 年	132.0	509.6			8		3				11
1935 年	80.1	36.5			2		2	1			5
1936 年	0	2.0					1			1	2
計	376.1	1,488.0	2	2	10	11	7	2	2	2	38
愛甲郡											
1930 年	0	579.0				5					5
1931 年	170.0	200.0	2			2					4
1932 年	29.8	0									*1
1933 年	0	0.2							1		1
1934 年	762.9	170.0			24						24
1935 年	0	0									0
1936 年	0	0									0
計	962.7	949.2	2	0	24	7	0	0	1	0	35
中郡											
1930 年	0	116.6	2								2
1931 年	137.9	102.8	1			1		2			4
1932 年	3.0	28.8			1			1			2
1933 年	0	36.6	1								1
1934 年	667.2	77.0			17						17
1935 年	3.5	50.3	2				2				4
1936 年	0	50.0		1							1
計	811.6	462.1	6	1	18	1	2	3	0	0	31
都筑郡											
1930 年	0	61.0				2					2
1931 年	0	0									0
1932 年	0	0.7							1		1
1933 年	0	1.3					3		1		4
1934 年	50.1	0.9					3		1		4
1935 年	63.1	0			4		1				5
1936 年	1.3	0.1		1			5		1		7
計	114.5	64.0	0	1	4	2	12	0	4	0	23

川崎市	田(町)	田(町)	病害・風水・旱害による減収	小作料高率	天候不良による減収	農産物価格の下落によるもの	小作地引上げ要求	小作料値上げ	小作料滞納	その他	計
1930年	0	0									0
1931年	0	0									0
1932年	0	0									0
1933年	0	0									0
1934年	80.8	5.1			5		1				6
1935年	18.1	1.0					2				2
1936年	2.7	6.5					6			1	7
計	101.6	12.6	0	0	5	0	9	0	0	1	15
津久井郡											
1930年	20.0	75.0				3					3
1931年	0	0									0
1932年	0	3.0									*1
1933年	0	0.2							1		1
1934年	0	0									0
1935年	*	*							3		3
1936年	0	0									0
計	*	*	0	0	0	3	0	0	4	0	8
横浜市											
1930年	0	0									0
1931年	0	0									0
1932年	0	0									0
1933年	0	2.3					2				2
1934年	39.0	5.1			3		2				5
1935年	0	0									0
1936年	0	0									0
計	39.0	7.4	0	0	3	0	4	0	0	0	7
鎌倉郡											
1930年	0	0									0
1931年	22.0	90.2				4					4
1932年	0	0									0
1933年	0	40.0			1						1
1934年	0	0.6					1				1
1935年	0	0									0
1936年	0	1.3					1				1
計	22.0	132.1	0	0	1	4	2	0	0	0	7

出典：『神奈川県統計書』各年次より作成.
注：＊32年愛甲郡，津久井郡は理由不明．35年津久井郡は面積不明.

費ニ転用シ、又ハ一般生計費若クハ肥料代支払ニ使用セサルヘカラサル状態ナルモノ少カラサル関係上、争議解決シ小作料決定スルモ尚小作料滞納ヲ為スノ余儀ナキモノ著シク増加スルニ至レリ(11)」との状況であり、小作料滞納の蔓延が予兆された。

3　地主小作関係の変化

恐慌の勃発は農民を困窮化させ、小作争議を誘発するだけではなく、地主小作関係に一九二〇年代とは異なる様相を与えた。まずは小作地の需給関係である。

本県ニ於ケル耕地ハ過クル経済好況時代以降、道路、鉄道、工場、学校其ノ他住宅ノ敷地トシテ利用変換セラレタルモノ極メテ多キカ為メ、最近著シク其ノ面積ヲ縮少セラレ、昭和四年九月一日農業調査ノ成績ニ依レハ、耕地総面積僅ニ二七万〇四百〇八町歩ニ過キサルニ至リタル状態ニシテ、此ノ大勢ハ自然小作地面積ノ減少ヲ来セルカ、尚一面小作農家、本年ノ不況ニ当面シ其ノ生計維持ノ必要上、一般ニ小作地反別ノ拡張ヲ希望スルニ至リタルノミナラス、農村所在ノ小商工業者ニシテ新ニ小作農ヲ兼ネントスル者続出セルカ為メ、小作地特ニ畑地ノ需要ハ頓ニ増加シ来リ、地主ハ小作地入附ニ関シ有利ナル地位ヲ獲スルニ至レリ(12)

ここには都市近郊農村独自の状況が現れている。第一次大戦後の都市化の進展は農地の改廃を促し、それにともない、小作地も減少し続けた。その中で恐慌が勃発したのである。好況時、小作地を放棄して都市で就労していた小作農も恐慌により、就労の場を失い、小作地に頼らざるをえなくなった。小作地の面積拡張を望むが、小作地を欲したのは小作農ばかりではなく、在村の雑貨商や精米所等、小商工業者も同様であり、狭小な小作地を小商工業者とも争う形となった。いきおい小作地の需要が高まり、その結果、小作入附に関して地主の立場が著しく有利となったのである。第一次大戦後の好況期以降、小作農による小作地返還に苦慮した地主の姿とは対照的である。労力面に関しても以下の変化が生まれた。

大正十二年関東大震災後、各種ノ復旧復興工事等ノ為メ農業労力ノ都市及町村土木工事等ニ吸収セラレタルコト極メテ著シク、為メニ農業労力ノ欠乏ヲ来タシ石油発動機、モートル及動力用作業機ノ利用ニ依リ之レヲ補フノ方法ヲ講ジタリシガ、近年震災関係諸工事等殆ンド一段落ヲ遂グルニ至リ、其レ等一時的労働者ノ農業復帰ト最近ニ於ケル都市失業者ノ帰村等ノ為メ、目下農業労力ハ殆ンド不足ヲ告グルコトナキノミナラズ、一部地方ニアリテハ却ツテ其ノ過剰労力ノ処理ニ苦シミツ、アル状況ヲ呈シ、為メニ其ノ労賃ノ如キ著シク下落スルノ止ムナキニ至レリ(13)

小作人の農業復帰、都市労働者の帰村により、農業労働力は過剰となり、農業労賃が著しく下落しているのである。これは概して耕作面積の狭い小作農の余剰労働力の消化を妨げ、その収入の減少をもたらすと同時に地主の自作化、耕作地主の耕作面積拡張に有利に作用したはずである。一九二〇年代に見られた農村労働力の都市への流出による耕作地主の労働力確保の困難性とは対照をなす事態が出現した。

これらの状況は一九二〇年代に小作農からの小作地の返還で農村内でその立場を弱体化させていた地主の地位を一気に強化することになる。その一方で、「異常ナル経済的困難ニ逢着シタル結果（中略）小作人ノ階級意識ハ益々濃厚トナリ事毎ニ自己階級中心ノ思想ヲ以テ之ニ向ヒ」地主小作両者間の「感情ノ疎隔ヲ激化」させた(14)。

4　宅地化の進展

都市近郊であるがため、広範に展開していた都市での就労、その他農外収入を失った小作農は全面的に小作地に頼らねばならない状況に陥り、小作地需要は急激に高まった。しかし実際は小作地面積の拡大どころか、小作地喪失の危機が迫った。

地主ハ収入増加ノ目的ヲ以テ土地利用方法ヲ変更（主トシテ宅地化）センカ為メ、又将来小作法ノ制定実施セラル、暁ニ於テ小作地引上ケノ困難ナルヘキヲ見越シ、凡有ル機会ニ於テ速急土地引上ケヲ決行セントスル傾向ヲ増加セルニ対シ、小作人ハ耕作地ノ減少ハ生計困難ヲ招来スル根源ナルヲ慮リ、極力小作地ヲ返還セサランコトニ努ムル傾向著シク増加スルニ至レリ(15)

地主は所有地を小作地より利回りの良い宅地へ転換することを望んだ。恐慌による米価下落、小作料の減額要求に遭遇し、一層この傾向を強めたはずである。しかもおりしも小作法案が、翌一九三一（昭和六）年に衆議院に上程されようとしており(16)、小作法成立の暁には小作権が一定程度強化され、小作地の取上げが困難になることを予測して、駆け込みで土地取上げを画策したのである。

地主が当該期に収入増加の手段として宅地化を推進しようとする背景には震災後の郊外電車を中心とした交通網整備と沿線の住宅地化、そして震災復興に連続して行われる区画整理に対する行政の奨励、援助があった(17)。『横浜貿易新報』（三〇年四月二一日）には「県下新住宅地十佳選投票」が掲載されている。一位が三〇九五票で横浜線橋本駅付近、二位が都筑郡川和、三位が東横沿線の（神奈川）白幡丘、以下、湘南電鉄沿線大久保町、東海道線戸塚、南武線登戸、東横線妙蓮寺前、東海道線保土ヶ谷、横浜線中山、小田急線鶴巻丘、東横線菊名、東横線新丸子、南部線上平間、湘南電鉄線富岡、東横線綱島と続く。これら新興の住宅地の多くは震災後の交通網の整備とともに生まれた。

一九二八（昭和三）年に横浜駅が整備されるが、これに前後した時期に東京、川崎、横浜を結ぶ私鉄及び横浜、川崎とそれぞれの後背地を結ぶ電車が整備された。京浜電鉄は早くも一九〇五（明治三八）年には品川八ツ山橋－神奈川間、二五（大正一四）年に八ツ山橋－高輪間が開通していたが、三〇年に神奈川－横浜間が開通し、横浜と都心が直結した。横浜と三浦半島を結ぶ湘南電鉄は三〇年に黄金町－浦賀、金沢八景－逗子が開通し、翌三一年に日ノ出町

表7－5　組合施行区画整理

地区名	面積(ha)	認可または事業計画決定年月日	換地処分公告年月日	現在の行政区	旧橘樹郡
六角橋	5.0	1929/3/15	1931/6/16	神奈川区	○
地頭山	6.4	1930/6/6	1932/6/17	港北区	○
大口	8.1	1930/9/5	1932/8/12	神奈川区	○
真福寺	5.1	1930/9/16	1933/10/10	中区	
岸	1.7	1933/12/19	1935/10/8	鶴見区	○
宮面	18.0	1934/3/2	1937/4/12	神奈川区	○
港西	16.5	1930/11/4	1938/8/30	南区	
丸山町	6.0	1935/3/19	1938/12/9	磯子区	
生麦池上	5.0	1934/5/22	1939/12/8	鶴見区	○
谷津	2.6	1939/5/23	1943/4/2	金沢区	
生麦貝助	0.8	1942/5/22	1943/5/4	鶴見区	○
岩間ヶ原	28.3	1937/12/28	1944/2/22	保土ヶ谷区	○
宮台	44.3	1935/3/29	1952/6/10	鶴見区	○
打越	10.0	1934/1/19	1954/3/16	神奈川区	○
神ノ木	9.2	1935/7/16	1955/3/31	神奈川区	○
昭和	45.4	1932/3/4	1955/8/26	南区	
永田	12.2	1932/1/15	1956/10/9	南区	
宮ヶ谷丘	4.5	1956/10/5	1958/2/21	西区	○
西寺尾	17.8	1935/10/15	1958/8/19	神奈川区	○
大倉山	33.4	1940/4/30	1960/3/18	港北区	○
二本木	31.2	1939/7/11	1960/3/25	鶴見区	○

出典：『横浜市市街地開発事業施行地区位置図』より作成.

で京浜電鉄と接続、三三年には両電鉄の間でゲージが統一され、品川－浦賀間の直通運転が実現した。湘南電鉄より内陸を走る東京横浜電鉄は二六年に多摩川園前－神奈川、二七年には多摩川園前－渋谷が開通し、二八年に神奈川－横浜、三二年に横浜－桜木町間が開通した。さらに三三年には神中鉄道が横浜駅に乗り入れた。国鉄では三〇年に横須賀線、三二年には桜木町－原町田間の横浜線が電化された。川崎起点の南武線は二七年に川崎－登戸間が開通し、同年玉川電気鉄道が溝口まで延長されている。この年は小田原急行鉄道も開通している。

特に川崎－横浜間、川崎の郊外部を占める旧橘樹郡範囲には多くの鉄道が乗り入れ、それに付随する宅地の整備も進んだ。表7－5は横浜市内の組合施行による区画整理事業であるが、その多くが恐慌期に認可され、旧橘樹郡範囲に集中している。川崎郊外の橘樹郡でも東横線の敷設で住宅地化が進行した。中原町上丸子では東京横浜電鉄の新丸子停留所が設置されて以来、非常なる発展を遂げ、住宅増加が著しかった。農業用用水路がこれら住宅の排水路として使用され、放置すると水利組織にますます悪影響をきたすとして、五三・六町歩の耕地整理が二七年一〇月に申請され、翌年四月に認可がおりた。これは耕地整理に名を借りた区画整理であった[18]。

同じく川崎郊外の高津町では三〇年に耕地整理にともなう土地取上げで換地提供、作離料授受でもめている[19]。高津町のように宅地化のための土地取上げが争議として発現することは三〇年段階では少なかったが、区画整理、耕地整理の実施にともなう土地取上げは小作料減額争議の陰で着実に進展していたのである。

第二節　不況の深化

1　不況深化の状況

一九三一（昭和六）年以降も農産物価格は低迷した。米は三四年から回復基調を見せるが、繭は逆に三四年にさらなる安値をつけ、回復の兆しは翌年以降にずれ込んだ。本節では不況の深化する三一年から三四年までの農村の状況、小作争議、地主小作関係の変化を見ていく。

不況の深化とともに小作農の「農外収入ノ途」は「殆ンド絶無[20]」から「杜絶[21]」、畑小作地の需要は「頓ニ激増[22]」となった。農産物価格の低迷、農外収入の杜絶という二重の減収のために小作農の困窮度は増していくが、当初はそれが直接、小作争議の増加には結びついていない。「目下農産物価格惨落ノ折柄、小作料ノ或程度ノ減額ノ如キハ漸次農村ニ於ケル社会通念化スルニ至リ、敢テ争議ノ手段ニ依ラズ、平和裡ニ相当ノ減額協定ヲ為シツ、アル地方決シテ少カラサル状態」[23]といまだ農村内には多少の余裕が感じられた。

しかし農村の景気が復調しなければ小作農の収入は改善されるべくもなく「小作農家中ニハ家族ノ医療費其ノ他突発的出費又ハ日常生計費ニ追ハレ、若クハ肥料代ノ決済ニ迫ラル、等ノ為」[24]に小作料の滞納を余儀なくされる者が増加した。その一方で「農村不況時ニ方リ相当ニ小作料ノ減額アルベキハ当然ナルニ、関係地主ニ其ノ事ナキニ反感ヲ抱キ年々小作料ノ滞納ヲ続ケ」[25]る小作農も出て、極度に生計困難に陥る地主が増加した。小規模な耕作地主が多数を占める神奈川県において、地主は農産物価格下落、低迷の影響を小作同様に受け、その後、小作料滞納に悩まされることになった。

三四年になると「小作料ノ支払ニ窮スル者頗ル多ク、殊ニ畑地ノ金納小作料ニ於テ滞納ノ増加著シキモノアル状態ナリ」[26]と小作料の滞納が急増した。地主も「深刻ナル農村不況ノ為ニ往時ノ如キ温情ヲ以テ小作人ニ臨ムコト能ハザルニ至リタルモノノ如ク、滞納小作料ノ整理其ノ他ノ権利ノ実行ニ関シ殆ンド小作人ノ窮状ヲ斟酌スルコト能ハズ」[27]と急激に余裕を失い、「法律ノ許容スル範囲ナルヲ口実トシ無遠慮ニ権利ノ行使ニ出ズル者益々増加スルニ至レリ」と急進化した。[28]不況の継続はこうして小作、地主両者の困窮を深めていくのであった。

2　小作争議の様相

一九三四（昭和九）年は東北をはじめ全国的凶作の年であり、神奈川県でも旱魃、日照不足、暴風と天候に翻弄され、愛甲郡、中郡を中心に水稲被害が甚大であった。被害軽微なところ以外は小作争議が発生し、小作争議数が激増している（表７－２）。

争議原因は三四年こそ不作による小作料の一時減額要求が多いが、この期の全体の基調としては「農村不況ノ継続ト共ニ争議モ益々深刻化シ、小作料額ノ問題ヨリ農業経営ノ根底タル土地問題ニ移行[29]」した。三四年争議の一時的小作料減額の要求率も「其ノ被害程度ト関連セルコト勿論ナルモ、小作農家生計困難ノ度ヲ加フルト共ニ漸次増大ノ傾向ヲ示シ、四割乃至五割減額ヲ主張セルモノ少ナカラズ[30]」という状態であり、不況を反映した高額の要求になっている。小作争議一件あたりの面積、人員も三〇年に比べ激減し（表7－3）、耕作権＝土地返還をめぐる個別的な小規模な争議という恐慌期の争議の一般的特徴が現れているといえよう。

土地取上げは前述のごとくすでに三〇年からその傾向は現れていたが、不況の深化とともに内容の変化をともないながら表面化した。「地主ガ収入増加ヲ図ル目的ヲ以テ土地利用方法ヲ変更（主トシテ宅地化）センガ為メ、小作地ヲ引上ゲントスル傾向ハ従来ヨリ見タル所ナルモ、最近ニ至リ地主ノ自作地拡張ノ為メ、小作地返還ヲ要求スルモノ続出（略）[31]」とこれまでの宅地化に加え、地主の自作化による土地取上げの急増が指摘されている。宅地化と自作化、これら両者を目的とした土地取上げがこの期の小作争議の主因をなしていたことになる。

不況深化のこの間、小作争議の多くは橘樹郡、高座郡で発生した。橘樹郡（旧郡域を含む）では溝口周辺の高津町での土地取上げが目立つ。その多くが桃木の賠償、作離料取得をめぐっての争いである。高津町は戦時期に急速に工業化するが、当該期にあっては工場の新設は見られず[32]、土地取上げは宅地化に絡むものと想定される。

たとえば三四年一一月八日の小作官の日記によれば、高津町溝口の地主が面会を求め、「土地引上（小作料二・六〇〇ニテハ困ル故、宅地ニセンタメ土盛シテ）ゲントスルニ小作人桃ヲ植付初《ママ》ツ、アリ、調停タノム[33]」と申し出てきた。翌日、小作官が小作人を訪ね、事情を聞くと小作人は「土地払底故少シデモ取上ゲラレマイトシテ、損シテ迄モ木ヲ植ヘテルモノトノコト[34]」であった。地主が小作地を利回りの良い宅地に転換しようとするのに対し、小作地払底のおり、何としても取上げられまいと、取上げに際しては賠償など面倒な問題が発生する桃の木を植えて対抗しているのである。

同じく三四年、旧橘樹郡内の横浜市神奈川区子安町打越では区画整理にともなう土地取上げが問題化し、小作官の法外調停がなされている[35]。地主一二名が「土地収入増加ヲ図ル目的ヲ以テ、関係地主一同協議ノ上従来ノ小作地ヲ住宅地タラシムベク土地区画整理組合ヲ組織シ、工事施行ノ為メ[36]」小作人に対し、三月限りでの畑四町歩の作付け停止、土地返還ヲ申渡した。小作側は横浜市農会、県小作官に陳情するとともに地主に対し「耕地漸減ノ折柄右小作地ヲ引上ゲラル、ハ生計ノ途ヲ絶タ、ル、ニ等シキ[37]」ことであるので今後、二年間工事施行を延期してほしいとの旨を懇願したが、地主側は拒絶し、ついで小作人側から返還にあたって涙金を要求するが、これも前例がないと要領を得ぬまま日時を経過させ、その間に個別に小作人を威嚇、懐柔した。小作側は地主の作付け禁止命令を守り、春野菜を不作付けのまま不安裡に五月を迎えた。小作人の野菜不作付けを案じた小作官が現地を訪ね、有力地主と小作側と会見し、円満解決を勧告し、二回の調停の結果、当分、小作人において無償耕作を行わせることを骨子に妥協が成立した。こうして一五名の小作人は区画整理地が住宅地として使用されるまでは耕作が補償されたが、地主の威嚇、懐柔に屈した小作人二名は小作地を放棄し、工場労働者として就職するのやむなきに至った。

このように橘樹郡など都市部に隣接する農業地帯では地主が二〇年代後半の鉄道網の整備、郊外宅地化の流れに乗って、小作地をより利回りの良い宅地に転換すべく画策した。宅地としての商品価値を高めるため、畑を中心に区画整理、耕地整理を施行し、借り手の付きやすいように小作人を排除し、土地を遊ばせてでも宅地の形を保持し、借用者を待った。土地から投げ出された小作人はやむなく工場労働者となっているが、それも都市の景気が回復を見せた三四年であったからこそ可能となったのである。

当該期に橘樹郡と並んで小作争議数が多いのが、高座郡である。高座郡北部から中部は養蚕もさかんな普通畑地帯であった。表7-4を見ると高座郡では小作争議の原因が恐慌当初の農産物価格下落によるものから不況の深化とともに小作料滞納、小作地引上げ要求に移っていることが分かる。同様の傾向が恐慌期後半に土地取上げ争議が増加する都筑郡にも見られる。この両郡は橘樹郡に次いでこの期に土地取上げ争議が多い。しかも両郡はいまだ都市型地価圏に包摂されてはいない。前記の「地主ノ自作地拡張ノ為メ小作地返還ヲ要求スルモノ続出シ」という地主自作のための土地取上げはこの両郡に強く現れた現象といってよかろう。

都筑郡中川村では地主自作を目的に二反四畝の竹林の取上げがおきた(38)。小作人が二〇数年前に地主より山林を借り受けて、開墾し畑を作り、三〇年に筍の生産を目指し、孟宗竹を植えたところ(39)、三三年一一月中旬に前地主より現地主に該地を売り渡したとの通知を受けた。小作人はすぐに現地主に小作継続を懇願したが、現地主は自作地にするとしてこれに応ぜず、小作人に竹を伐採の上、返地を強要した。小作人が応じないと見るや地主は三月下旬に突如、竹林内を起耕し、馬鈴薯、甘藍（キャベツ）苗を植え付けた。小作人は人を介して地主の無法を詰め寄るとこれらを収去したが、五月になると再び、同地に稗を播き、執拗に土地取上げを敢行した。小作は再三人を介して地主と交渉するが、地主はまったく受け付けぬため、小作調停を申請した。調停委員会では前地主に参加を命じ、極力、小作継続の方向で斡旋が進められ、小作は土地返還を免れた。

中川村は都筑郡東部にあり、橘樹郡に接し、中原街道で東京へも通じていた。当時は特産の筍の他、まさに販売用の蔬菜栽培が始まった頃であった(40)。筍は三二年に「市価低落ノ為メ経済的影響大ナリ(41)」と値を下げるが、翌年は「反収量少ナキモ市価高価ナリ(42)」と持ち直した。一方、蔬菜も個別にみると出荷時期によって相当収益を上げるものが出ている(43)。小作と新地主は不況からの脱出をこの一片の畑地にかけていたといえよう。

高座郡も養蚕がさかんな一方で、昭和初期には蔬菜栽培が始まり、しかも技術的に高度な栽培が見られた。郡中部の御所見村では「近年都会ノ接近スルニツレ果樹、蔬菜、冬季促成栽培ノ増加ヲ来シ(44)」と都市化進展の影響を受け、園芸作物生産が始まり、隣接する綾瀬村、寒川村、大和村は三つ葉の主産地となり、軟化栽培でそれぞれ一万～一万五〇〇〇箱を出荷していた。三つ葉は恐慌期においても成績良好で年々、生産が伸びた(45)。こうした状況を踏まえるとおそらく高座郡の土地取上げも都筑郡同様の展開であったと思われる。

地主自作による土地取上げは、山間の養蚕専業地帯のように極度に困窮化した地域ではなく、都市近郊ではあるが、いまだ都市型地価圏には包摂されないこうした地域で畑地の耕作をめぐって展開したと指摘できよう。しかも事例的には旧地主から小作地を購入した新地主との争いが多い。三四年の小作調停事例で地主自作に分類されるもののうち地主の自作要求一件に対し、新地主の自作要求は五件であった。

3　地主の強硬化

農村では、農村不況の継続とともに地主小作人とも困憊し、争議が発生すると「極メテ小額ナル利害ノ相反ニ拘泥シ」容易に妥協が成立しない「農村社会生活上相互ノ理解ト信頼ノ如キハ容易ニ期待シ難キ状態[46]」に陥った。階級意識を高める小作に対し、地主も暴力的な行動を見せるようになったのである。

さらに不況が深まると、従来、「小作料減額争議等ヲ社会ノ表面ニ暴露スルヲ愧ヅルガ如キ傾向[47]」のあった中小地主も「累年ノ不況ノ為メ愈愈経済ノ逼迫ニ陥リ、遂ニ世間的風評ノ如キ到底深ク顧慮スル遑アラズ（略）実力ニ依リ自己ノ主張ヲ貫徹セシメントスル[48]」者が増加した。一方、当初、階級意識を強めつつあった小作は困窮の度を増すにつれ、次第に勢いを失い「哀訴嘆願、只管地主ノ同情ニ縋リ問題ノ解決を図ラント努ムルノミニシテ、従前間々実行シタルガ如キ小作人ノ共同耕作、其ノ他多衆行動ニ出ヅルコト殆ンド跡ヲ絶テルガ如キ[49]」状態になった。こうして不況の深化にともない、地主の行動は積極的に、小作人は著しく消極的となり、農村内は「外観比較的平静ナルガ如クニシテ、内実益々階級的分裂ヲ孕ミツ、アル状況[50]」となっていったのである。

不況の深化は一様でなく、地域的偏差がある。養蚕地帯と園芸地帯ではその困窮度も恐慌からの回復速度も異なる。しかし一様にいえるのは、農外収入の杜絶による小作地需要の高まり、農村内労働力の過剰により、地主の立場は二〇年代に比較し、著しく優位化し、そこに不況の継続による困窮が加わったことで、地主が自己の利益を貫徹すべく強硬になっていくさまである。不況の影響が大きく、困窮度がより大きかった養蚕地帯よりも、むしろ恐慌からの回復が早いといわれている園芸地帯の地主の強硬さが目立つ。前記子安の土地取上げにおいて総小作地狭小化の中で小作地を失うことを怖れた小作は地主の作付け禁止を守り、地主の威嚇、懐柔に耐えていたのである。

第三節　不況からの回復

1　農作物の作況及び市況

本節では、一九三五（昭和一〇）年から三六年にかけて、農村が不況から回復していく様子とその間における小作争議に現れた変化を見ていく。

三五年は五月に雹害、夏期は冷夏、秋に大豪雨と天候に翻弄された。米は不作を見越して漸騰し、蔬菜も不作で高値を呼ぶが、品不足のため農家は潤わず、秋以降は逆に生産過剰気味で低落した。こうした中、繭は年々の安値に養蚕農家が気乗り薄で、掃き立て枚数も平年に比較し、一割減少し、桑園も整理改植が奨励された。ところが皮肉なことにこの後に繭価が昇騰し、蚕作も頗る良好で、桑不足の傾向さえ訪れた。出盛りの五月には「意外ノ高値ニ養蚕家ニ更生ノ活況ヲ見セツ、アリ」[51]とようやく回復基調に入り、初秋の糸価も急騰を見せた。

三六年に入っても米価の漸騰は続き、繭も出盛りの五月に「一般養蚕農家ヲモシテ久方振ニ悦ニ入ラシム」[52]と高値が続いた。一方、蔬菜は年初の寒冷、降雪により、「品不足ニテ相当騰貴セルモノ、如ク一般家庭ノ台所ニ脅威ヲ与ヘツ、アリタリ」[53]とその後も作柄不良が続き高値を続け、農家は相当の収入を見るが、夏に果実とともに生産過剰となり、「割合ニ騰貴ナキガ如シ(54)」と落ち着いた。ところが年末に至り、「秋一時旱魃ノ為メ発芽不良並ニ害虫発生著シカリシ為、一般景気恢復ノ曙光ヲ浴ビタル為メカ各種野菜類一斉ニ上騰シ消費者ノ台所少カラズ恐慌ヲ来タスニ至レリ(55)」と再び騰貴した。

こうして長期にわたり低迷していた農産物価格も三五年あたりより回復を見せ、さらに三六年後半には騰貴するに至った。ようやく農村も長きにわたる不況を脱したのである。

2　小作争議の概況

一九三五（昭和一〇）年は天候不順により、県下全般で平年の五分減程度の不作となった。水害地では米質の下落、流出による被害はさらに甚大であった。そのため、小作料一時減額の争議も起きるが、争議の主流は引続き土地取上げであった（表７-４）。争議は小作料減額も含めると、圧倒的に橘樹郡が多数を占めた。橘樹郡では不況深化の過程でも宅地化による土地取上げが多発していたが、三四年後半から三五年にかけて土地取上げの様相に新局面が訪れる。

三四年九月に日本女子大が稲田町菅に移転を決定したのである。その直後から関係地主たちは「絶好のドル箱を逃すまいと、一致結束して土地の売値その他に於いて、学校当局へ好条件を積極的に示すべく、調印を取り纏めつゝある(56)」と活発に動いた。不況の中で農地を宅地化し、貸借、売却を待っていた地主たちにとっては農地のまま買い上げてもらうことはまさに千載一遇の好機であった。当然のことながら、小作地取上げが挙行されるのである。

三五年早々にこの件に関する争議が勃発した(57)。小作側は日農総同盟の傘下に入り、女子大に対して作離料を要求し、争議を展開していく。当初、解決は近いと見られたが、争議は紛糾し、組合に対する裏切り行為などを経て、ようやく三七年二月に「見舞金」その他の条件で解決を見るのであった。こうした都市側からの働きかけ、すなわち都市主導の土地取上げがこれまでよりもさらに郊外地である稲田町で発生したのである。

三五年には川崎市木月でも法政大学用地問題が争議化し、また同じく川崎市の塚越では南武鉄道による小作地埋立て事件がおきた。早期に恐慌から回復した都市の主導による都市化進展が復活したのである。

三六年に入るとその傾向はさらに明確になる。年前半は前年の不作に基づく小作料関係争議の持越しや滞納小作料請求、小作人換えなど恐慌型の争議も見られるが、二月には高津町でホルモン製薬場用地の作離料不払い問題、稲田町では捺染工場による煙害梨被害賠償問題が勃発した。九月には稲田町登戸でも玉川製紙工場の梨に対する煤煙被害の補償要求がおき、一〇月には川崎市の向河原で日本電気分工場の土地返還に際して交した小作人雇用契約の不履行など都市主導の土地取上げとそれに付随した問題が川崎市や隣接する橘樹郡に集中的に噴出した。

また三六年後半には都市の好景気を受けて砂利採掘問題が大きく浮上してくる。多摩川沿岸の砂利採掘が内陸まで進み、川崎市上丸子や小杉などで桃園等の畑地の取上げが頻発し、小作人たちは小作官に陳情を行った。小作官も多摩川砂利採掘問題を重要視し、採掘地の視察、採掘会社役員の招致、川崎市都市計画課訪問など積極的に動いている。

以上のような都市近接地における都市化にともなう小作争議とともに三六年後半には、陸軍練兵場建設のための用地の買収という問題が勃発した。高座郡の座間、麻溝、新磯の三村に係わる問題であり、単なる作離料問題にとどまるのではなく、農業者の生計維持をいかにするかという大問題となった。小作官は県の地方課、耕地課、農務課と共同で状況調査をし、陸軍省、村当局との対応にあたった。作離料に関しては陸軍は小作人と一切交渉しないと撥ね付け、作離料問題は地主と小作人間の問題となった。その後、作離料問題は紛糾し、児童の同盟休校などにも発展した。満州事変勃発以降の軍事化に促進された景気回復のひずみがこの三村の土地取上げに現れたものといえよう。

三六年はこの他、件数的には川崎市・橘樹郡に隣接する都筑郡での争議が目立つ。都筑郡は「地主ノ勢力比較的強大ニシテ農民組合等ノ進入ヲ極力防止セントシツ、アル(58)」といわれるようにもともと地主の勢力の強い地域であった。

川崎、横浜、橘樹郡に隣接するが、いまだ都市型地価圏には入っておらず、ここで発生した土地取上げも直接的な都市化進展によるものではなく、小作料滞納や小作料減額などに淵源するものである。こうした地域に隣接橘樹郡で土地取上げ、作離料獲得の争議を展開していた日農総同盟が勢力を扶植しようとし、地主とぶつかった。

都筑郡に限らず、地主は頓に強硬化していた。その一方で、小作側は日農総同盟が橘樹郡、都筑郡で小作争議の指導、オルグを通じて、勢力を保っていたものの、それ以外の小作組合の衰えは明白であった。地主の強硬、反動化と小作側の著しい劣勢は小作官をして

小作組合ノ活動ハ日ニ日ニ穏健化シ今ヤ全ク昔日ノ意気ノ認ムベキナキモ、小作人生活難ノ累加ハ却ツテ将来ノ農村動揺ヲ案ゼセシムルモノナキニアラズ

特ニ近時地主ノ態度一般ニ硬化シ、就中頑迷固陋ナル地主ノ如キハ時ヲ得顔ニ我利ヲ強行セントスルモノ少カラザル時ニ方リ、速急其ノ筋ノ有効適切ナル農村政策ノ樹立実行ヲ望マザルヲ得ズ(59)

と農村社会動揺を危惧させ、農村の困窮を救う速やかな政策の樹立を要請させた。

おわりに

恐慌の勃発は農産物価格の暴落、低迷を引き起こすと同時に都市型労働市場を著しく縮小させた。米、繭に劣らぬ蔬菜価格の暴落は蔬菜栽培を展開する都市近郊の農村にとって衝撃的であり、これまで小作争議のみられなかった久良岐郡や三浦地方などにも争議が勃発した。また、剰余労働力を都市での雑業などに振り向け、その収入に依存する割合の大きい都市近郊の小作農にとり、都市での就労の場を喪失することは大きな打撃であった。

農外収入の杜絶した小作農は収入を小作地に頼らざるをえない。一定の収入の確保のためには小作地の拡大が必須

であったが、都市化の進展により、農地は急激に減少しており、それにともない総体としての小作地も狭小化の一途をたどっていた。小作地需要は高まるが小作地減少の中では新たに小作地を獲得することは困難であった。こうした小作地の狭小性の中での農外収入の杜絶が恐慌期の都市近郊の農村問題を規定していく。

恐慌の深化により、争議は恐慌当初の農産物価格暴落による小作料減額要求から地主の土地取上げに移行し、都市型地価圏に包摂された地域の地主は一九二〇年代後半に進展した郊外住宅地化の流れに乗り、小作地を利回りの良い宅地に変換すべく土地取上げを強行した。この地域では都市化進展による小作地狭小、都市での就労喪失による農外収入の杜絶という都市近郊での問題性が最も表出される。小作地を失えば新たに小作地を獲得することは非常に困難であり、その一方で、蔬菜の暴落が一段落を告げた後、蔬菜は種類、栽培方法、栽培時期などの按配により一定の収入を上げることが可能となっており、都市での就労の場を失った小作農は狭小な小作地確保に必死となった。

一方、都市型地価圏にいまだ包摂されない周辺地域では小作地狭小、都市での就労の場の喪失は上記地域ほどの影響を及ぼさないが、農業生産の面で主力が米麦、養蚕であることが多く、農産物価格の低迷が農外収入の杜絶とあいまって小作農の困窮化、小作料の滞納を引き起こし、地主の困窮化も進んだ。この地域は都市化の進展により、ようやく蔬菜栽培が展開し始めた段階にあり、不況からの脱出を価格的に有利な蔬菜生産で果たそうと地主と小作の間で畑地の取上げをめぐる攻防が展開した。

以上のような都市型地価圏に包摂された地域における宅地化による土地取上げとその周辺地域の地主自作化による土地取上げを都市近郊農村における恐慌型の土地取上げと措定できよう。こうした恐慌型の土地取上げが続く中、都市の景気回復にともない都市に近接する地域に都市主導型の土地取上げが復活する。以後、軍需景気とともにこうした土地取上げが急速に進展した。

恐慌勃発以降、小作地需要が高まる中で、地主は小作契約におけるその地位を優位化し、問題がおこるや強硬さを増していった。好況、震災復興による都市の労働力吸引により、農村内での労働力不足、小作からの小作地返還で、立場を弱体化させていた一九二〇年代前半とはまったく対照的な状況が出現している。この地主の強硬さは軍需景気の好況の中でも担保されていくのであった。

注

(1) 暉峻衆三『日本農業問題の展開　下』（東京大学出版会、一九八四年）一三三、一三四頁。
(2) 田崎宣義「都市化と小作争議―都市発展説序説」（『一橋大学研究年報　社会学研究』二六、一九八八年）。
(3) 八田恵子「都市近郊の小作争議と小作地返還―一九二〇年代前半の神奈川県、横浜を中心に」（横浜近代史研究会・横浜開港資料館編『横浜の近代』、日本経済評論社、一九九七年）を参照。
(4) 農商務省農務局『小作争議ニ関スル調査　其ノ二』（一九二二年）三五頁。
(5) 「自昭和三年六月至仝八年七月農況綴」昭和五年分（「小塙英太郎氏旧蔵資料」C―22）。以下、本項の作況については「自昭和三年六月至仝八年七月農況綴」による。なお本資料は以下、「農況綴」と略す。
(6) 八田恵子「聞き歩き　横浜近郊農村の移り変わり(2)　久良岐郡の場合」（『市史研究よこはま』第一一号、一九九九年）。
(7) 『横浜市史Ⅱ』資料編2（一九九〇年）二五二頁。以下、資料編2と略す。
(8) 同前、二五三頁。
(9) 同前、二五三頁。
(10) 「農林省地方別小作争議概要　昭和五年」一五三頁。以下「地方別五年」と略す。昭和七年、九年も同様。
(11) 同前、一五三頁。
(12) 同前、一五二頁。
(13) 「昭和五年十月　最近ノ農業事情及調停事件概況」（資料編2、二四一頁）。
(14) 前掲「地方別五年」一五三頁。
(15) 同前、一五二頁。
(16) 小作法案は衆議院を通過後、貴族院で審議未了廃案となる。

(17)『横浜貿易新報』(一九三〇年九月二三日)によれば「横浜市に於ける土地区画整理は震災による焼失地域中百余万坪を復興事業として実施した市当局により自発的実行を奨励援助されることになって以来計画続出、耕地整理法によるものを合わせてその面積三百二十三万坪に達した、之れに隣接町村合併以前夫々の町村に於て実施中或は計画中の耕地整理組合を加へれば四百五十万坪、組合数三十八組合となるが、以上のうち仮に事業完了を告げて目下組合解散手続中のもの十組合二百万坪である」とあり、この段階で区画整理、耕地整理、続行中、計画中のものが二八組合、二五〇万坪あるわけである。

(18)「橘樹郡中原町第二耕地整理組合設計書」「事業報告書」(「原正巳家文書」耕地組合八、一一〈川崎市市民ミュージアム所蔵〉)。

(19)「小塙英太郎日記　昭和五年」(資料編2、四〇四、四〇五頁)。

(20)「地方別七年」二二一頁。

(21)(22)「地方別九年」二一五頁。

(23)前掲「地方別七年」二〇七頁。

(24)(25)「昭和八年十月　神奈川県ニ於ケル最近ノ小作事情」(資料編2、二七五頁)。

(26)前掲「地方別九年」二一五頁。

(27)(28)同前、二一七頁。

(29)「昭和九年十月　最近ニ於ケル小作争議及ビ組合運動ノ状況」(資料編2、二七八頁)。

(30)前掲「地方別九年」二〇〇頁。

(31)前掲「地方別七年」二二一頁。

(32)大豆生田稔「戦時期『市域』北郊の耕地潰廃と土地取上げ―都市化の進展と農地紛争、川崎市郊外の場合」表1より(『市史研究よこはま』第八号)。元表は「年次別工場建設一覧表」(「小塙宏家所有資料」)。

(33)(34)前掲「小塙英太郎日記　昭和九年」(資料編2、五二五、五二六頁)。

(35)～(37)「土地返還争議中調停困難ヲ感ジタル事例・小作地ヲ引上ゲラレタル為小作人ノ甚シク困惑ニ陥リタル事例　第一土地返還争議中調停困難ヲ感ジタル事例　其ノ一」(資料編2、二八一、二八二頁)。

(38)前掲「土地返還争議中調停困難ヲ感ジタル事例・小作地ヲ引上ゲラレタル為小作人ノ甚シク困惑ニ陥リタル事例　其ノ二地主ノ自作地拡張」(資料編2、二八三頁)。

(39)　中川村は筍の特産地であり、朝掘りの筍は東京の神田市場などで名声を得ていた。横浜市史編集室の農村資料調査に付随した旧中川村聞き取り調査（八田恵子調査）による。
(40)　横浜市都筑区牛久保町（旧中川村牛久保）在住、唐戸利春氏からの聞き取りによる。唐戸氏は一九一八年生まれで、小学校高等科を卒業後、農業に従事した。卒業は三三年と思われるが、ちょうど、牛久保で野菜が始まった頃であったという（同前、聞き取り調査）。
(41)〜(43)　前掲「農況綴」昭和七年分、八年分。
(44)　「事業計画」（『農林省有畜農業奨励金下付申請書』一九三二年、『藤沢市菖蒲沢　高橋守家文書』）。
(45)　前掲「農況綴」昭和六年一月、昭和七年一月、昭和八年一月。
(46)　前掲「地方別七年」二二三頁。
(47)〜(50)　「昭和九年十月　最近ニ於ケル小作争議及ビ組合運動ノ状況」（資料編2、二七八頁）。
(51)　「農況と小作情勢」（資料編2、一九頁）。
(52)　同前、三九頁。
(53)　同前、三六頁。
(54)　同前、四五頁。
(55)　同前、五二頁。
(56)　『横浜貿易新報』一九三四年九月一三日。
(57)　詳細は前掲、大豆生田論文。
(58)　前掲「昭和九年十月　最近ニ於ケル小作争議及ビ組合運動ノ状況」二七七頁。
(59)　前掲「農況と小作情勢」三三頁。

第Ⅲ部　産業基盤の形成と展開

第8章　日露戦後における電気供給システムと京浜地域
――横浜電気と富士瓦斯紡績を中心に――

中村尚史

はじめに

本章の主要な課題は、日露戦後の横浜市や橘樹郡における電気事業の展開過程を、電気供給システムの形成と変化に注目しながら明らかにすることにある。そのことを通して、当該地域が第一次大戦期以降、京浜工業地帯の一角を占めるに至った前提条件を考えたい。

旧横浜市史（『横浜市史　第五巻　中』）は、横浜市と橘樹郡における工業化が、電力産業の発達と工場電化の進展によって促進された点に注目し、「第六編　京浜工業地帯の発展」の冒頭に「工業電化の進行と電力企業」という章をもうけた(1)。そのことが象徴的に示すように、京浜工業地帯の形成にとって、電気事業の発達とそれにともなう安定的な電気供給システムの形成は、重要な要素であった。しかし旧横浜市史に代表される従来の研究(2)は、個々の電力企業の展開過程を詳細に検討する一方で、電気供給システムの変化や電力企業間の競争と協調の過程について、十分な検討を行ってこなかった。この点をふまえて、本章では第一の課題として、新技術の導入とその担い手に注目しながら、横浜市や橘樹郡をめぐる電気供給システムの変化とその背景、さらにはシステム変化の経営および社会・経済への影響を考える。(3) その場合、担い手として重要な役割を果たすのは、横浜共同電灯、箱根水力電気、および両社が合併して誕生した横浜電気や富士瓦斯紡績といった企業と、その経営者・技術者であり、技術的な焦点となるのは「点対点」送電と呼ばれる高電圧を使う長距離送電技術である。

一方、工場の電化を推進するためには、廉価で豊富な電力を安定的に供給するだけでは不十分であろう。自前で電気技術者を雇用できる大規模工場はともかく、中小の作業場が電力を導入するためには、それを外部からサポートする体制の有無が重要な条件となる。従って横浜市とその周辺部における電化の進展を議論する場合にも、これらの条件がどのようにして整えられたのかを検討することが必要といえる。そこで本章は第二の課題として、この問題を橘樹郡鶴見村の事例に即して考えたい。

通常、「京浜地域」という領域概念は、横浜市から東京市にかけての沿岸地域一帯を指す場合が多い。しかし本章の主たるフィールドが横浜市と橘樹郡であることから、ここでは基本的に東京市を除外した地域を京浜地域と呼ぶことにしたい。

第一節　日露戦後の電気事業と京浜地域

1　電気事業の発展

日露戦後は電気供給業にとって、まさに大躍進の時代であった。一九〇六（明治三九）年に九五社であった電気事

表８－１　京浜地域における電気供給業者

	事業許可年月	1907 年段階の供給許可区域	1913 年段階の供給許可区域
東京電灯	1887 年 8 月	東京市，東京府荏原郡，横浜市(電力のみ)	東京市，荏原郡，横浜市(電力のみ)
横浜共同電灯(横浜電気)	1887 年 8 月	横浜市，橘樹郡	横浜市，橘樹郡，東京市(電力のみ)，荏原郡（同左）
神奈川電灯	1895 年 12 月	神奈川町	
京浜電気鉄道	1899 年 8 月	荏原郡，神奈川県橘樹郡(電灯のみ)	荏原郡，橘樹郡
東京鉄道(東京市)	1900 年 9 月	東京市，荏原郡	東京市，荏原郡
玉川電気鉄道	1903 年 12 月	荏原郡(電灯のみ)	荏原郡，橘樹郡高津村
箱根水力電気	1906 年 12 月	(電力)東京市，荏原郡，横浜市	
富士瓦斯紡績	1910 年 2 月		横浜市(電力のみ)，橘樹郡保土ヶ谷町，川崎町，日吉村
桂川電力	1910 年 7 月		(電力)東京市，荏原郡，橘樹郡
相模川水力電気	1911 年 11 月		横浜市（電力のみ）

出典：『電気事業要覧』各年.
注：神奈川電灯は 1907 年 3 月，箱根水力電気は 1909 年 9 月いずれも横浜共同電灯と合併，相模川水力電気は 1913 年，富士瓦斯紡績と合併.

業全体の事業者数は、一九〇八年以降急拡張をはじめ、一九一〇年の一八五社、一九一二年の三一〇社と段階的に急増する。一方、一九〇六年に二七八二万円であった払込資本金額は、一九〇七年に七九二六万円へと激増した後、日露戦後恐慌の影響を受けて一旦、伸び幅が縮小するものの、一九一〇年以降、再び年間五〇〇〇万円前後の伸びをみせるようになる。また発電力の面でも一九〇七年以降、大容量水力発電の進展にともない拡張をはじめ、一九一二年、一三（大正二）年には年間一〇万キロワット以上の増加をみた[4]。京浜地域においても表８－１からわかるように、先発企業である横浜共同電灯と京浜電気鉄道に加えて、一九〇六年に箱根水力電気が、また一〇年には桂川電力と富士瓦斯紡績が、さらに一一年には相模川水力電気がそれぞれ電気事業営業許可を取得している。

このような電気事業ブームの前提を考える場合、既存企業の営業状態を検討することは、有用であろう。そこでまず横浜市を中心的な供給区域とする横浜共同電灯と、荏原郡から橘樹郡にかけての沿線地域で電灯供給を行っていた京浜電気鉄道の営業状況を概観したい。表8-2を用いて両社の事業内容を比較してみると、電灯数でも、また発電力の面でも横浜共同電灯が突出した地位を占めていることがわかる。とくに一九〇六年以降における電灯需要の伸びは大きく、一九〇七年からは電灯だけでなく、電力供給も開始する。また表8-3が示すように、その収益性も極めて高く、一九〇四年上期以降、一貫して年率一五%という高配当をあげていた。同社の好成績は、人々に横浜周辺における電気事業の有利性を広く認識させ、新規参入を促すことになったと思われる。

さらに箱根水力電気をはじめとする当該期の新規参入企業が、すべて水力を主たる電源としていた点にも注目すべきである。一九〇七年における東京電灯駒橋発電所の運転開始を契機として、関東地方では長距離高圧送電と大容量水力発電所の組み合わせによって、関東平野周辺の山間部から、京浜地域に廉価で大量の電気を送り込む事業計画が相次いで登場した。しかし、横浜市への電気供給をほぼ独占していた横浜共同電灯は、火力発電所を主電源としており、当初、水力発電への進出には消極的であった。そのため横浜周辺では、水力発電を通じた電気事業への新規参入の余地が生じる。しかも横浜の隣には、さらに大きな市場である東京市が存在したことから、新規参入各社は比較的容易に大口需要先を確保することが出来た。実際に多くの企業は、先に得意先を確保した上で、巨額な設備投資を要する長距離高圧送電線や大容量水力発電所の建設に乗り出したのである。

2 橘樹郡における電気の普及——佐久間家の事例

横浜市に隣接する橘樹郡において、日露戦争前後に電気供給業を展開していたのは、横浜共同電灯と京浜電気鉄道であった。なかでも京浜電鉄は、一九〇九（明治四二）年一〇月、川崎発電所に電灯・電力供給用二〇〇キロワット交流発電機を増設して以降、沿線での電灯・電力事業を活発化し、川崎町周辺や鶴見地区への電灯・電力の普及に大きく寄与する。(6) そこで以下、その様子を、橘樹郡生見尾村に居住していた佐久間権蔵（地主・味噌醸造業）の日記を

表8－2　横浜共同電灯（横浜電気）・京浜電気鉄道・富士瓦斯紡績の営業状況

		発電力			電灯		電動機		その他	備　考
			計	うち受電	灯数	電気力	台数	電気力	電気装置	
			kw	kw		kw		kw	kw	
横浜共同電灯	1903年	汽	1,086		27,686					
	1904年	汽	1,586		32,276					
	1905年	汽	2,086		37,689					
	1906年	汽	2,086		46,200					
	1907年	汽	3,166		50,821	2,137	38	9		神奈川電灯を合併
	1908年	汽	3,936		74,271	3,155	117	241	48	
横浜電気	1909年	汽・水	8,706		87,480	3,636	241	621	94	箱根水力（3,300kw）と合併，社名変更
	1910年	汽・水	8,706	5,750	102,442	4,077	439	1,217	1,092	富士瓦斯紡と電力受入契約（3,750kw）
	1911年	汽・水	7,650	3,750	189,779	6,147	626	1,547	1,389	横須賀電灯瓦斯，江之島電気鉄道を合併
	1912年	汽・水	10,131	3,750	234,524	7,384	1,022	2,195	3,584	
	1913年	汽・水	12,950	5,000	256,964	8,111	1,331	2,907	4,990	
	1914年	汽・水	12,950	5,000	232,478	7,295	1,282	3,303	6,694	
	1915年	汽・水	14,000	5,000	246,952	8,224	1,686	3,801	6,981	
京浜電気鉄道	1903年	汽	175		257					供給区域は荏原郡の一部のみ
	1904年	汽	575		201					
	1905年	汽	975		175					
	1906年	汽	1,005		301					
	1907年	汽	1,405		365				1,375	
	1908年	汽	1,230		531	22			1,200	
	1909年	汽	1,900		2,384	80			1,700	供給区域が橘樹郡に拡大
	1910年	汽	1,900		7,695	250	22	78	1,700	
	1911年	汽	2,100		11,417	328	66	161	1,700	
	1912年	汽	2,700		16,617	431	161	260	1,700	
	1913年	汽・電	3,700	1,000	21,158	551	187	285	2,500	桂川電力より受電（1,000kw）
	1914年	汽・電	3,700	1,000	26,772	608	208	360	2,500	
	1915年	汽・電	3,700	1,000	31,345	717	255	397	2,500	
富士瓦斯紡績	1910年	水・汽	7,000						5,750	横浜電気へ送電
	1911年	水・汽	7,000		1,737				5,750	
	1912年	水・汽	7,000		2,069				5,000	
	1913年	水・汽	12,250		2,296				7,200	玉川電気鉄道へ送電
	1914年	水・汽	18,700		2,447	93			8,000	鬼怒川水力電気へ送電
	1915年	水・汽	26,230		2,869	107			17,670	日本鋼管，旭硝子へ送電

出典：各社営業報告書および『電気事業要覧』各回．

表8-3　横浜共同電灯（横浜電気）と富士瓦斯紡績の経営状況

（単位：千円，％）

		電気事業収入			同支出			利益金	営業費率	固定資本(総資本)利益率	配当率
		合計	電灯率	電力率	合計	石炭費率	電力費率				
横浜共同電灯	1904年上	123	89.1		69	25.1		54	56.1	13.8	15.0
	4年下	146	78.4		88	24.6		58	60.1	13.5	15.0
	1905年上	141	90.5		84	30.8		57	59.4	12.7	15.0
	5年下	166	82.4		117	31.9		50	70.0	9.9	15.0
	1906年上	169	89.8		115	43.0		53	68.5	10.2	15.0
	6年下	186	89.2	0.8	122	40.3		64	65.3	11.9	15.0
	1907年上	186	90.7	0.8	113	38.4		72	61.1	9.7	15.0
	7年下	240	87.8	1.5	149	38.7		91	62.0	11.4	14.0
	1908年上	287	88.2	2.5	192	40.7		95	66.9	10.3	14.0
	8年下	314	88.0	4.5	196	39.6		118	62.3	11.9	14.0
横浜電気	1909年上	355	87.3	4.6	215	38.4		140	60.5	13.7	14.0
	9年下	371	84.5	7.1	168	25.3		203	45.3	11.4	13.0
	1910年上	410	82.6	9.3	168	8.5		242	41.1	13.1	13.0
	10年下	455	77.8	14.1	255	3.3	28.4	199	56.2	9.1	13.0
	1911年上	542	76.1	17.2	301	1.1	34.8	241	55.5	10.1	12.0
	11年下	704	64.2	20.7	429	4.3	26.8	275	60.9	9.0	11.0
	1912年上	913	61.7	22.9	551	5.1	26.3	362	60.3	11.4	11.0
	12年下	877	64.6	21.6	500	6.0	20.5	377	57.1	10.3	11.0
	1913年上	926	64.8	21.4	545	4.1	24.1	381	58.8	10.1	11.0
	13年下	952	61.7	22.7	536	2.9	24.9	416	56.3	10.6	11.0
	1914年上	980	60.5	23.5	597	5.3	22.3	384	60.9	9.4	11.0
	14年下	1,025	57.4	26.0	615	6.6	21.7	411	59.9	9.7	11.0
富士瓦斯紡績	1910年下	75			16			60	21.0	8.7	10.0
	1911年上	100			11			89	11.1	13.0	10.0
	11年下	108			15			93	14.2	13.5	10.0
	1912年上	106			13			93	12.7	13.5	10.0
	12年下	142			9			133	6.2	19.5	10.0
	1913年上	184			13			171	7.3	11.5	12.0
	13年下	191			15			176	8.1	11.8	12.0
	1914年上	303			32			271	10.5	18.2	12.0
	14年下	385			46			339	12.0	21.3	12.0

出典：富士瓦斯紡績『報告書』各回，『電気事業要覧』各回．

注：固定資本（総資本）利益率は年率に換算．富士瓦斯紡績の固定資本は電気事業のみ．なお横浜電気の場合，固定資本が不明のため総資本（払込資本金＋積立金＋社債＋借入金）で代替．

通して検討してみよう。

佐久間権蔵の日記に電気に関する記述が登場するのは、一九一〇年のことである。まず同年三月六日、京浜電鉄の代理人が佐久間家にやって来て、鶴見地区で電灯営業をはじめることを告げた。その後、同月一一日には京浜電鉄の社員二人が来訪し、佐久間家の所有地に電柱四本を立てさせてほしいと依頼する。佐久間権蔵は翌一二日、その承諾書に調印し、さらに一三日には京浜電鉄に対して自宅に電灯を引きたいと申し入れた。その後、三月一七日には、京浜電鉄の社員が佐久間家に「電灯布設設計」を行うため来訪し、電線工事を行った上で、四月一三日から配電を開始した。(7) このように佐久間家では、配電線が自宅のそばを通過した機会をとらえて、自宅に電灯線を引き込んだ。はじめて自宅に電灯が点灯した際、佐久間権蔵は、以下のような感慨を述べている。

今夕ヨリ電灯点灯ス、当家ハヒバチノ間ニ十六燭光一ツ、内ニワニ五燭光ヲ一ツトス。昨日迄ノ一寒村今日ハ電灯アリ、御神灯アリ（中町ニ川サキより来リシ亀屋小春本月初旬ニ開業セリ、年齢三十余）、尚本年ハ鉄道モ大貨物ヲ扱フベクステーションモ改築ノ見込ナリ。実ニ前途多望ノ土地ト云フベシ。(8)

ここからわかるように、当該期において、電気は鉄道などと並び地域振興の重要な鍵と認識されていた。そのため京浜電鉄は、供給区域を拡大する際の配電線の敷設について、比較的円滑に行えたと思われる。

一方、佐久間家が電力を使用するようになるのは、やや遅れて一九一二年のことであり、精穀用小型モーターの導入にともなうものであった。地主であり、また味噌製造業を兼営している佐久間家にとって、精米や精麦は生産活動の重要な一環であった。そのため一九一二年三月一五日、佐久間権蔵は神奈川町中木戸の米穀商・山口伊三郎(9)を訪ねて、精米器の購入について相談した。すると山口の息子がその方面に詳しかったとみえ、精米器械の購入を世話してくれることになった。三月一七日、佐久間と山口は、まず東京・築地の明電舎に赴き、一馬力の精米器用「原動器外付属」を、一一五円で購入する。(10) そして原動機取り付けの電気工事を、蒲田の豊田某に依頼して帰宅した。なお精米器械の方は、横浜市長者町の清水式精米器売捌人から購入している。[11] 三月一八日、原動機が到着したため、早速、豊田に依頼して京浜電鉄に一馬力の電力使用の申込みを行った。その後、一九日に豊田がやって来て電気器械を取り付け（取付料一五円）、二〇日には清水式精米器が到着、二二日、山口に依頼して据え付けを行った。さらに二四日、京浜電鉄が精米器用の電力線を取り付け、二八日の電気試験を経て、二九日に試運転を行っている。[12]

この事例からわかるように、当該期における電力の普及には多くの人々の関与が必要であった。電力の使用までには、電気供給業者だけではなく、電動精米器の情報を提供し、器具の選定や据え付けなどを手伝った精米業者をはじめ、機械器具販売の仲介人や電気工事業者、さらには廉価な国産小型モーターを供給した明電舎や精米器メーカーといった人々が係わっている。これらの資源が比較的容易に活用できるという点で、東京と横浜に挟まれた橘樹郡は、大変恵まれた立地条件を備えていたといえよう。後述するように一九一〇年代の橘樹郡では、大規模工場だけでなく、麻真田製造業をはじめとする小規模工場でも急速に電化が進む。その背景に、このような技術的要素が存在したことは、あらかじめ留意が必要である。

第二節　横浜電気の成立と横浜市場

1　横浜共同電灯の事業展開

日露戦後期は、横浜周辺の電気供給事業にとって大きな転換点であった。それまで地域独占を形成していた横浜共同電灯が、当該期における技術革新の焦点であった大規模水力開発と長距離高圧送電に乗り遅れたことから、箱根水力電気や富士瓦斯紡績といった水力発電業者の新規参入を招き、企業再編が行われた結果、横浜電気が成立することになったのである。そこで以下、この間の経緯を、具体的に検討し、横浜市および橘樹郡における電気供給システムの変化とその背景を明らかにしたい。

日露戦前期まで横浜市のほぼ全域を供給区域としていた横浜共同電灯は、日露戦争中から戦後にかけて社長・木村利右衛門と支配人・上野吉二郎のもとで、安定した経営を展開していた。前掲表８‐３が示すように、一九〇四（明治三七）年まで一三％以上あった総資本（固定資本）利益率は、日露戦争による石炭高騰や積極的な設備投資により、一九〇五年以降、若干下がるものの、一貫して一〇％前後を維持している。このような高利潤の背景には、裏高島町発電所[13]の増強による効率上昇や堅実な電灯需要の増加といった要因があった。前者については、最新式のカーチス蒸気タービンを原動機とする五〇〇キロワット発電機（三相交流）を一九〇四年、五年と続けて導入し、発電力の強化をはかった。一方、後者については横浜市域の拡張を契機として供給区域を拡大し、需要電灯数も年々五〇〇〇灯前後のペースで増加している。これに加えて、表８‐４からわかるように、横浜共同電灯の電気料金は、供給区域が隣接している京浜電鉄などと比較すると、高めに設定されていた。このような地域独占のメリットもあり、当該期における同社は、年率一五％の高配当を行う超優良企業であったといえよう。

ところが同社では、一九〇六年下期に電力供給事業を開始し、また一九〇七年五月には神奈川電灯を合併して供給区域を拡大したため、前掲表８‐２からわかるように発電力が不足しはじめる。また電灯需要も一九〇六年以降は需要家数、電灯数ともに急増することから、横浜共同電灯は何らかの電源開発を行う必要に迫られた。一九〇六年一月には、すでに東京電灯駒橋発電所の建設工事がはじまっており、関東地方における電気事業は、大容量水力発電所と長距離高圧送電を軸とした水主火従の時代に入りつつあった。これに対して、カーチス蒸気タービンをいち早く導入し、火力による発電力拡張に自信を深めていた横浜共同電灯は、大規模水力開発ではなく、火力発電所の大容量化によって需要増大に応えようとする。具体的には一九〇七年三月、裏高島町発電所に一五〇〇馬力のカーチス蒸気ター

表8-4　電気料金の推移

(単位：円)

		電灯		電力	
		定額	従量	定額	従量
1907年	東京電灯	2	0.3	15	0.13
	東京鉄道	1.2	0.2	13	0.12
	横浜共同電灯	1.7	0.3	15	0.2
	京浜電鉄	1	0.2		
1908年	東京電灯	1.2	0.2	6.5／15	0.05／0.1
	東京鉄道	1.2	0.2	13	0.12
	横浜共同電灯	1.2	0.28	15	0.15
	京浜電鉄	1	0.2		0.1
1910年	東京電灯	1.2	0.2	6.5／15	0.05／0.1
	東京市	1.2	0.2	13	0.12
	横浜電気	1.2	0.24	12／20	0.1
	京浜電鉄	1	0.2	15	0.1
1911年	東京電灯	1	0.2	6.5／15	0.1
	東京市	0.9	0.18		0.1
	横浜電気	1	0.18	12	0.1
	京浜電鉄	1	0.2	15	0.1
1914年	東京電灯	0.8	0.1～0.18	6.5／14	0.05／0.1
	東京市	0.8	0.15～0.18		0.1
	横浜電気	0.65	0.12～0.18	15／20	0.022／0.12
	京浜電鉄	1	0.2	15	0.1
	富士瓦斯紡績	0.5			
1916年	東京電灯	0.8	0.1～0.18	6.5／14	0.05／0.1
	東京市	0.72	0.14～0.18		0.1
	横浜電気	0.65	0.12～0.18	8／14	
	京浜電鉄	0.65	0.12～0.18	7.5／12	0.1
	富士瓦斯紡績	0.5			

出典：『電気事業要覧』各年次.

注：電灯定額は終夜1カ月10燭光，従量は1kwh，電力定額は1馬力1カ月（1日10時間），従量は1kwh．電力の／は左が昼間，右が昼夜間.

なお横浜共同電灯の料金は1897年以降変化がない（前掲『横浜電気株式会社沿革史』151～153頁）.

図8-1　1908年における横浜共同電灯の送電系統図

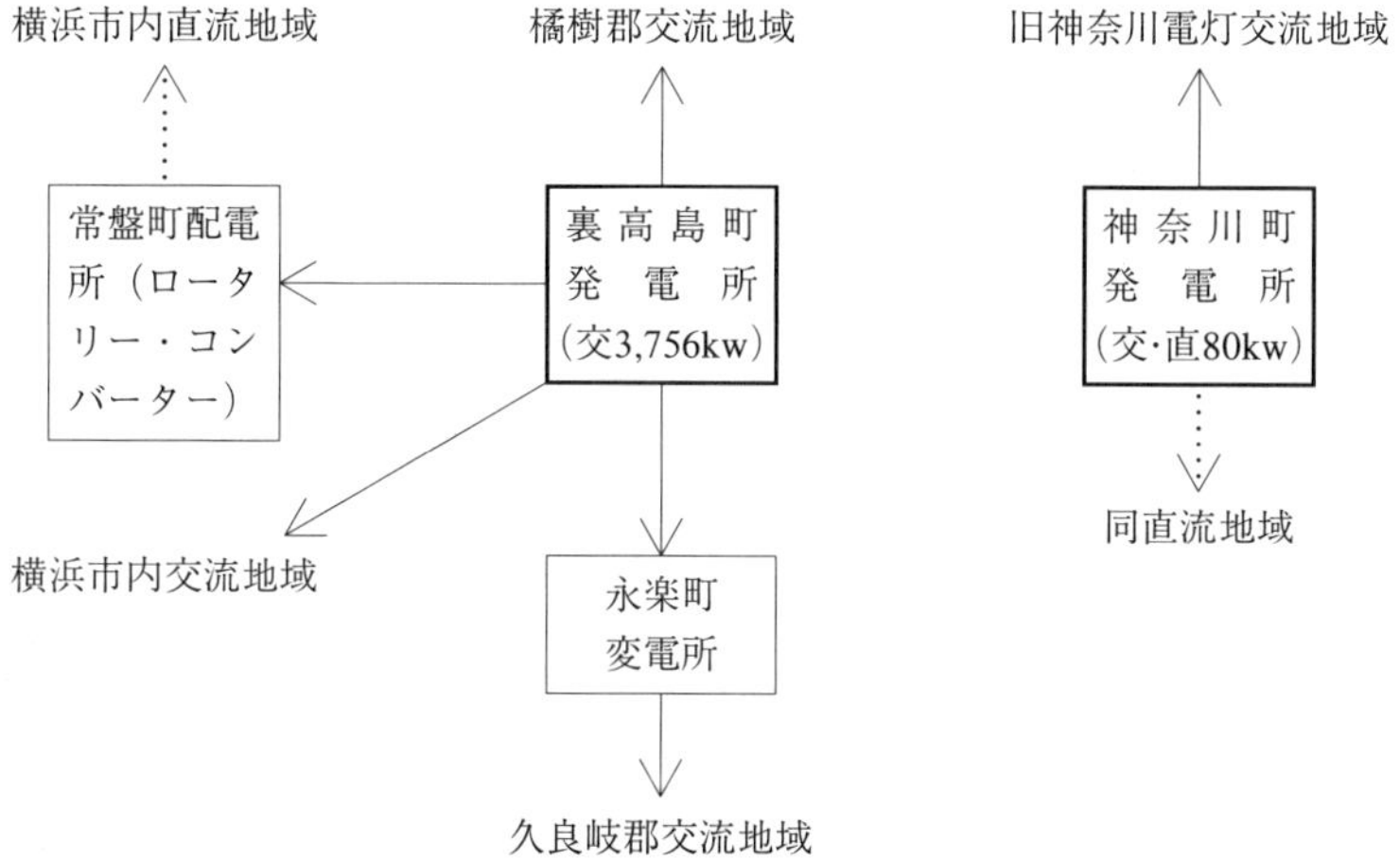

出典：『横浜電気株式会社沿革史』1922年および『電気事業要覧』1908年より作成.
注：―は2,400v以下の交流（単相もしくは二相），…は直流を示す.

ビン二基を導入し、合計二〇〇〇キロワットの出力を得る発電力拡張計画を確定し、直ちに着工、翌一九〇八年中には早くも運転を開始した。この設備増強によって完成した同社の送電系統を図示したのが、図8-1である。このように中央集中火力発電所（裏高島町発電所）から交流で市内各地に直接配電するとともに、旧来の都市内直流発電所（常盤町配電所）に、交流を直流に変換するためのロータリー・コンバーターを設置して、直流供給区域や市内電車を交流送電網に包摂するというシステムは、「万能システム」と呼ばれるものである[14]。新技術を導入するたびに、直流から単相交流へ、そして多相交流へと変化してきた電流を、ロータリー・コンバーターで接合して一つのシステムに統一したところに、横浜共同電灯の電気供給システムの特徴があった。それによって旧来の配電網を無駄にすることなく、規模の拡大がはかれたのである。

　しかし前掲表8-3が示すように、横浜共同電灯の営業費中における石炭費の比重（石炭費率）は、規模の拡大にもかかわらず逆に上昇し、一九〇五年下期頃から顕在化していた営業費率の高さという課題は、あまり改善されなかった。加えて水力発電による低廉な電気を手に入れた東京電灯が、一九〇八年に大幅な電気料金の引下げを行ったことから、関東地方でも電気料金の引下げ競争がはじまり、横浜共同電灯も料金引下げを余儀なくされた（前掲表8－4）。相変わらず電灯需要の急増が続いていたことから、営業成績自体は堅調であったものの、発電力拡張を火力のみに依存した横浜共同電灯の前途は、必ずしも楽観視できるものではなかったといえよう。

2　箱根水力電気の設立と富士瓦斯紡績

火力に固執した横浜共同電灯に代わって、山間部に大容量水力発電所を建設し、高圧送電線によって横浜市場へ送電するという試みに挑戦したのは、箱根水力電気であった。一九〇六（明治三九）年一二月、元房総鉄道社長・白杉政愛[15]を中心とした東京の事業家によって、資本金一二〇万円で設立された同社[16]は、出力四〇〇〇キロワットの水力発電所を箱根・塔ノ沢に建設し、横浜（保土ヶ谷）、東京（渋谷）の変電所へ四万六〇〇〇ボルトという特別高圧で送電することを事業目的としていた。またその営業の中心は、電力供給におかれ、神奈川電灯、横浜電鉄、京浜電鉄、横浜船渠、鉄道院などへ電力を供給する計画であった[17]。

すでに東京電灯が駒橋発電所と駒橋・西早稲田間送電線の工事を開始していたとはいえ、鉄道会社出身の白杉が、全くの新規事業である長距離高圧送電に取り組んだ背景には、芝浦製作所の全面的な支援があった。日本を代表する電機メーカーであった芝浦製作所は、当時、電気部主任・岸敬二郎を中心に高圧送電技術の国産化に力を注いでいた。とくに特別高圧送電の鍵をにぎる碍子については、一九〇五年頃から日本陶器と提携して高圧碍子の開発をはじめている[18]。芝浦製作所にとって箱根水力電気の企画は、その実地試験の場としても重要であった。そこで同社は、有力株主として資金的にサポートするだけではなく、太田黒重五郎（芝浦製作所専務取締役）が取締役、岸が顧問技師にそれぞれ就任し、電気技術全般を担当する主任技術者には、岸の推薦によって前川越電気鉄道技師長・寒川恒貞を送り込み、送電設備の設計にあたらせた。さらに社長・白杉政愛を補佐する専務取締役には、三井鉱山出身の駒井宇一郎[19]が就任している。これらのことから、同社は明らかに芝浦－三井系の人的、資金的支援によって成り立っていたといえる。

一九〇七年初に開始された同社の建設工事において注目すべき点は、送電線（二回線）の支持物としてはじめて本格的に鉄塔を使用した点にある[20]。ところが高い建設費を払って、鉄塔支持の特別高圧送電線を建設したにもかかわらず、塔ノ沢発電所の出力は四〇〇〇キロワットにすぎず、送電力に余裕があった。しかも前述したように、京浜地域における電気需要は急速に伸びており、この程度の出力ではすぐに発電力不足に陥る可能性があった。また箱根水力電気には、東京電灯における千住火力発電所のような補助電源もなかった。これらの点を考慮して同社は、富士瓦斯紡績が一九〇八年七月、保土ヶ谷工場に建設したばかりの火力発電所（蒸気タービン、二〇〇〇キロワット）に目を付け、それを自らの送電網に取り込むことを試みた。一方、富士瓦斯紡績は、当時、小山第四工場の動力源として出力五〇〇〇キロワットの峰発電所（神奈川県足柄上郡川西村）を建設中であった。しかし実際に第四工場で使用する電力は一二五〇キロワットの予定であり、発電力に余裕がある。そこで両社は、峰、保土ヶ谷、塔ノ沢という三つの発電所と京浜地域を連結した電気供給システムの構築を目指し、一九〇九年二月、以下のような内容をもつ電気事業共営仮契約を締結する[21]。

①富士瓦斯紡績保土ヶ谷発電所を箱根水力電気の予備電源とする。

②保土ヶ谷工場には箱根水力電気横浜変電所から一〇〇〇キロワットを限度に、一キロワット一カ月二円で供給する。

③箱根水力電気は峰発電所までの送電分岐線と峰変電所を建設し、ここで一九一〇年以降、富士瓦斯紡績峰発電所から三七五〇キロワットを受電する。

④箱根水力電気は使用量の如何に関わらず峰発電所からの発電力に対し、一キロワット一カ年五三円三〇銭を支払う。

この契約により、箱根水力電気は保土ヶ谷発電所を予備火力とできるだけでなく、富士瓦斯紡績峰発電所からの三七五〇キロワットの電力も得ることになり、富士瓦斯紡績もまた余剰電力の有効活用が可能になった。

3　横浜電気の成立と電気供給システム

設立当初における箱根水力電気の営業目的は、あくまで京浜地域への電力供給であり、当時、電力供給に消極的であった先発企業・横浜共同電灯とは、市場面で必ずしも競合しなかった。さらに一九〇七（明治四〇）年五月、横浜共同電灯が神奈川電灯を合併したことにより、神奈川電灯が箱根水力電気との間で結んでいた一〇六六馬力の供給予約が、横浜共同電灯に引き継がれた[22]。そのため横浜共同電灯は、当初、箱根水力電気から電力を購入し、発電力不足を補う予定であった。

ところが富士瓦斯紡績との連合により、九〇〇〇キロワットの発電力と四万五〇〇〇ボルト高圧送電線二回線を揃えた箱根水力電気は、新たな需要先の獲得が必要となった。電力卸売りを構想しながらも、安定的な大口需要家が獲得できていなかった箱根水力電気は、電灯市場への進出を模索しはじめる。そして一九〇九年に入ると、横浜市において二キロワット以上の大口需要家に限り電灯供給事業を認可された[23]。こうして箱根水力電気、横浜共同電灯の両社は、横浜の電灯市場で直接対峙することになった。

この競争を回避するため、両社は一九〇九年五月、東京電灯社長・佐竹作太郎の仲介により合併協議を開始し、同年六月に合併の仮契約を締結、同年九月に合併して横浜電気となった[24]。その条件は、以下の通りである。

①株式の交換比率は一対一

②存続会社は横浜共同電灯。但し事業内容の変化にともない定款および社名を変更。
③取締役の増員。従来の七名から九名へ。
④合併にともなう資本金の増加。二〇〇万円から三二〇万円へ。
⑤一五〇万円を限度として社債を募集。うち一〇〇万円を一九一〇年二月に募集（年利六・三％）。

なお③によって選出された新会社の取締役は、旧横浜共同四、旧箱根水力四、電力共営契約を結んでいた富士瓦斯紡績一となっており、両社の合併が、資本的にも経営的にも全くの対等合併であったことがわかる。また⑤のように新会社は、合併直後に社債を発行し、旧箱根水力の借入金（六〇万円）返済と富士瓦斯紡績から受電するための峰変電所・送電線建設（三〇万円）を行うことになっていた。

箱根水力電気が開業前であるにもかかわらず、両社が対等合併を行っている点からみて、この合併は明らかに箱根水力電気側に有利であった。その点について、横浜共同電灯の支配人・上野吉二郎は、以下のように述べている。

> 此合併の動機とも称すべきは畢竟するに同一の区域に同一の営業を目的とする二会社が存在すれば自然競争が生する、競争をすれば相互に不利である、不利なるが故に茲に双方協議の上、合併するに至ったという次第である。箱根は主に動力の供給を目的として居りますが、併し二千ワット以上の需要家には電灯も供給することは出来る特許を得て居る。されば其二千ワット以下の小需要家には競争を生じないが其以上の大需要家には競争を来すことになる。而して箱根は横浜よりも恐らく電力料は安い様子であったからドッチかといへば横浜の方が箱根よりも苦痛を感する訳合である。[25]

傍点部分で上野が強調しているように、同一エリア内での競争になった場合、水力による低廉な電気を大量に供給できる箱根水力・富士瓦斯紡連合は、ランニングコストが高い火力中心の横浜共同電灯より明らかに有利であった。加えて後述するように、当該期の京浜地域では、昼間の電力需要が急伸しつつあり、現状における横浜共同電灯の発電

図8－2　1910年における横浜電気の送電系統図

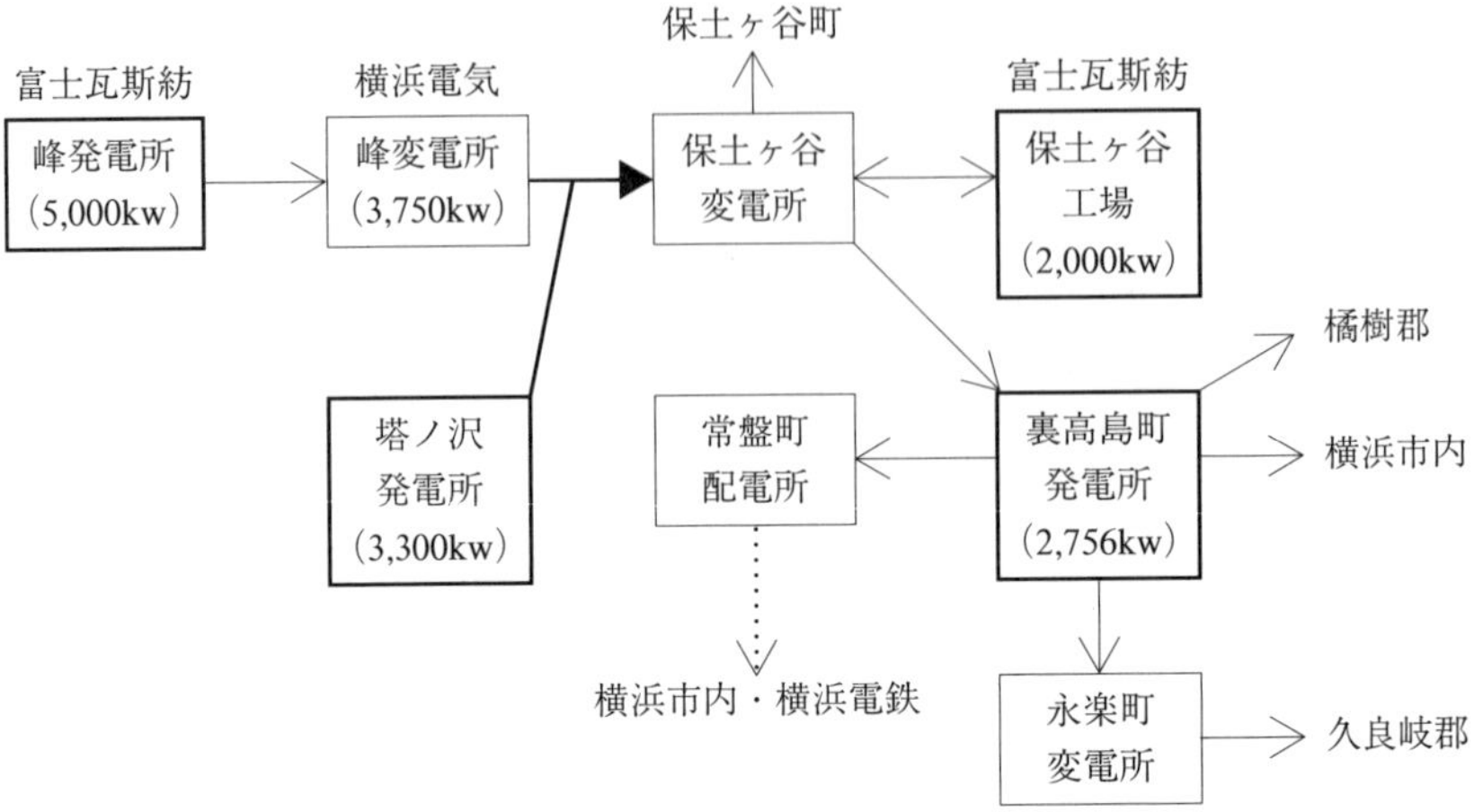

出典：『横浜電気株式会社沿革史』1922年および『電気事業要覧』1910年より作成.
注：太線は46,000v三相交流，他は図8－1に同じ.

力でそれに応えることは難しかったと思われる。そのため横浜共同電灯側は、自前で水力開発に乗り出すよりも、箱根水力電気と合併して発電力を強化した方が得策であると判断したといえよう。一方、箱根水力電気側も建設費の膨張にともなう資金不足といった深刻な問題を抱えており、前述した好条件を袖にしてまで横浜共同電灯に競争を仕掛ける意欲はなかった。このような両社の思惑が絡み合って、比較的スムーズに合併が成立したのである。

こうして設立した横浜電気は、一九一〇年七月、富士瓦斯紡績峰発電所から三七五〇キロワットの受電を開始し、塔ノ沢発電所（三三〇〇キロワット）と並列運転を行う。その結果、従来の裏高島町火力発電所（二七五六キロワット）とあわせると、同社は総発電力九八〇六キロワット（この他に予備三〇〇〇キロワット）という大きな発電力を持つことになった。図８－２は、この段階における横浜電気の送電系統の概念図である。その基本的な流れは、塔ノ沢と峰から特別高圧で送電された電気を保土ヶ谷変電所で降圧し、裏高島町へ送って市内へ配電するというものであった。

このように旧箱根水力電気が構築した「点対点」送電のシス

テムと、旧横浜共同電灯が完成させていた中央集中火力発電所を軸とした万能システムを、保土ヶ谷—裏高島町間の送電線で接合し、水火併用のシステムを構築したところに、横浜電気の特徴があった。それは水力と火力を組み合わせて送電事故などによる停電を防止できるという意味で、電気の質的向上という点ではバランスの取れたものであった。しかしそのシステムは、合併の経緯からも明らかなように、正確な需要予測に基づき、計画的に発電力を増強したものではなかった。そのため成立直後の横浜電気は、大幅な余剰電力を抱えることになったのである。

4　電灯・電力市場の拡大と横浜電気

急増した発電力を、前述した供給システムで運用する体制を整えた横浜電気は、一九一〇（明治四三）年以降、積極的に市場開拓に取り組みはじめた。まず電灯の面では、一九一〇年八月から一三年にかけて、段階的に料金を引き下げ、小口需要の拡大を目指した。表8-4からその模様を概観すると、とくに電灯料金の引き下げ幅が大きく、一九一〇年の定額（一〇燭光）・一円二〇銭から一一年には九〇銭、一三年には六五銭と、わずか三年間の間に半額近くになっている。これにともない表8-2が示すように、電灯需要は一九一〇年の一〇万灯から一三年の二六万灯へと急伸した。

これに対して電力料金は、一九一〇年に昼間電力料金（定額）を一五円から一二円に引き下げたことにより、電動機需要がほぼ倍増したことがわかる（表8-4）。横浜電気は富士瓦斯紡績からの受電に先立ち、一九〇九年の段階で横浜船渠、日清製粉、人造肥料会社といった大規模工場と電力供給契約を行い[26]、受電開始後の一九一一年四月には、横浜電気鉄道へも三〇〇キロワットの電力供給を開始していた[27]。しかし電力需要が本格的に伸張しはじめるのは、むしろ一九一三年に定額を据え置いたままで、昼間の従量料金を一気に五分の一以下にするという料金改正を行ってからであった。その模様をまず表8-5からみてみると、一九一〇年までは造船・鉄工を中心に、電力供給による電動

表8－5　横浜市における電動機数の推移

	1908年			1910年			1913年		
	電力供給	自家発電	合計	電力供給	自家発電	合計	電力供給	自家発電	合計
酒類醸造業・飲料品製造	1	7	8	1		1		1	1
製粉・食品製造				1		1	2		2
製氷冷蔵							1		1
織物							3		3
衣類シャツ類製造				2		2	2		2
打綿・染色製錬				3		3	3		3
木材及木製品				1		1	5		5
油類製造				1		1	3	1	4
肥料製造				2		2	16		16
石鹸製造				1		1	1		1
染料製造							1		1
紙製品製造							1		1
石材加工				1		1	2		2
金属諸製品					14	14	71		71
船舶製造修理及鉄工業		10	10	5	10	15	12	10	22
楽器製造				1		1	7	7	14
電気付属品							1		1
麻真田製造				1		1	24		24
新聞・印刷・製本	3		3	2	2	4	15		15
帽子製造							4		4
電気及ガス製造業		13	13					6	6
総計	4	30	34	22	26	48	174	25	199

出典：『横浜市統計書』第7回，第9回，第12回.
注：職工10人以上を使用する工場を掲載.

機が散見できるが、まだ自家発電の方が優勢であった。しかし一九一三年になると肥料製造、造船・鉄工、金属諸製品、麻真田製造、印刷といった分野で、電力供給による電動機利用が急速に普及した。一三年時点における自家発電は、造船・鉄工や楽器製造の分野にまだ残存しているが、その比重は大きく低下している。この点をふまえて、次に一九一六（大正五）年段階における横浜電気の主要な電力供給先を検討してみよう。表8－6が示すように、この時点における横浜電気の顧客は、製鋼、製油、薬品製造、製粉といった比較的大口の需用先と、電線製造、製材、肥料製造のような中規模の需用先、さらには精米、麻真田に代表される小口の需要先の三層から構成されていた。なかでも注目できるのは、電線製造、精米といった中小の電力需用が、馬力数で上位を占めている点である。この点は、一九一〇年代における横浜の電化が、大規模工場だけでなく、中小規模の作業場からもはじまっていたことを示しているといえよう。

さらに供給余力の発生により、供給区域の外延的な拡張もはじまった。まず一九一〇年九月、横須賀市での電力供給許可を得て、翌年四月から横須賀海軍工廠に電力を供給しはじめる[28]。その後、横須賀電灯瓦斯（一一年八月）、江之島電気鉄道（同年一〇月）を次々に合併し、三浦郡や鎌倉郡、高座郡などを供給区域に編入していった。

表8-6　横浜電気供給区域内における電動機の主要用途
(1916年5月現在)

	用　途	個数	馬力数	同全体比	1台当たり馬力数
1	電線製造	86	757	13.7%	8.80
2	精米	565	554	10.0%	0.98
3	製鋼	11	492	8.9%	44.73
4	製油	15	465	8.4%	31.00
5	工業薬品製造	11	381	6.9%	34.64
6	製材	50	286	5.2%	5.72
7	麻真田製造	274	260	4.7%	0.95
8	鉄工	99	239	4.3%	2.41
9	製粉	5	219	4.0%	43.80
10	肥料製造	24	214	3.9%	8.90
	電動機総計	1,653	5,529		657.6

出典：横浜電気株式会社『大正五年上半期電気事業報告書』(1916年).

このように新会社成立後、一貫して拡張路線をとってきた横浜電気は、経営的にはどのような状態だったのであろうか。表8-3から一九一〇年以降の事業成績をみると、総資本利益率が旧横浜共同電灯時代の一一～一三%から一〇%前後へと若干低下していることがわかる。さらに新会社設立後、一旦、四〇%台まで低下していた営業費率も、富士瓦斯紡績からの受電がはじまった一九一〇年下期以降、再度上昇をはじめ、一一年下期には再び六〇%台に戻ってしまった。このように、度重なる合併にともなう総資本の膨張と、買電によるコスト上昇により、旧横浜共同電灯時代に比べると、横浜電気の収益性は若干低下した。自社発電所の容量が、規模の経済性を十分に発揮できるほど大規模ではなかったにもかかわらず、買電に依存した水火併用の供給システムを作り上げたことは、横浜電気にとって、大きな負担になったと思われる。

さらに一九一一年四月、周布兼道らによって相模川水力電気の設立願が提出されると、横浜電気が固執してきた地域独占にも危険信号がともりはじめる。相模川水力電気の事業計画は、酒匂川上流に水力発電所を建設して横浜市内へ送電し、電灯・電力を供給する計画であり、東京市における電灯の重複許可もあって、事業認可が下りるのではないかといわれていた。(29) このように電気事業に「自由競争」の原理を導入する意見が台頭した背景には、以下のような独占企業に対する利用者の批判が存在した。


自由競争に頼らずして収め得るべき利益は、当然之を公共の上に提供するを怠る勿らんことを欲するに在り。然るに会社は毎季一割以上の配当を壟断して独占事業の性質上応さに尽くすべき対公共的任務を等閑に附しつゝ、ありし嫌ひなきにあらず。……現時の金融状態たる所謂四朱若しくは五朱の利率を上下しつつある時代に於て、一割以上の利益配当を為して恬然たるに至りては、聊か会社の公共に対する用意程度を疑はざるを得ざるものあり。(30)


この動きに危機感を募らせた横浜電気は、一九一一年四月、市内電気営業許可に関する陳情書を逓信省へ提出する。(31)

その内容は、横浜市内への供給過剰、発電力の余裕、料金の低下を理由に相模川水力の出願の却下を要求するものであった。さらに同年六月には、横浜電気は独占利益の還元を求める横浜市との間に、報償契約を締結することになった。(32) これは横浜市内における独占的な電灯供給を条件として、営業収入の六％を報償金として市に納付するという契約である。(33) 純益ではなく、収入の六％を上納するという条件は、横浜電気にとって厳しいものであったが、独占による公共性の壟断という批判をかわすため、やむなく市との報償契約に応じたのである。なお世論の怨嗟の対象であった高配当は、前述した収益性の低下に報償金負担が加わったため、一九一一年以降、それまでの一三％から一一％に低下した。

以上のように横浜電気の水火併用システムは、安定的な電気供給という点で、横浜市周辺における電力利用の普及に寄与したと思われるが、経営的には必ずしも好成績を上げたというわけではなかった。さらに一九一〇年代に入ると、電気事業の公共性的性格についての認識が急速に深まったことから、同社の経営行動には多くの制約が加えられることになった。その結果、横浜電気の利潤は、徐々に圧迫されるようになったのである。

第三節　富士瓦斯紡績の電気供給システムと京浜地域

1　富士瓦斯紡績と電気事業

横浜電気が横浜市を主たる供給区域としていたのに対して、その周辺部である橘樹郡を中心に電力供給事業を展開したのが、兼営電気事業で有名な富士瓦斯紡績であった[34]。

富士瓦斯紡績は、前述した箱根水力電気との電気事業共営契約に基づき、一九〇九（明治四二）年一一月の峰発電所運転開始と同時に、電気事業に参入した。前掲表8-2から開業後における兼営電気事業の営業内容をみると、工場周辺地域への電灯供給が一部存在するものの、大半は箱根水力電気の契約を引き継いだ横浜電気への電力供給であったことがわかる。一方、事業成績の面では、一九一〇～一二年にかけて、固定資本利益率一三～一九％という高収益をあげている（前掲表8-3）。さらに電気事業への進出は、『富士紡績株式会社五十年史』が指摘するように、景気変動の影響を受けやすい紡績業のリスクを、安定的な電力収入を得られる電気事業によってヘッジするという意味も持っていた[35]。そのため、富士瓦斯紡績は峰発電所の完成後、直ちにさらなる水力開発に向かうことになった。

一九一〇年三月、富士瓦斯紡績は、新発電所の建設を目指して、上須川での水力使用許可を得た。その後、この水利権をめぐって、相模川水力電気（一九一一年四月設立）との間で紛争が生じ、計画が若干遅れた。そこで専務取締

表8－7　日露戦後期における特別高圧送電線

企業名	発電所	変電所	ボルト数	距離(km)	回線数	完成年月	備考
東京電灯	駒橋	西早稲田	55,000	76	2	1907年12月	
横浜電気	塔ノ沢・峰	保土ヶ谷	46,000	58	2	1909年5月	1910年8月峰変電所竣工
東京電灯	八ツ沢	淀橋	55,000	64	4	1912年7月	
鬼怒川水力電気	下滝	尾久	66,000	124	2	1913年1月	東京市電気局へ供給
桂川電力	鹿留	六郷・戸塚	77,000	95／85	2	1913年5月	日本電灯・京浜電気鉄道へ供給
利根発電	上久屋・岩室	市川	66,000	117	2	1913年8月	1915年7月岩室発電所竣工
富士瓦斯紡績	峰・須川	駒沢	66,000	73	2	1913年10月	玉川電気鉄道・鬼怒川水力電気に供給

出典：『電気事業要覧』各年および東京電力編『関東の電気事業と東京電力』（2002年）第2章.

役・和田豊治は自ら相模川水力電気の相談役に就任し、豊富な電気技術スタッフを擁していた富士瓦斯紡績が、相模川水力への技術援助を行うという条件で水利権問題を解決する。こうして一九一二（大正元）年一二月、須川発電所（出力五二五〇キロワット）が完成した。

須川発電所の建設工事と並行して、富士瓦斯紡績は新たな需要先の確保にも着手する。まず従来からの取引先である横浜電気との間で、新規に一二五〇キロワットの電力供給契約を結んだ。さらに一九一一年三月には玉川電気鉄道との電気供給仮契約（三六〇〇キロワット）を締結し、同時に同社への資本参加も決定する。(36) このうち前者は、須川・小山間の送電線を建設すれば、小山経由で前述した横浜電気峰変電所へ送電することが可能であった。しかし後者については、富士瓦斯紡績自身が東京近郊の駒沢に変電所を設けて電力を受け渡す約束であったため、東京に達する自前の送電線を建設する必要に迫られる。その結果、同社は峰－駒沢間約七三キロメートルに、六万六〇〇〇ボルトの特別高圧送電線（東京幹線）を建設することにした。

東京電灯が駒橋－西早稲田間（七六キロメートル）に、五万五〇〇〇ボルトの特別高圧送電線を建設して以降、表8－7のように関東平野周辺の山間部から、巨大な市場である東京へ向けて七〇～一二〇キロメートル規模の送電線建設が相次いだ。変圧器や高圧碍子を中心とする送電技術の発達により、日露戦争以前には困難と思われていた長距離送電が、急速に普及しはじめた。富士瓦斯紡績は、このような一種の長距離高圧送電ブームに乗るかたちで、東京市場への直接進出を試みることになったのである。

一方、特別高圧送電の建設と運用には、技術スタッフの充実が必要である。そこで同社は一九〇五年一二月、まず小山工場電気係主任技師（漆田、峰両発電所担当）として京都帝国大学出身の工学士・太田利行を採用する。[37]その後、表8‐8が示すように、一九〇六～八年にかけて工手学校出身者を中心に、太田を補佐する現場電気技術者を数多く採用し、本格的な電気事業を展開する陣容を整えた。彼らの多くは工手もしくは工頭という身分で入社し、峰発電所や須川発電所の建設工事に携わった後、一九一二年前後には技手に昇進して発電所や送電線の管理・運用にあたっていた。このように電気技術者の直接雇用を行い、継続的に電気事業を展開するための技術者集団を形成していたことが、一九一三年以降の東京幹線や川崎・保土ヶ谷両変電所の自力建設を可能にした技術的要因であったといえよう。[38]

長距離高圧送電線を自ら建設することで、京浜市場への直接参入を果たした富士瓦斯紡績は、その送電線を有効に利用すべく、以後さらなる発電力の増強を目指していく。具体的には一九一四年三月、山北発電所（出力六四五〇キロワット）を建設中であった相模川水力電気を合併し、その工事を同年一二月に竣工した。これにより同社は、合計一万二二五〇キロワットの営業用電力を確保するとともに、相模川水力電気が得ていた横浜市周辺への電力供給権を継承した。この段階における富士瓦斯紡績の電気供給システムを図示すると、図8‐3の通りとなる。この図から同社が、峰‐駒沢間の「点対点」送電を行うだけでなく、途中の瀬谷、中川に開閉所を設けて川崎、保土ヶ谷両工場へ分岐線で送電し、そこを足場に電気供給事業を拡張していることがわかる。富士瓦斯紡績はこれ以降も、一九一六年に秦野変電所（秦野町への供給）、一八年には平塚分岐線および平塚変電所（相模紡績への供給）というように、東京

表 8-8　富士瓦斯紡績小山工場電気係の人員配置

	学歴・職歴	入社時期・身分	担当事項・身分	移動先
太田利行	1901 年京都帝大電工卒・高崎水力電気技師長	1905 年 12 月技師	1910 年小山工場電気係主任技師	1913 年本店工務部
小杉俊雄	1911 年東京帝大電工卒	1911 年 7 月技師	1913 年小山工場主任技師心得	
新井徳次郎		1908 年 9 月技手	1913 年峰発電所・技手	1915 年依願解雇
山下兼盛		1912 年 6 月技手	1913 年峰発電所・技手	1914 年押上工場
高桑他一郎	1905 年工手学校電工卒・同年芝浦製作所		1913 年峰変電所・技手補	
平沢鈷太郎		1906 年 12 月工頭	1912 年須川発電所・技手補	1913 年川崎工場
大沢帰一		1912 年 6 月技手	1913 年小山発電所，小山・菅沼変電所・技手	1924 年依願解雇
田山収		1907 年 8 月給仕	1912 年小山発電所・工手	1917 年川崎工場
久世愛三郎		1906 年 12 月工手	1912 年須川発電所・技手	1914 年保土ヶ谷工場
篠塚岩蔵	1907 年工手学校電工卒	1908 年 12 月工頭	1908 年小山変電所，13 年須川発電所・技手	1914 年保土ヶ谷工場
石崎松五郎	1898 年電友社	1898 年 9 月工手補	1913 年須川・峰間，峰・相模川間送電線路，市内電灯，工場配電，電話担当・技手	1916 年川崎工場
岡本信次郎	1898 年工手学校電工卒・同年芝浦製作所	1902 年技手	工場電灯・電話担当	
室伏賢二	1908 年工手学校電工卒	1908 年 10 月工頭	1908 年漆田発電所，13 年須川・峰間，峰・相模川間送電線路，市内電灯，工場配電，電話担当・技手	

出典：富士瓦斯紡績株式会社小山工場『職員名簿』.

図8－3　1914年における富士瓦斯紡績の送電系統図

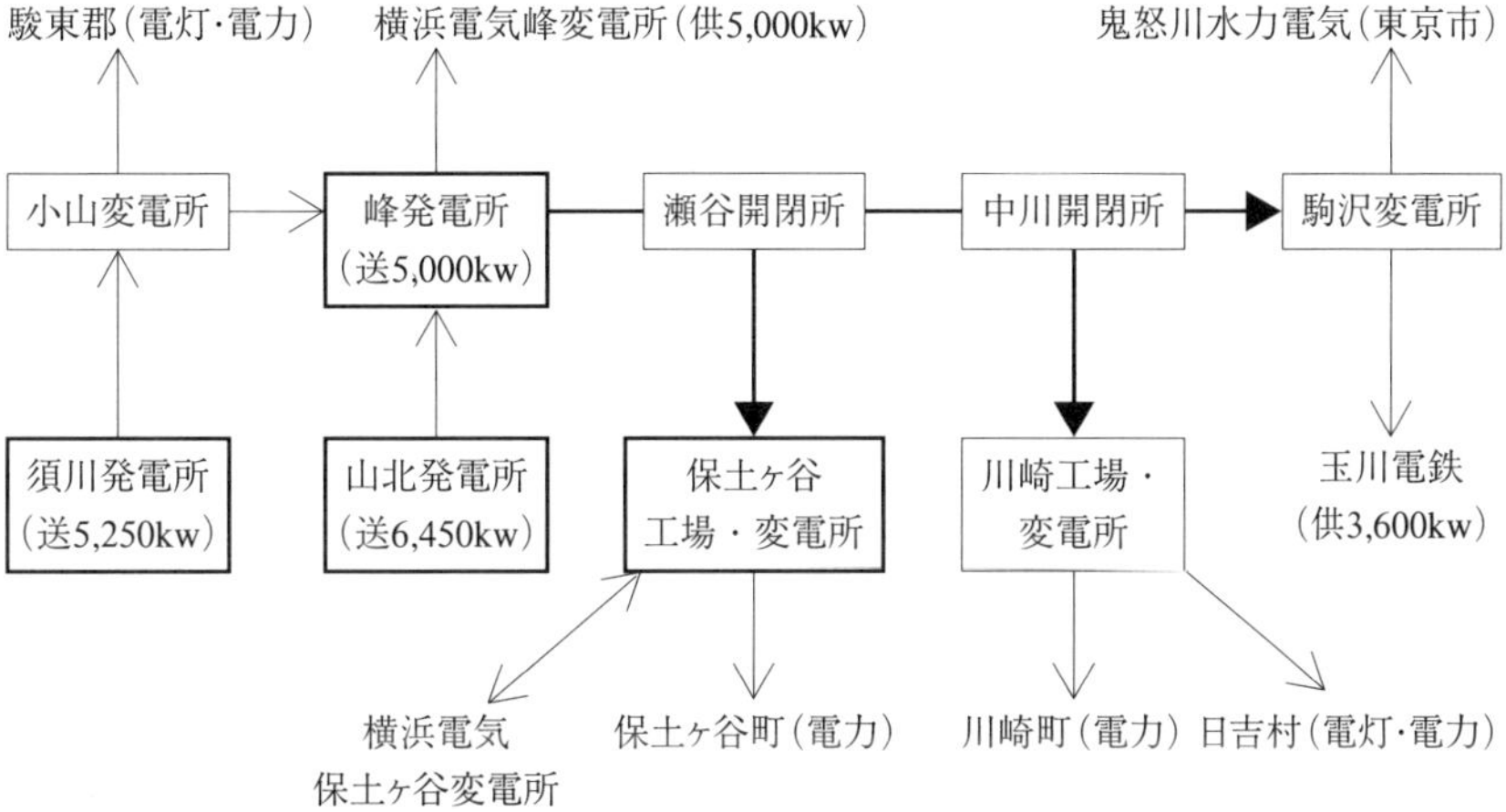

出典：『富士紡績株式会社五十年史』1947年および『電気事業要覧』1914年より作成.
注：太線は66,000v三相交流，他は図8－1に同じ．送は送電，供は供給の略.

幹線を軸としながらも、分岐線を多数設けることで、沿線地域を自社の電気供給システムに取り込んでいった。その意味で、東京幹線の完成は同社の電気事業にとって、単なる東京市場への参入に止まらない、重要な意義を有していたといえよう。

2　電気供給システムの利用と橘樹郡

このような京浜地域を貫く電気供給システムの完成は、富士瓦斯紡績の本業である紡績業の展開にとっても重要であった。富士瓦斯紡績は、従来、動力源である水力が得られる小山に主力工場を立地してきた。しかし山間部である小山は、鉄道沿線とはいえ、やはり原料調達や製品販売の面では不利であり、廉価な動力が得られるのであれば都市立地のほうが望ましかったといえる。そこで富士瓦斯紡績は、東京幹線の建設中であった一九一二年七月、その沿線である橘樹郡川崎町に新工場を建設することにした。一九一四年七月に一部竣工し、翌一五年一月に完成した川崎工場は、敷地総坪数一三万坪、プラット社製精紡機四万三九〇四錘、労働者数約二五〇〇人の大規模な綿紡績工場であり、その動力源はすべて、東京幹線から中川開閉所で分岐した川崎分岐送電線（一一キロメートル）によって送られてくる電力であった[39]。その画期性について、和田豊治は以下のように述べている。

器械は曩に渡欧の際、親しく彼地の実況を視て採用したる最新式にして、精紡機には一台毎に「モートル」を備へ付け、梳綿機には真空掃除装置を施せる等改良の点尠なからず……又た原動力は当会社小山工場所在地付近に於ける豊富なる水力電気を使用し一千五百馬力を機械運転並に電灯用に充て余力を当地方の各需用先に供給販売するの設備を整へたり[40]。

前半部分からわかるように、川崎工場は精紡機を大型モーターによる集団運転ではなく、小型モーターによる単独運転にした点に特徴があった。単独運転は、集団運転に比べ、①伝導軸の掣肘を受けないため合理的な機械配置が可能、②機械ごとに止動が自由である、③ベルトの回転による綿塵が少なくなる、④操短などによる停台の場合も電力の損失が少ない、⑤工場の建設費が低廉になるといった利点があった[41]。このような小型モーターによる精紡機の単独運転は、昭和初期に一般に普及したといわれているが[42]、富士瓦斯紡績ではすでに一九一四年の段階で、このような新技術を導入している。それは低廉で豊富な電力を、効率的に使用するための画期的な技術革新であった。

また引用史料の後半部分が示すように、川崎工場は小山から送られてくる一五〇〇馬力（五四〇〇キロワット）という豊富な電力を擁していたため、工場内の電灯・電力需要を満たすだけでなく、周辺の工場へも電力を供給する余力があった。そこで富士瓦斯紡績は、川崎町や日吉村で電灯・電力の供給許可を取得し、小売り事業を開始する。表8－9が示すように、富士瓦斯紡績川崎工場の周辺には東京電気のような大工場だけでなく、麻真田製造業のような中小工場が数多く立地していた。富士瓦斯紡績は大容量変電所（田島村に所在）から低廉な電気を供給することを通して、このような中小工場の叢生を動力面から支えていたのである。

さらに一九一四年一二月には、東京幹線瀬谷開閉所から保土ヶ谷変電所までの分岐線（約一〇キロメートル）を建設し、保土ヶ谷工場へも直接電力を供給しはじめる。保土ヶ谷変電所は七五〇〇キロワットという大容量であり、自

表8－9　川崎町・保土ヶ谷町周辺における工場（1915年現在）

企業名	町村	創立年	職工数	動力	製品
東京電気	川崎町堀之内	1896年	965	電力	電球, ソケット
日本改良豆粕	川崎町堀之内	1913年	45	汽力・電力	改良豆粕
富士瓦斯紡績	**川崎町久根崎**	**1914年**	**2,353**	**電力**	**綿紡績**
日本蓄音器	川崎町久根崎	1909年	106	汽力	蓄音器
鈴木商店	川崎町久根崎	1914年	100	汽力	味の素
岡本製紐工場	川崎町久根崎	1912年	14	電力	麻真田
中島工場	川崎町久根崎	1912年	12	電力	麻真田
浅井製紐工場	川崎町久根崎	1914年	25	電力	麻真田
鳥養工場	川崎町新宿	1910年	98	電力	麻真田
石井工場	川崎町新宿	1912年	14	電力	麻真田
堀山製紐工場	川崎町砂子	1912年	12	電力	麻真田
田村工場	川崎町	1912年	18	電力	麻真田
荒井工場	川崎町	1915年	10	電力	麻真田
日本鋼管	田島村	1914年	978	電力	鋼管，条鋼
塩田製紐工場	大師河原村	1912年	21	電力	麻真田
相原製紐工場	大師河原村	1912年	29	電力	麻真田
中山麻真田製紐工場	大師河原村	1912年	30	電力	麻真田
明治製糖	御幸村	1906年	115	汽力	精製糖
御幸煉瓦製造場	御幸村	1888年	32	汽力	煉瓦
富士瓦斯紡績	**保土ヶ谷町**	**1903年**	**3,998**	**電力**	**絹糸紡績**
大日本麦酒	保土ヶ谷町	1906年	118	汽力	炭酸水ほか
斉藤刺繍工場	保土ヶ谷町	1910年	36	なし	羽二重着物等
柏木麻真田工場	保土ヶ谷町	1912年	32	電力	麻真田
保土ヶ谷製紐工場	保土ヶ谷町	1912年	10	電力	麻真田
梅沢製紐工場	保土ヶ谷町	1915年	10	電力	麻真田
棚橋製紐工場	保土ヶ谷町	1915年	22	電力	麻真田

出典：『大正四年 橘樹郡統計一覧』（1917年，橘樹郡役所），農商務省編『工場通覧』（1918年，日本工業倶楽部）および「川崎方面ノ工業」（1916年3月刊行，神奈川県内務部）服部一馬氏校訂・解説『経済と貿易』88号（1966年）．

社工場用電力需要を大きく上回っていた。そのため保土ヶ谷でも工場を起点として、周辺地域への電力供給が本格化することになった。表8－9からわかるように、川崎町ほどではないが、一九一五年の時点で早くも、麻真田製造業を中心とする電力を利用する中小工場が、保土ヶ谷工場の周辺に立地している。

従来、独自の送電線を持たず、峰変電所で横浜電気に電力を売り渡していた富士瓦斯紡は、以上のように一九一三年以降、自らの特別高圧送電線により、直接、京浜地域と結びつき、電力供給事業を本格化した。玉川電気鉄道との関係に見られるように、取引相手への資本参加さえ行って、電力需要を喚起するという積極的な姿勢は、当該期の同社が電力供給事業を紡績事業と並ぶ、もう一本の重要な営業の柱と位置づけていたことを示している。そのため工場に付置した大容量変電所を足場として、積極的に電力小売りに進出した。それは川崎町、保土ヶ谷町といった横浜周辺部にとって、工業化を促進するための重要な動力源になったのである。

おわりに

本章では日露戦後の横浜市と橘樹郡における電気事業の展開を、①電気供給システムの変化とその影響、②都市およびその周辺地域における電化の条件という二つの視点から検討してきた。その結果、以下の点が明らかになった。

①についてはまず、「点対点」送電時代の到来と新たな市場である電力市場の登場によって、従来の地域独占的な産業構造が崩れはじめ、電気事業における企業再編が進行していく過程を、横浜市の事例に注目しながら検討した。日露戦後の電気事業における最大の技術革新は、長距離高圧送電技術の発達と、それを応用した大容量水力発電所の建設にあった。この新技術をいち早く活用した企業は、発電コストの大幅な削減により、低廉な電気を豊富に供給することが可能になり、強い競争力を身につけることになる。ところが、横浜市における先発企業であった横浜共同電

灯は、日露戦争前後に火力発電での新技術導入に成功していたことが災いし、大規模水力開発に乗り遅れてしまった。そのため横浜市周辺における電力需要の発掘を狙って、一九〇七（明治四〇）年以降、箱根水力電気や富士瓦斯紡績といった水力発電を武器とする新規企業が、箱根や富士山麓から横浜への「点対点」送電を試みることになった。慌てた横浜共同電灯は、不利な条件にもかかわらず箱根水力電気と合併することで、水力発電に進出し、あわせて地域独占の維持を図ろうとした。こうして成立した横浜電気は、旧箱根水力電気が構築した「点対点」送電のシステムと、旧横浜共同電灯が完成させていた中央集中火力発電所を軸とした万能システムを接合し、水火併用のシステムを構築する。しかしそのシステムは、入念な需要予測に基づき、計画的に発電力を増強したものではなかったことから、成立直後の横浜電気は大幅な余剰電力を抱えることになった。さらに東京における電気料金引下げ競争の煽りを受けて、高料金批判を浴びた同社は、大幅な料金引下げも余儀なくされる。結果として、横浜市には豊富で低廉な電気が供給されることになり、規模の大小を問わず、急速に工場の電化が進展することになった。

一方、橘樹郡における電気供給システムを考える場合、重要な位置を占めるのが富士瓦斯紡績である。そこで次に、同社による電気事業進出の背景と意義を考えた。富士瓦斯紡績の特徴は、早期から水力発電に注目し、それを工場の主動力として活用した点にある。しかし紡績業を本業とする富士瓦斯紡績にとって、水力発電所は当初、工場の動力源としての意味しか持たなかった。ところが長距離高圧送電技術の発達により、同社小山工場周辺の豊富な水力は、経営資源として大きな価値を持つようになる。富士瓦斯紡績がその資源を本格的に利用するきっかけになったのは、一九〇九年に箱根水力電気と結んだ電気事業共営契約である。ただしこの段階では、富士瓦斯紡績の電気事業への取り組みはまだ消極的であり、市場にアクセスするための特別高圧送電線はすべて箱根水力電気－横浜電気に握られていた。富士瓦斯紡績が電気事業を紡績業と並ぶ事業の軸として、積極的に展開しはじめるのは、一九一一年に玉川電気鉄道と三六〇〇キロワットに上る大口の電力供給契約を結び、峰変電所から東京近郊・駒沢までの「点対点」送電線を自ら建設してからであった。一九一三（大正二）年に、東京幹線とよばれる六万六〇〇〇ボルト送電線が完成することによって、富士瓦斯紡績は直接、京浜地域と結びつき、独自の電気供給システムの構築に乗り出した。それに際して、重要な役割を果たしたのが、川崎町、保土ヶ谷町といった橘樹郡内に所在する同社の紡績工場である。富士瓦斯紡績は東京幹線中の開閉所から川崎、保土ヶ谷に向けて支線を敷設し、終点である両工場に大容量の変電所を設けて工場用動力を得るとともに、周辺地域への供給事業を本格的に開始した。とくに川崎工場周辺では、同社が供給する低廉で豊富な電力が、川崎町への工場の立地を促進する要因の一つになったといわれている(43)。

また②については、橘樹郡生見尾村の佐久間権蔵の日記を用い、京浜電気鉄道が沿線地域で電気供給事業を開始していく様子を、詳細に検討した。そこから得られた一つの結論は、電灯の普及に際しては需要家と電気供給業者の関係が重要であるが、電力の普及にはこの両者のほかに、多くの人々の関与が必要であったという点である。具体的には、廉価な国産小型モーターや諸機械を供給した電気器具製造業者やその販売仲介人、電気工事業者といった人々がそれに相当する。これらの人的資源が比較的容易に活用できるという点で、東京と横浜に挟まれた橘樹郡は、大変恵まれた立地条件を備えていた。東京・横浜を目指した長距離送電線の沿線になった当該地域が、農村地帯から工業地帯へと脱皮していく過程で、このような電力を活用する一種の「社会的能力」の存在は、重要な役割を果たしたと思われる。

以上のように、日露戦後の京浜地域では、新技術の導入を軸にして電気業者間の競争と協調が繰り広げられた結果、安定的な複数の電気供給システムが形成され、電気料金も大幅に低下した。さらに東京市のような電気技術や機械技術の集積した都市に隣接していたことから、工場電化に必要な物的、人的資源を調達するのも容易であった。こうして京浜地域では、全国に先駆けて、「電力の時代」と呼ばれる動力革命がはじまることになったのである。

注

(1) 『横浜市史 第五巻中』（一九七六年）第六編第一章（服部一馬氏執筆）。
(2) 同前、一～四七頁。
(3) このような電気供給システムの変化に着目するという研究視角については、T. P. Hughes, *Networks of Power: Electrification in Western Society, 1880-1930*, Johns Hopkins U. P., 1983（市場泰男訳『電力の歴史』平凡社、一九九六年）を参照。
(4) 以上、東京電力編『関東の電気事業と東京電力』（二〇〇二年）表2－3を参照。
(5) 京浜急行電鉄『京浜急行八十年史』（一九八〇年）三九六～三九八頁。
(6) 『電気之友』一八六号（一九〇七年一月）九五頁および京浜急行電鉄『京浜急行八十年史』（一九八〇年）四八七頁。
(7) 以上、横浜開港資料館編『佐久間権蔵日記 第一集』（一九九九年）一〇八～一一一頁。
(8) 同前、一一八頁。
(9) 神奈川町の米穀兼荒物・酒・煙草商（『横浜商工案内』一九一五年）。なお一九二一年の『最近横浜市商工案内』に掲載されている山口市五郎が、ここでいう「息子」と思われる。以上、山口伊三郎については横浜開港資料館・平野正裕氏にご教示いただいた。記して深く感謝したい。
(10) 以上、横浜開港資料館編『佐久間権蔵日記 第二集』（一九九九年）七二～七三頁。ただし一馬力原動機の本体価格は一〇〇円であった。
(11) 同前、七九頁。なお清水式精米器の製造元は清水工場（東京市神田区五軒町十四番地、場主・清水藤太郎）と思われる。同工場は無砂精米機を、合資会社清水商会（清水藤右衛門）を通して販売していた（以上、和田助一編『日本工業要鑑 第六版』工業之日本社、一九一三年）。なお清水式精米器の製造元に関しては、鈴木淳氏にご教示を得た。記して深く感謝したい。
(12) 以上、前掲『佐久間権蔵日記 第二集』七四～七九頁。
(13) 一八九八年運転開始の交流式集中発電所。一九〇六年現在、出力はカーチス・蒸気タービンを原動機とする二台（計一〇〇〇キロワット）を含む一七五六キロワット。横浜電気株式会社編『横浜電気株式会社沿革史』（一九二二年）一三七～一三九頁。
(14) 前掲『電力の歴史』二九六～二九七頁。

(15) 日本鉄道会社首唱発起人の一人。同社運輸課長、倉庫課長などを歴任した後、理事。同社退社後は房総鉄道会社社長をつとめる。同社国有化後、箱根水力電気を発起。同時に鬼怒川水系などにも水利権を取得。
(16) 『電気之友』一八六号(一九〇七年一月)一〇三頁。
(17) 以上、『電気之友』一八七号(一九〇七年二月)二〇三頁および同一九四号(同年九月)八二二頁。
(18) 日本ガイシ株式会社編『日本ガイシ七五年史』(一九九五年)一五頁。
(19) 工手学校電工科第一回(一八八九年)卒業の電気技術者。技術者出身の専務取締役の先駆けといわれる。
(20) 箱根水力電気の送電線については、前掲『関東の電気事業と東京電力』一二六~一二七頁を参照。
(21) 『電気之友』二二五号(一九〇九年二月)二四六頁および同二三四号(同年七月)一五~一九頁。
(22) 前掲『横浜電気株式会社沿革史』三一~三二頁。
(23) 『電気之友』二三六号(一九〇九年八月一日)。
(24) 前掲『横浜電気株式会社沿革史』三三~三四頁、三八~四〇頁。
(25) 『電気之友』二三六号(一九〇九年八月)一六九頁。
(26) 同前、一七〇頁。
(27) 前掲『横浜電気株式会社沿革史』年譜七頁。
(28) 同前、四一~四二頁
(29) 「新電灯と有力者」(『横浜貿易新報』一九一一年四月一九日)。
(30) 「新電灯と有力者(続)」および「動力調査会」(『横浜貿易新聞』一九一一年四月二〇日)。横浜経済協会常務理事から選出された動力調査委員は荒川、小野、原、来栖、渡辺(文)、高浜、中村、戸井の各氏。
(31) 前掲『横浜電気株式会社沿革史』一九一~一九九頁。
(32) 横浜電気と横浜市との報償契約については、高村直助「日露戦後における公益事業と横浜市財政」(横浜近代史研究会・横浜開港資料館編『横浜の近代』日本経済評論社、一九九七年)一一~一六頁を参照。
(33) ただし相模川水力が電力営業許可を受けたことにより、一九一一年一一月、報償率が一〇〇分の五に引き下げられる。
(34) 富士瓦斯紡績の電気事業への進出の概略については、前掲『関東の電気事業と東京電力』第二章を参照。
(35) 沢田謙・萩本清蔵『富士紡績株式会社五十年史』(富士紡績株式会社、一九五九年)一二八頁。

(36) 東京急行電鉄株式会社編『東京横浜電鉄沿革史』(一九四三年)二三七～二三八頁。
(37) 京都帝国大学電気工学科一九〇一年卒。高崎水力電気技師長を経て、富士瓦斯紡績に入社。
(38) これに対して土木工事面では、建設コンサルタントである東京測量社・磯長得三と設計・監督の委託契約を結び、さらに土木技術者についても東京測量社の社員を臨時技手として採用することで調達した(一九〇八年八月一日付「峰水路工事ニ関スル御引継事項ノ御参考」富士瓦斯紡績小山工場『明治四十一年　稟議書綴』所収)。
(39) 川崎工場開業式における和田専務取締役「式辞」『富士のほまれ』第七一号(一九一五年五月三一日付)。
(40) 同前。
(41) 日本繊維協議会編『日本繊維産業史　総論編』(日本繊維協議会繊維年鑑刊行会、一九五八年)七八八頁。
(42) 同前、三三頁。
(43) 神奈川県内務部編『川崎方面ノ工業』(一九一六年三月)服部一馬解説・校訂版(『経済と貿易』八八号、一九六六年)五三頁。

(付記)　本章の一部は、東京電力編『関東の電気事業と東京電力』(二〇〇二年)の筆者執筆部分(第二章)をもとに、加筆訂正を行ったものである。資料収集などでお世話になった東京電力株式会社総務部社史編纂室および小山町史編纂室の方々に深く感謝したい。

第9章　「大横浜市」の電力問題と東京電力

老川慶喜

はじめに

横浜市とそれに隣接する橘樹郡（川崎・鶴見・保土ヶ谷など）は、第一次大戦期に工業化が著しく進展し、工場動力の電化が促進された。とりわけ、川崎・鶴見方面では埋立による工場用地の造成と相俟って、大規模な工場の進出が相次いだ。また、保土ヶ谷方面でも保土ヶ谷曹達、日本硝子などの大工場の進出をみた。(1)

神奈川県商工課の調査によれば、一九一九（大正八）年現在における神奈川県下の電力使用工場は二七四二工場、四万一一六四馬力であった。そのうち、横浜市の電力使用工場は一九八八工場、一万〇六二七馬力、橘樹郡のそれは二二二工場、二万二七一六馬力であった。(2)すなわち、横浜市の電力使用工場は工場数で神奈川県下の七二・五%、電力使用量で二五・八%を占めていた。一方、橘樹郡の電力使用工場は、工場数では神奈川県下のわずか八・一%にすぎないが、電力使用量では五五・二%を占めていた。また、横浜市と比較すると工場数では同市の一一・二%にすぎないが、電力使用量では二・一倍となっている。そして、横浜市と橘樹郡を合わせると、神奈川県下の電力使用工場数の八〇・六％、電力使用量の八一・〇％を占めていることになる。

横浜市では、電力不足が工業化の障害になるものと考えられ、第一次大戦後市営電気事業が計画されるようになった。横浜市会は、一九一九年六月二八日、低廉な電力を豊富に供給し、電力の供給不足を解消することを目的に、市営水力発電事業の計画を可決した。その計画の大要は、山梨県南都留郡道志村から神奈川県津久井郡牧野村に至る区間の道志川左岸に三カ所の水路を開削し、理論馬力合計一万〇四八六馬力、すなわち発電所出力合計五九四六キロワットの電力を得て、四〇哩から二七哩の線路で横浜市内に送電しようという計画であった(3)。当時横浜市の電力料金は一キロワット時八銭で、大阪市（五銭九厘）、東京市（五銭）、名古屋市（四銭）、京都市（三銭八厘）などと比べて著しく高価であったが、市営水力電気事業が実施されると、一挙に一キロワット時二銭に下がるとされていた(4)。

横浜市の市区改正局長阪田貞明は、「可及的豊富にして且つ低廉なる動力を供給し工場の招致に努む可きである」という立場から市営水力電気事業について、つぎのように述べていた(5)。

電燈供給には唯一横浜電気会社あるのみで其の最近に於ける一日の発電力二万一千キロワツトを以ては既に需要を満たすに足らず殊に動力の動きは全く需要の申込に応じ切れない有様だと云ふ、従つて時局以来折角市内に於て企業《〔ママ〕》を見んとしたる工業も動力不足の関係より他に移り折角市が年来執り来れる工業招致の市是と相容れざる結果を現はしつゝある、故に電力就中動力供給の完全は工業発展の一要素として喫緊の施設たる可く若し会社側に於て其拡張を不可能とする事情ありとせば市営を以ても断行する事が刻下焦眉の急務である

横浜市では、神奈川県に対して道志川における発電の認可申請を行ったが、道志川にはすでに富士瓦斯紡績、京浜電鉄、道志川水電などが発電を出願していた。また、神奈川県でも、一九二〇年一二月二二日の県会で相模川、酒匂川など県内各河川に官民合同で水力発電を起こすことを可決していた。山梨県の許可は得たものの、神奈川県とは競

合することとなり、横浜市の市営水力発電計画は頓挫することとなった。

横浜市の市営電気事業計画は、取水口・放水口とも山梨県南都留郡道志村にある第一水路、取水口は道志村にあるが放水口は神奈川県津久井郡牧野村にある第二水路、そして取水口・放水口とも牧野村にある第三水路のうち、まず第一期工事として第三水路を建設するとしていた。しかし、神奈川県がこれを保留したため、横浜市の市営水力電気事業の計画は「出願以来一年有余を本県〔神奈川県〕の手許にて握潰され」ることになった。(6) 一九二一年に横浜市では水力発電促進協議委員会を結成したが、神奈川県でも二一年九月一九日の財務調査会で、「県財源の補足及工業奨励等の為め」に道志川、相模川および芦ノ湖の水利による発電計画を具体化した。(7)

こうして、横浜市の市営電気事業計画と神奈川県の県営電気事業計画は対峙したまま事態が進行したが、そうした中で東京電燈は企業合同を積極的に進め、関東地方における電灯・電力供給事業の独占をはかり、横浜市と橘樹郡の電力需給関係に変化が現れるようになった。東京電燈が一九一二年から関東大震災前までに合併ないし買収した電力企業は一二社に及び、それにともなって資本金も一九一九年の二億一〇〇〇万円から二三年上期には二億五八〇〇万円に増加した。この過程で、東京電燈は一九一二年五月に横浜市域を主要な供給区域としていた横浜電気、二二年一〇月には桂川筋の電源を全面的に掌握して川崎方面に供給区域を獲得した桂川電力を合併した。(8) 当時の新聞は東京電燈による企業合同の模様を「関東方面に於ては東京電燈会社が積極方針を採つて利根発電、桂川電力、横浜電気、第二東洋電気、高崎水力其他の小会社を合併して京浜を中心とする一大合同成り更に系統的に拡張の意嚮あり」(9) と報じた。また、東京電燈社長の神戸挙一は、同社が電力会社の買収統一を計画したのは、東京市を唯一の供給区域としていたため、「本社自衛の必要方針より」実施したものであるとしている。(10)

東京電燈は京浜電力の合併も企て、一九二二年五月には合併に関する仮契約が調印された。しかし、この合併は実現せず、京浜電力は群馬電力との関係を強めていった。こうして、一九二三年当時の横浜市とその隣接地域である橘

表9－1　横浜市・橘樹郡における電力供給会社（1925年）

社　名	代表者	事務所所在地	供給区域	払込資本金（固定資本金）
東京電燈横浜支店	神戸挙一	東京市麹町区有楽町	横浜市，横須賀市ほか47カ町村	193,770 千円
富士瓦斯紡績	持田　巽	東京府南葛飾郡大島町	横浜市，平塚町ほか40カ町村	7,734
東京湾埋立	浅野総一郎	東京市京橋区山城町	田島村ほか3カ村	5,739
群馬電力	安田善五郎	東京市麹町区永楽町	横浜市，大井町ほか20カ村	6,000
京浜電力	若尾幾造	東京市麹町区永楽町	横浜市	23,000

出典：逓信省電気局編『第十六回電気事業要覧』（社）電気協会，1925年1月，12～15頁．

樹郡では、表9－1に見るように東京電燈、富士瓦斯紡績、東京湾埋立、群馬電力、京浜電力などが電力を供給していた。

電気事業市営の要求は、関東大震災後の復興過程で再び台頭した。横浜市復興会の工業部会ではしばしば電灯料金低減化のためには電気事業の市営を実現すべきであるとされた。工業部委員長の中村房次郎は、「将来に於ける工業招致の見地よりするも〔電力〕料金の低下は刻下喫緊の要務」であるという認識のもとに、電力市営をはかるべきであるとした。中村によれば、電力料金の低下をはかるためには複数の電気事業者の自由競争を促進させるべきであるが、横浜市の場合は東京電燈が独占的な地位を築いているので、「新に競争者を入る丶の余地極めて少」ないのであった。また、強いて自由競争を断行しても、いずれ今日のように「将来に於て両者の合併又は融合となり再び独占的位置に立ち需要者を掣肘する」ようになると思われる。このように考えて、中村は「市民をして安じて低廉なる電力を使用せしむる方途は電力市営に依るの外なき」と結論するに至るのであった(11)。

しかし、余剰電力に悩む東邦電力はこの頃から京浜市場への進出を企てた。東邦電力は、群馬電力や早川電力など、京浜市場に電力供給権をもつ中小電力会社を支配下に置き、さらに一九二五年三月には群馬電力と早川電力を母体に東京電力を設立した。京浜市場で東京電燈と激しい「電力戦」を展開するのは、この東京電力であった(12)。

それればかりでなく、横浜市と橘樹郡には関西地方の卸売電力会社である、日本電力や大同電力も進出の機会をうかがっていた。この地域では、東邦電力（東京電力）、日本電力、および大同電力と東京電燈がしのぎを削ることになったのである[13]。大同電力は、一九〇〇年に橘樹郡一円を供給区域として天竜川の水力を輸送することを許可され、日本電力も同年に黒部川の水力輸送を許可されたばかりでなく、鶴見埋立地に火力発電所を建設する計画を立てていた[14]。また、橘樹郡大綱村の飯田助夫の日記には、東京電燈や日本電力、大同電力が土地測量をしたり変電所の建設や高圧線の架設をはかり、地域住民との間に摩擦を惹き起こしていることが記述されている[15]。こうして、「大横浜市」建設の過程で、鶴見・川崎地域などの橘樹郡は「将来京浜間唯一の電気の消費地」と目されるようになった[16]。

そこで、本章では、関東大震災後から昭和恐慌期にかけて展開する、横浜市と橘樹郡における東京電燈と東京電力の経営活動を検討し、それが横浜市の工業化、さらには「大横浜市」の建設にいかなる意味をもったかを明らかにしたい。「電力戦」については、これまで五大電力体制の形成との関連で問題とされてきたが[17]、ここでは地域の工業化（電化）との関連を考えることにしたい。

第一節 「大横浜市」の電力問題

一九二一（大正一〇）年一二月の調査報告書『横浜市の動力問題に就て』によって横浜市の電力料金を東京、京都、および名古屋と比較すると表9‐2のようである。横浜市の月極電力料金は、京都市に比較して一馬力につき五円以上も高価で、東京市や名古屋市の電力料金をも大幅に上回っている。横浜市の電力料金が高価なのは、「極メテ小数ノ例ヲ除クノ外東京電燈会社営業ノ独占ニ帰シ市内ノ電力需要ノ全部カ同会社ノ供給スル所[18]」となっていたからである。また、横浜市における供給電力は潤沢ではなく、「東京方面ヨリ送電補給ヲ受ケツツアルト且亦東神奈川発電所

表 9-2　主要都市電力料金比較（1921 年 12 月）

都市名	昼夜間別	1 馬力	5 馬力以上	10 馬力以上	20 馬力以上
東　京	昼間	6 円 50 銭	6 円 00 銭	5 円 50 銭	5 円 25 銭
	昼夜間	11 円 00 銭	10 円 00 銭	9 円 50 銭	9 円 00 銭
京　都	昼間	5 円 95 銭	4 円 90 銭	4 円 50 銭	4 円 15 銭
	昼夜間	11 円 90 銭	9 円 80 銭	9 円 00 銭	8 円 30 銭
名古屋	昼間	7 円 50 銭	7 円 00 銭	6 円 50 銭	6 円 25 銭
	昼夜間	13 円 00 銭	12 円 00 銭	11 円 00 銭	10 円 50 銭
横　浜	昼間	11 円 00 銭	9 円 35 銭	以下，メートル供給	
	昼夜間	17 円 00 銭	16 円 00 銭	15 円 10 銭	14 円20 銭

出典：『横浜市の動力問題に就て』1921 年 12 月調査.
注：料金は 1 馬力あたりの料金である.

ヲ運転シテ相当ノ火力電気ヲ使用」していたことも、電力料金を高価たらしめる要因になっていた[19]。

こうした高額な電力料金は、横浜の工業化＝大横浜の建設にとって深刻な問題であった。前掲『横浜市の動力問題に就て』は、この点についてつぎのように指摘していた[20]。

横浜市ニ於ケル商工業カ如斯不廉ナル電力料金ノ下ニ於テハ到底活気アル殷盛繁昌ヲ観ルコトノ不可能ナルハ一目明カナル所ニシテ、是レニ依ツテ観ルモ横浜ニ於テ如何ニ工業振興ノ方策ヲ樹立スルト雖、根本問題タル動力料金ノ不廉ニ対シテ何等ノ改善策ナキニ於テハ畢竟彼ノ所謂大横浜建設工業招致ノ大策ハ一種ノ矛盾撞着タル言ニ止マルノミ

このように、横浜市の電力問題は高額な料金と供給不足という点で完全に行き詰まっており、商工業の振興という点から改善を急がなければならない問題となっていた。ましてや、横浜市が電鉄会社を買収して市営電車を経営しているのにもかかわらず、電力の供給を他府県の電気事業者に仰いでいるという状況は早晩解決されなければならない。『横浜市の動力問題に就て』は、横浜市の電力問題をほぼ以上のように捉えていた。

このような認識は、横浜工業株式会社専務の石塚彦輔にも共通していた。石塚は、日本は電力が豊富であるにもかかわらず廉価とは言えず、とくに

横浜市では他市よりも一割ほど高く、とりわけ新設会社や小工場で高くなっている。こうした状況はきわめて遺憾と言わざるを得ず、「出来得る範囲で料金を引下げ工業の振興を期すべき」であるというのである。[21]

それでは、横浜市における電気事業はどのようになされるべきであるか。先の調査報告書『横浜市の動力問題に就て』は、「元来電力事業ノ如キハ鉄道通信事業ト共ニ事業中特異ノモノニ属シ理想ヨリスレハ之ヲ一市営事業者ニ委スヘキ性質ノモノニ非スシテ寧ロ之ヲ国家事業トシテ統一スヘキ也」[22]と、電力事業の国営化を説いていた。また、横浜市参事会員の伊東三省は、横浜市の電灯・電力料金は「遺憾ながら最も高率に当つて居る」という認識のもとに、電力料金の低減化をはかるには「電気事業を横浜市に於て経営する事が最も捷径である」と、電気事業市営論を提起した。[23]すなわち、伊東によれば、横浜市の電力問題はつぎのように早急に解決されなければならなかったのである。[24]

故に之が対策としては先づ横浜市に於ける電気市営方針を決定し、速かに道志川第三水路の許可を得て此工事を急ぎ一方私設会社に対しては電燈料の引下及び使用率の均等を要望し、或は横浜市間の報償契約を廃棄せしめ横浜市を各水力電気会社の競争販売地たらしめ之に因つて横浜市民の負担を幾分軽減し、同時に工業家を横浜に招致し所謂工業立市の方策を達成せねばならぬ

しかし、「大横浜市」建設の過程で、横浜市や橘樹郡の電力供給事情は大きく変わることになった。『横浜貿易新報』によれば、一九二六年当時の川崎・鶴見地域の電気需要は電灯、電力、電鉄を合わせて約二万五〇〇〇キロワットで、これに配電すべき電力は東京電燈の鶴見・渡田・六郷の各変電所、東京電力の九根崎・鶴見の各変電所、東京湾埋立の浜川崎変電所、富士瓦斯紡績の川崎変電所、および浅野セメントの余熱発電設備などから供給されていた。これらの変電所では、神奈川県下および他府県の水力発電所から輸送されてくる電力も受電するので事業者相互間で電力を流用する施設もあった。また、各変電所間、変電所－発電所間、変電所－需要者間には高圧送電線が張り巡らされていた。東京電力の群馬県金井発電所－川崎市川崎第一発電所間には一一万ボルト、そして東京電燈の子安変電

所－鶴見変電所間、鶴見変電所－鉄道省川崎変電所間、東京電力の榑坪発電所－鶴見町川崎第一変電所間、東京湾埋立の落合発電所－浜川崎変電所間、および富士瓦斯紡績の峰・山北・内山の各変電所－川崎変電所間などには六万六〇〇〇ボルトの送電線が架設されていたのである。(25)

このように、川崎・鶴見地域には東京電燈、東京電力、富士瓦斯紡績、東京湾埋立の四社が電力を供給していた。しかし、東京電力は、一九二五年一二月、同社の傍系会社である東京湾埋立の電気事業およびそれに付随する財産および権利義務の一切（発電所、変電所、送電線、配電線、営業区域、水利権等）を買収し、資本金五〇〇万円の東京湾電気株式会社を設立した。東京湾電気の設立委員には東京電力社長の田島達策が選任され、同社は一九二六年五月に設立をみた。(26)また、富士瓦斯紡績の電灯・電力供給地域は旧川崎町に限られており、それほど広範囲にわたるものではなかった。(27)したがって、川崎・鶴見地域の電気供給事業者は、事実上東京電燈と東京電力の二社であったと言える。

第二節　東京電力の設立

東京電力は、一九二五（大正一四）年三月、群馬電力と早川電力が合併して発足し、東邦電力の別働隊として、東京市と横浜市およびその隣接地域の橘樹郡方面に地歩を確立することを目的としていた。本社は東京市麹町区永楽町に置かれ、資本金は四二二五万円（二八〇〇万円払込）で、供給区域は東京、川崎、静岡、浜松方面の一府五県四市二三六カ町村にまたがっていた。(28)それぞれの供給区域の概要はつぎのようで、横浜市とその隣接地域の橘樹郡はもっとも有望な「電力消化地」として考えられていた。(29)

一、東京地方　東京全市及南葛飾、南足立、千住方面

帝都の東南部荒川、隅田川を挟む辺、無数の煙突天に冲して黒煙を吐きクレーンの音、鉄槌の響轟然たる一

大工業地帯こそ同会社が将に其工事を竣へ大正十六年一月一日を期し供給を開始するものにして電力消化地として無二の地域なること言を俟たざる所なりとす

二、京浜地方　品川以西、川崎市、横浜市及附近市町村

京浜一帯の地域は国内随一の工場地帯として輓近其発展の急激なる恐らく他に比類を見さるべく、同時に其山手方面一帯は住宅地として盛に発展しつ丶あり、即ち最近之が供給の趨勢を見るに取付電燈数三十七万、販売電力四万馬力を算し電燈は年一割六分、電力は年五割の逓増を示せるに徴しても電力消化地として如何に有利なるかは予断するに難からず

三、静岡地方　静岡市及東部九郡

富嶽の西南麓駿河湾に臨む一帯の地域は製紙、紡績、機業、漆器製造に加ふるに製茶工業殷盛にして電燈電力共に其需要頗る旺盛なり

四、浜松地方　浜松市及静岡県西部七郡

工業都市として浜松市及び其附近の発展は実に目覚しきものあり、機業、製材、製茶工業は其著しきものにして近時一般経済界不況の際に於て尚ほ且電燈、電力の増加の顕著なるを見ても如何に有望なる地方たるかを推知するに足るべし

群馬電力は、一九一九年七月に設立され、群馬県群馬郡金島村に出力一万〇八〇〇キロワットの発電所を建設し、川崎方面に送電を開始した。一九二二年七月には京浜電鉄と電灯・電力部門の買収契約を結び、二三年四月に逓信省の認可を得た。同社の電灯・電力供給区域は「川崎町ヲ中心トシテ京浜間ニ介在スル工場地トシテ住宅地トシテ将タ又行楽地トシテ向後益々発展スベキ好個ノ位置ヲ占メ已ニ電力ノ不足ヲ告ケ来リ目下之レガ補給策ヲ講ジ居ルノ状態ニアルヲ以テ之レガ充実ヲ得ルト共ニ逐次好成績ヲ見ルベキハ疑ナキ所ナリ(30)」と、その将来性はきわめて有望である

と見込まれていた。

群馬電力は、供給区域の一部で東京電燈との競争を惹起したが、これに目をつけたのが東邦電力であった。東邦電力は、関東大震災直後から京浜地方への進出を図っており、一九二三年一二月には群馬電力を傘下におさめたのであった。一二月二五日の株主総会では、社長の安田善五郎が辞任し、東邦電力の福沢桃介と松永安左エ門が取締役となり、続いて行われた重役会で社長には群馬電力の田島達策が就任したが、東邦電力の松永安左エ門が副社長となった。群馬電力は、一九二三年一一月末の時点で資本金一二〇〇万円（六〇〇万円払込）、社債六〇〇万円を有し、電灯一三万四一九二灯、電熱七三六キロワット、動力五六三一馬力を供給し、二四年秋には川崎町付近に出力一万キロワットの火力発電所を建設する予定になっており、東邦電力は「今後の発展大に見るべきものあり」[31]と評価したのである。

一方、早川電力は一九一八年六月、資本金八〇〇万円をもって設立され、山梨県南巨摩郡五箇村地内に出力二万キロワットの榑坪発電所を建設し、静岡県以東および京浜間への電力供給を計画した。そして、一九二〇年三月に日英水電を合併して浜松市とその周辺地域を供給区域に加え、二一年七月には日英水力電気を合併し東京方面（東京市一円および荏原・豊多摩郡の一部）へ五〇馬力以上の電力を供給する権利と大井川の水利権を獲得した。一九二二年二月には天龍電力、福田電力および東遠電気の三社を合併し、静岡県における供給区域を統一した。また、田代川水力電気（資本金五〇〇万円、一二五万円払込）を資本金の全額を出資して設立し、約八八〇メートルの有効高落差を利用して二万六七〇〇キロワットの電力を発生させるという計画も立てていた[32]。

早川電力は榑坪発電所から川崎までの送電線の架設と川崎変電所の建設にも着手し、送電線は一九二四年七月に竣工した。早川電力は、群馬電力や東京湾埋立にも電力を供給するようになり、東京湾埋立に電力を供給するために橘樹郡城郷村から送電線の分岐線を架設した。早川電力の『第拾参回報告書』（一九二四年下期）は、同社の東京方面への電力供給について「東京方面ニ於テ今期中新ニ供給ヲ開始シタルモノハ東京湾埋立株式会社及群馬電力株式会社ナリ、榑坪発電所系電力ハ別表掲記ノ東京方面六千五百七拾「キロワット」ヲ供給スルノ予定ナルヲ以テ合計供給電力ハ壱万六千五百七拾「キロワット」ニ達スベシ」と述べていた。[33]

東邦電力はこの早川電力をも支配下に置いた。東邦電力副社長の松永安左エ門は、一九二四年三月五日に早川電力の社長窪田四郎と合併契約を取り交わした。当時、早川電力は資本金一五〇〇万円（全額払込）で、静岡県以東ならびに東京市一円、および同郊外の中野、淀橋、目黒、品川の各町に電力供給権を有し、東海道線の電化に際しても電力を供給することになっていた。また、浜松市および静岡県下一市一五町八五カ村にも電灯・電力を供給していた。[34]松永安左エ門は、東邦電力の一九二四年上期の定時株主総会で、早川電力を合併すべきであるとしてつぎのように述べた。[35]

早川電力は主として静岡県の大部分に供給権を有して居りまして、浜松では当会社と電力供給の競争をして居りました。尚ほ浜松島田方面は同社の電燈区域であります。電燈は現在約二十五万燈、電力は約一万五千キロを供給致して居ります。同社は同時に東京市及其附近に五十馬力以上の電力を供給する権利を有して居りまして、目下各方面と交渉中で、既に沼津へは送電し、東京方面の送電線も近く竣工することになつて居りまして、川崎変電所の工事が竣成すれば六万六千ヴォルトで近く送電致すことに相成ます。東海道に向つては大同電力と同じく十五万四千ヴォルトが許可されて居ります。同社の発電力は現在約二万七千キロでありまして、其の他水利権は大井川其他で日英水電以来の十八万一千キロを許可されてゐます。資産は約三千五百万円であります。比の早川電力なるものに結びついて将来東邦電力が発展するに必要なる権利を獲、其の延びる力を之に託すると云ふことは今後の企画上に大変必要なことであります。

ただし、東邦電力は早川電力をただちに合併したのではなかった。松永は、「同社〔早川電力〕の内容は未だ整つて居らず軽率に合併すべきものではないと考へまして先づ同社が増資する代りに早川電力と同一資本額の別会社〔早川興業〕を設立して、当会社が其別会社の株式全部を取得し、之を早川電力と合併し東邦電力の支配下に置いて同社の整理改善を図り、会社の内容が発達した上で合併の必要があれば、合併することに致す」という方針で臨んだのである。[36]

早川興業の創立総会は一九二四年三月一二日に、東京丸の内東京海上ビル内の東邦電力本社で行われた。早川興業の資本金は一五〇〇万円で、「早川電力を従前の倍額に変態増資する目的」で設立された。発起人は、東邦電力の松永安左エ門・成瀬正行・福沢駒吉・井手徳一・内藤熊喜・神谷啓三・若麻績安治ら七名であった。早川興業の本社は東京海上ビル内に置かれ、取締役に松永・福沢・成瀬の三名、監査役に内藤・井手の二名が選ばれ、松永が社長に就任した。株式はすべて東邦電力側が取得し、創立総会当日に三七五万円が払い込まれ第一回払込みが完了した。[37]

その後、早川電力は三月一五日に早川興業との間に「合併仮契約書」を取り交わし、三月三一日には両社とも臨時株主総会を開いてそれを承認し、早川興業は早川電力に合併された。早川電力の資本金は倍額の三〇〇〇万円となり、同時に早川電力の旧重役は三名とも辞任し、東邦電力側から松永安左エ門・角田正喬・成瀬正行の三名が取締役に就任し、福沢駒吉が監査役となった。[38] そして、四月一四日には東京市丸の内仲通五号館にあった早川電力の事務所が、同じく丸の内永楽町の東京海上ビル内の東邦電力本店事務室に移転された。[39] その結果、東邦電力の本店事務所は著しく狭隘となり、同ビル五階の内外紡績株式会社事務所跡一八坪を借り入れ、五月二六日から調査部を移転させた。[40]

東邦電力は、このような早川電力と群馬電力を合併させて、東京電力を設立したのであった。松永安左エ門によれば、早川電力にとって群馬電力の供給区域や送電線網を利用し得るのは技術上・財政上の諸点からも「至極有利で」あるし、また「早川と群馬とが互に連絡して利用し合ふ事は東京及び附近の開発の為にも必要と考へまして、合併することに致したのであ」った。[41] 早川電力社長の松永安左エ門と群馬電力社長の田島達策は一九二四年一二月八日に合併仮契約書を取り交わしたが、両社は対等合併で新会社東京電力の資本金は四二二五万円であった。[42]

東京電力の創立総会は、一九二五年三月一六日午前一〇時から東京市丸の内の永楽ビル内で開催され[43]、取締役社長に田島達策（代表、元群馬電力社長）、取締役副社長に松永安左エ門（代表、元早川電力社長）が選任され、その他の役員は専務取締役宮口竹雄（技術部長、元群馬電力専務取締役）、常務取締役進藤甲兵（営業部長、元岐阜電軌常務取締役）・結城安次（総務部長、元早川電力取締役）、取締役安田善五郎（元群馬電力取締役）・高津仲次郎（元群馬電力取締役）・中村園一郎（元早川電力取締役）・高野省三（東京市本郷区弥生町）・角田正喬（元早川電力常務取締役）、監査役青木正太郎（元早川電力監査役）・田中徳次郎（元早川電力常務取締役）・前田米蔵（元早川電力取締役）・田島庄太郎（元早川電力監査役）であった[44]。

第三節　東京電力の経営と「電力戦」

東京電力は、一九二五（大正一四）年一二月に上毛電力と提携し、同社が発電する電力をすべて購入することにした。上毛電力は、一九二五年一二月に資本金一〇〇〇万円で設立され、東京電力の結城常務取締役が取締役に、また社長の田島達策が監査役になっていた[45]。その後、東京電力は一九二六年三月一日、東京方面における建設事業の進捗を円滑にするために臨時東京建設部を設置した。同建設部の規程によれば、臨時東京建設部は社長および副社長のもとに直属し、「東京市及其近郊ニ於ケル変電所、送電線（二万二千「ヴオルト」以下ノ）配電線ノ建設竝ニ之ニ関連スル事項ヲ管掌ス」（「臨時東京建設部規程」第一条）るものであった。そして、臨時東京建設部には設計・建設に関する事項を扱う「技術課」、電力の勧誘・販売に関する事項を扱う「営業課」、および庶務・会計・購買・用地に関する事項を扱う庶務係が置かれた[46]。また、「東京外郭竝ニ東海道送電線及是ニ附帯セル電気工作物ノ設計建設等ノ事務ヲ分掌スル」臨時送電課も設置した。臨時送電課は技術部に所属し、東京外郭線係および東海道線係の二係からなっていた。[47]

東京電力は、一九二六年四月に田代川水力電気（社長松永安左エ門、資本金五〇〇万円）を合併して田代川第一、第二、第三発電所を引き継いだ。また、四月一日には橘樹郡田島町に出力一万キロワット（常時供給用五〇〇〇キロワット、渇水補給用五〇〇〇キロワット）の田島火力発電所を建設し、四月一九日から使用し始めた。同発電所の敷地総坪数は一万五五〇〇坪で、総建坪六六〇坪の鉄骨鉄筋混凝土二階建であった。[48]なお、同発電所の建設工事は間組が請け負い、「電気工事ニ潜函ヲ応用シテ建設ヲ施工セルハ本邦未タ曾テ有ラサル」と言われた。[49]東京電力は、一九二六年一一月に鶴見地先埋立地に東京火力発電所を竣工した。同発電所の敷地は三万坪、総建坪は七六〇坪で、出力は七万キロワット（三万五〇〇〇キロワット二基）であった。[50]また、同時に東京市南葛方面における変電所の建設や送配電線の敷設などの工事も完了した。東京火力発電所の建設は清水組が請け負い、同擬汽冷却用水々路の工事は間組が担当し、変電所の建設や送配電線の敷設工事は近藤土木が請け負った。[51]

東京電力は、このように電力の供給設備を充実させてきた。表9－3は、一九二七（昭和二）年二月における東京電力の発電設備と送電設備を示したものであるが、同社は利根川、大井川、天竜川、および矢作川の各水系に豊富な水力を有し、鶴見埋立地に建設された東京火力発電所は「水火併用による運用の妙を発揮して電価の低廉と電質の良好とに寄与する」と期待されていた。そして、送電網を整備し、「電力の安全確実を期する為め二大火力発電所の設備と共に同系東邦電力より浜松送電線により必要に応じて豊富なる電力融通契約あり、又水火各発電所間には大容量の送電連絡の設備をなし不時の故障に備へ以て電力の安固を期せり」という状況にあった。[52]こうした東京電力が電灯・電力供給設備を整備してきたのは、松永安左エ門によれば、「それは値段の点よりも、寧ろ吾妻川、榑坪、田代川、上毛を送電線によつて連絡し、之を鶴見の火力と併せ、故障の絶無を期するといふ点にあります。それから、従来は一日、十五日とか、或は第一第三の日曜を休電に致すので、需要家は御不便を感じておられるやうでありますか

表9－3　東京電力の諸施設（1927年2月）

発電設備

	発電所名	発電力(kW)
水力	早川第一	20,000
	早川第二	1,700
	早川第三	6,600
	金　井	10,800
	渋　川	5,800
	浜松付近	4,500
	芝　川	6,620
	小　計	56,020
火力	東　京	35,000
	田　島	10,000
	浜　松	1,000
	静　岡	2,000
	小　計	48,000
受電	上毛電力	12,000
	東邦電力	9,000
	矢作水力	850
	小　計	21,850
	合　計	125,870

送電線

線路名	区　間	電圧(V)	回線数	亘長(哩)
田代本線	早川第三－川崎第一間	154,000	2	100.0
群馬本線	金井－川崎間	110,000	2	83.0
南葛線	片山－小松川間	110,000	2	29.4
伏田線	伏田－金井間	110,000	2	6.8
早川線	早川第一－同第二間	110,000	2	98.8
新倉線	早川第一－同第三間	110,000	2	8.4
島田線	境川・島田間	110,000	1	37.7
東火連絡線	東京火力－川崎第一間	22,000	2	2.8
		33,000	2	
浜松本線	島田－浜松間	35,000	1	29.5
巴川線	巴川－浜松間	35,000	2	46.5
静岡線	芝川－志田間	44,000	2	22.0

出典：「東京電力の事業大要」（『電華』第64号，1927年2月28日，70～71頁）．
注：1)発電設備では工事中のものに田代川第一（水力，17,000kW），田代川第二（水力，20,000kW），上毛電力（受電，10,500kW）があり，その他470,000kWの発電計画がある．
2)送電線では，計画中のものとして東海線（大瀧・川崎間，220,000V，129哩）がある．

ら、当会社は休みのないやうに致し、絶対無休送電の計画を樹て、之を実行致さうとしてゐるのであります。そして、値段の處は損の行くほど下げぬ、即ちソロバンの持てる程度で行くといふのが方針」であるからあった。[53]

東京電力の電力供給状況を地域別にみると表9－4のようになる。設立当時における東京電力の供給区域は川崎方面および浜松方面であったが、一九二五年上期における電灯（点灯灯数）・電力（供給馬力数）の増加率をみると、川崎方面がそれぞれ一三・八％、二八・一％であったのに対して、浜松方面のそれは〇・九％、四・三％にすぎなかった。同社の『第一回報告書』（一九二五年上期）が「当期間ニ於ケル営業状態ハ幸ニ順調ニ進展シタルモ一般財界ノ不況ニ加フルニ冬期未曾有ノ渇水ニ次ギ浜松地方ニ於ケ

表 9－4　東京電力の地域別電力供給状況

期	東京方面		川崎方面		静岡方面		浜松方面		合　計	
	需要家数	供給馬力数	需要家数	供給馬力数	需要家数	供給馬力数	需要家数	供給馬力数	需要家数	供給馬力数
1924 年(下)			1,197	19,217			3,592	14,164	4,789	33,381
25 (上)			1,373	24,610			3,542	14,777	4,915	39,387
25 (下)			1,477	26,321			3,924	16,008	5,419	42,329
26 (上)			1,583	35,442			4,447	18,199	6,030	39,889
26 (下)	6	762	1,671	40,935	1,400	9,886	4,512	16,072	7,589	67,655
27 (上)	158	34,071	1,786	49,120	1,392	10,352	4,807	17,535	8,143	111,078
27 (下)	254	49,674	1,886	53,636	1,475	10,701	4,955	17,572	8,570	131,583

出典：東京電力株式会社『報告書』第 1～6 回，1925 年上期～27 年下期.

ル機業界極度ノ不振等ノ為供給容量増加ノ割合ニ収入ノ増加ヲ得サリシハ遺憾ナリ」(54)と述べているように、第一次大戦後の恐慌の中で浜松の織物業が極度の不振に陥ったため、浜松方面の電力需要は伸びなかったものと思われる。

一方、川崎方面への電灯・電力の供給量は大幅な伸び率を示し、一九二五年以降大幅な増加を示している。表9－5は、横浜市・橘樹郡における東京電力の電力供給先の変遷を示したものである。東京電力は、基本的に群馬電力の供給先を引き継ぎながら、横浜船渠、東京電気、富士電気製造、浅野造船所など東京電燈の供給先に割り込んでいることがわかる。

このように、東京電力は東京電燈の供給先に割り込んでいったのであるが、表9－6の東京電燈横浜支店における電力供給量の推移からも明らかなように、東京電燈の横浜市およびその周辺における電力供給量も著しい増加をみせていた。東京電燈横浜支店の場合は、横須賀市という電力の大消費地をかかえているので、電力供給量が東京電力のそれよりもはるかに大きいのは当然であるが、その増加率の高さには注目しなければならない。

第四節　「電力戦」と横浜市の電力政策

こうして、東京電力と東京電燈は、横浜市および橘樹郡で「電力戦」を繰り広げることになった。東京電燈は、すでに「震災〔関東大震災〕前早くも

表9－5　東京電力の電灯・電力供給先

	1924	1925	1926	1927
横浜市				
横浜船渠	燈・群 (3,000)	燈 (1,700)	力 (1,700)	力 (1,700)
浅野造船所（船渠部）	群 (150)	力 (150)	力 (150)	力 (150)
横浜製鋼	燈・群 (775.5)	力・燈 (775.5)		
子安製材	群 (223)	力 (223)	力 (223)	力 (223)
京浜電気鉄道				力 (20)
古河電気工業				燈・力 (1,015)
京三製作所				力 (100)
川崎市				
東京電気	燈・富 (1,000)	燈・力・富 (1,050)	燈・力・富 (1,250)	燈・力・士 (1,250)
不二塗料		力 (90)	力 (90)	力 (90)
鈴木商店	群・富・燈 (700)	力・富・燈 (800)	力・富・燈 (800)	力・士・燈 (800)
東京瓦斯	群 (96)	力 (96)		
明治製菓川崎工場				力 (100)
橘樹郡				
明治製糖	群 (200)	力 (200)	燈 (200)	力 (200)
富士電機製造	燈 (50)	燈 (1,000)	燈 (1,270)	燈・力 (1,270)
日本トラスコン鋼材	群 (50)	力 (50)	力 (50)	力 (50)
浅野造船所	燈・埋 (4,380)	燈・埋・力 (2,630)	燈・湾・力 (2,780)	湾・力 (2,080)
富士製鋼	群 (300)	力 (300)	力 (300)	力 (300)

出典：東京逓信局『管内電気要覧』第2～6回，1924～28年.
　注：1)略称は燈＝東京電燈，力＝東京電力，富＝富士瓦斯紡績，士＝富士電力，群＝群馬電力，埋＝東京湾埋立，湾＝東京湾電気である.
　　2)（　）内の数字は受電 kW 数.

表 9－6　東京電燈横浜支店の電力需要

期	需要家数	馬力数
1924 (下)	3,552	26,361.5
25 (上)	5,174	30,342.8
25 (下)	5,789	35,771.2
26 (上)	6,901	42,574.6
26 (下)	9,408	49,166.4
27 (上)	10,556	48,900.6
27 (下)	11,149	51,080.7
28 (上)	14,114	74,915.7
28 (下)	15,111	77,125.1
29 (上)	16,562	80,453.4
29 (下)	17,375	76,341.3

出典：東京電燈株式会社『報告』第 77～87 回，1924 年下期～29 年下期.
注：1) 1926 年下期までは「電動機」と「電力装置」の合計.
2) 1kW ＝0.736 馬力で換算した.

東邦の関東側侵略の気勢を察」していたが、[55]「電力戦」が本格化するのは東京電力が設立された一九二五（大正一四）年三月以降であった。当時の新聞は、東京電燈と東京電力との「電力戦」の模様をつぎのように報じていた。[56]

東京電力は左の如き供給区域並に工事認可の指令に接した。

一、区域南葛飾郡南足立郡及び北豊島郡の内南千住五十馬力以上

二、送電線群馬本線片山村及び分岐鳩ヶ谷草加を経て松江村小松川に至る三十一マイル十五万四千ボルト但当分は十一万ボルト

三、変電所大島町深川本所（亀戸）

右の工事は直ちに設計書の認可申請の手続をとり年内に完成のはずで、供給を開始する芝浦と共に本所深川京橋の一部即ち東京市内に侵入することになり、漸次東電と供給区域を同じくする神奈川県橘樹郡、東京府荏原郡（横浜は申請中）などを合せてこれらの地域で東京電燈東京電力との激烈な競争が行はれるわけで、東京電力では左の方面より電力の供給をなす計画であると

第一次　群馬電力二万八千八百キロ鶴見火力三万五千キロ

第二次　主として川崎方面へ早川第三六千キロ（年内に完成）、田島一万千キロ、田代川第一、一万七千キロ、第二、二万キロ

興味深いのは、こうした「電力戦」が横浜市当局によって容認されているばかりか、むしろ推進しようとさえされ

ていることである。横浜市が、「大横浜市」の建設をめざして、電力の安価な供給をはかって市営水力電気事業を計画したことはすでに述べた。そして、道志川に水力発電所を建設する計画を立てたが、神奈川県や山梨県側の対応が鈍く暗礁に乗り上げていた。

一九二五年五月に横浜市長に就任した有吉忠一は、こうした中で横浜市の電力政策について「特に電力においては東電及び東京電力と折衝して料金の低下を図る」(57)政策へと転換させようとしていた。有吉市長は、火力発電の計画も立てたが、市電の電力需要、および市内の工業家への電力の供給についてつぎのような方針で臨むとしていたのである(58)。

一、市電の電力は現在東電から供給をうけてゐるが、競争によつて料金の低下を促さん為め復興計画による市電の延長線用電力は之れを別個の電力会社より供給をうける

一、市内一般工業の利用してゐる動力は百キロ以上である場合東電以外の許可をもつ会社が供給し得る事になつてゐるけれ共、実際市内の工業家は百キロ以下を使用する者が極めて多く、従つて現在の限度では会社の自由競争による料金の低下など望み得ない、依つて此の限度を五十キロ迄に引き下げて供給独占を制肘すべく予め東電に交渉して実現を期する

横浜市は、電力各社間の競争を促すことで、電力料金の低下を惹き起こそうとしたのである。東京電燈と東京電力の「電力戦」はさらに激しさを加え、とくに横浜・鶴見地区において「昨〔一九二五年〕秋に至って東力は鶴見の東京製綱会社へ東電に代て動力供給を開始し東電の抗議に遭て送電を中止したが越えて本年〔一九二六年〕三月又東電が送電中の横浜桟橋倉庫会社に動力供給を開始し、今度は東電の抗議に拘らず引続き送電して居るので東電東力の協定は東力に依り破棄されるに至った」という状況を呈した。しかし、東京電力によれば、同社は協定を破ったのではなく、協定第六条の「五十馬力以上の電力供給に関しては追て別に協定するものとす」という但書にしたがっただけ

表9－7　東京電燈横浜支店の電力料金

年　月	定額(円/1馬力)	従量(銭1/kWH)
1925年9月末	14.0	8～3
27年末	12.5	6.5～3
30年末	12.5	6.5～3

出典：前掲『電気事業要覧』第17回（1926年1月），第19回（1928年3月），第22回（1931年3月）．

というのであった[59]。

また、「電力戦」の過程で表9－7にみられるように東京電燈の電力料金が著しく低下した。東京電燈は東京電力との競争を通じて電力料金を従量一キロワット時八～三円から六・五～三円に下げたことになる。

東京電力が、低廉な料金で電力を供給し得たのは、同社が「優秀なる技術上の施設と奉仕本位の営業[60]」という方針で経営に臨んできたからであった。それが、結果として横浜市および橘樹郡における電力料金を引き下げた。そして、そうした中で横浜市における電気事業市営論は次第に退潮に向かっていった。『横浜貿易新報』は、横浜市の電気事業市営論と「電力戦」との関係についてつぎのように報じていた[61]。

横浜市に於ける大工場招致の根本対策とされた工場敷地の造成即ち子安、生麦地先六十余万坪の埋立事業並に動力の低廉供給を期する市営発電事業は有吉市長就任後に於て慎重研究を重ねられた模様であったが、其結果は一万キロ以下の発電事業計画は種々な点から不得策であるといふ意見で従来の調査交渉を打ち切りの状態として先づ工場地造成計画の進行を図つた、それが為め重大懸案だつた埋立問題も既に着工の域に達し予定通りの進行をみれば数年の後には計画の実現をみる訳であるが、一方残された電動力問題に就ても完成に伴ひ部分的に目的に基いて提供する方針の埋立進行に先立つて夫々対策を講ずる必要があるので続いて考究されてゐたらしかつたが、愈々此の大工場地帯一帯は東電、及び東京電力両会社の競争供給地たらしめる内意で通信省方面の諒解を求むる事としたらしく、既に有吉市長は右に関して会社側の意向を確めてゐるから結局市営発電計画は沙汰止みに終るであらう

すなわち、東京電力と東京電燈との間の「電力戦」が電力料金を引き下げたため、電気事業市営論の根拠が失われ

たのである。東京電力と東京電灯の「電力戦」はその後も継続するが、一九二八（昭和三）年になると合併にむけて終息していった。一九二八年一月一六日には東京電力・東京電燈合併臨時株主総会が開かれたが、東京電力副社長の松永安左エ門は競争の効果について、「競争も或程度迄は高い料金を引下げ良質の電力を供給し完全なる奉仕を完ふすることが出来ます。現に東力の営業に依り、東京附近の工業界に貢献する事は少なくなかった事と信じます[62]」と述べていた。

おわりに

松永安左エ門は、関東大震災後の復興を電気事業を中心にはからなければならないとして、つぎのように述べた[63][64]。

就中電気に依る施設を最とし之を東京復興の重要機関とせねばならぬのである。……然し斯く生活万般をエレクトロナイズせんとするには之に先立つ三つの條件を必須とする、即ち

一、電気を豊富に多量に供給し得らるゝ事

一、電気を便利に使用し得らるゝ事

一、電気料金の低廉なる事

で換言すれば電気は多量に而も普遍的に安く使用し得らるゝ様にならねばならぬのである。就中最後の安く使へると云ふ一事が最も肝要なる条件中の条件である。安く使へる様にならなければ如何に電気を豊富に供給し得る諸般の準備を整へ之を普遍的に便利に供給し得らるる〔ママ〕様にしても之に対する需要を喚起するに難く、折角の供給準備も何等の効果を現はし得られなくなる

一方に於ては又電気を豊富多量に準備して之を普遍的のものとし需要者が便利に使用し得らるゝ様に仕向けなければとても電気料金を安くし得られぬといふ事情も出来てくる。茲に於てか此の三条件は互に相持のものとなり安くなければ多量に而も普遍的に便利な供給方法を採り得られず、又普遍的に便利な方法で多量に供給し得るに非ざれば電気は安くならぬと云ふ微妙なる相互関係になるのであるが、此の間に一致点を見出し両つながら之に全きを得せしめんとするには其鍵は一に懸りてシステムの如何にある事である。

質のよい電気を豊富に大量に、しかも廉価に供給することが関東大震災後の復興をはかるにはなによりも肝要であった。東京電力の設立と経営は、そうした松永の方針の反映でもあったように思われる。そして、それは見事に達成され、横浜市長有吉忠一の大横浜市構想にも合致し、その意味で東京電力の設立と経営は、東京電燈との「電力戦」を惹起しながら横浜市および橘樹郡地域の工業化に大きな貢献を果たしたのである。

しかし、東京電燈が東京電力を合併して、両社の電力戦が終息すると、再び東京電燈の独占の弊害が問題となった。横浜商工会議所は、「東京電力と東京電燈とが市内に対立してゐた折にはもつと安かつたのが昨年三月両社が合併以後京浜間には殆んど競争会社がなく」なり電灯料金が高騰したとし、少なくともこれ以上の電力料金の値上げは阻止しなければならないとした(65)。また、同会議所は、鶴見方面での日本電力の進出を東京電燈の「電力供給の独占を打破し競争によつて工業家は復興上大いに救はれる」と期待した(66)。そして、さらに独占の打破という観点から市営電気事業についても再び議論されるようになった。横浜市電気局の多田純二は、「東京電燈株式会社が横浜市の大部分の地域に於ける供給権を独占してゐる」ことは「産業発展策上の見地より捨て置き難き重大問題」であるとした。そして、多田は横浜市の市営電気事業の構想を紹介しながら、「其の事業自体に於て利益を享くること尠しとするも、営利会社の独占主義を牽制する副作用を活用すべきである」として、「出来得れば、更に尚一歩を進め電燈と合せ電力公営の日を待たねばならぬ」と主張するのであった(67)。

注

（1）服部一馬「工業電化の進行と電力企業」（『横浜市史』第五巻中、一九七六年、一～二二頁）。
（2）「電力需給状況」（『横浜貿易新報』一九一九年一〇月一四日）。
（3）「市会の可決したる市営水電計画内容」（『横浜貿易新報』一九一九年六月二九日）。
（4）「電力料金比較」（『横浜貿易新報』一九一九年六月二九日）。
（5）阪田貞明「横浜市の現状に就て（六）」（『横浜貿易新報』一九一九年六月三〇日）。
（6）「市営水電停頓　山梨県地内形勢一変　県の認可以前音沙汰無」（『横浜貿易新報』一九二〇年一二月二五日）。
（7）「県が営む二大事業　水力電気と水道敷設　昨日開会の財務調査会で附議」（『時事新報』一九二一年九月二〇日）。
（8）渡哲郎「水力発電の本格化と東京における電力競争」（『阪南論集』人文・自然科学編、第三〇巻第三号、一九九五年一月）。
（9）「地方的に電力統一　分野大体定まる」（『中外商業新報』一九二二年三月二三日）。
（10）東京電燈社長神戸挙一「電力統一の要」（『大横浜』第一八巻第一号、一九二一年一月、四三～四四頁）。
（11）中村房次郎「電気事業市営化に関するの件」一九二三年一一月六日（渡邊正男編『横浜市復興会誌』横浜市復興会、一九二七年、七〇二～七〇三頁）。
（12）渡哲郎「東京電灯の電力独占体への成長」（『阪南論集』社会科学編、第三〇巻第四号、一九九五年三月、一一五～一一六頁）。
（13）橋本寿朗「『五大電力』体制の成立と電力市場の展開（1）～（3）」（『電気通信大学学報』第二七巻二号、第二八巻一号・二号、一九七七年二月・八月、七八年二月）。
（14）「川崎鶴見附近電気事業の現在及将来（下）」（『横浜貿易新報』一九二六年二月二〇日）。
（15）本宮一男「電化の進展と横浜近郊農村―一九二〇年代の大綱村の状況」（横浜開港資料館・横浜近代史研究会編『横浜の近代』日本経済評論社、一九九七年）。
（16）前掲「川崎鶴見附近電気事業の現在及将来（下）」。
（17）代表的な業績として、橋本前掲論文、および橘川武郎『日本電力業の発展と松永安左ヱ門』（名古屋大学出版会、一九九五年）を挙げることができる。

(18)『横浜市の動力問題に就て』(一九二六年一二月調査)七頁。
(19)同前、九頁。
(20)同前、一三頁。
(21)石塚彦輔「工業振興策—特に破壊された横浜の工業に直面して」(『大横浜』第二三巻第一号、一九二六年一月、実業之横浜社、一一二頁)。
(22)前掲『横浜市の動力問題に就て』二五頁。
(23)横浜市参事会員伊東三省「電気事業市営を提唱す」(『大横浜』第二三巻第一号、一九二六年一月、実業之横浜社、三三一頁)。
(24)同前、三二頁。
(25)「川崎鶴見附近電気事業の現在及び将来(上)」(『横浜貿易新報』一九二六年二月一九日)。
(26)「東京湾電気株式会社創立」(『電華』第五六号、一九二六年六月二八日、四三~四六頁)。
(27)前掲「川崎鶴見附近電気事業の現在及将来(下)」(『横浜貿易新報』一九二六年二月二〇日)。
(28)東京電力の供給地域をさらに詳細に示せば、東京・横浜方面では東京市、東京府荏原郡のうち品川・大森・大井・羽田の各町および調布・六郷・蒲田・入新井・池上・矢口・馬込・平塚・目黒の各村、同豊多摩郡のうち淀橋・中野の各町、横浜市、川崎市、それに神奈川県橘樹郡のうち鶴見・潮田・田島の各町および中原・住吉・日吉・橘の各村であった(「合併新立後の東京電力現状」『電華』第四二号、一九二五年四月二八日、四〇頁)。
(29)「東京電力の事業大要」(『電華』第六四号、一九二七年二月二八日、七一頁)。
(30)群馬電力株式会社『第八回報告書』(一九二三年上期)六頁。
(31)「群馬電力と東邦電力」(『電華』第二七号、一九二四年一月三一日、四〇~四一頁)。
(32)「東邦電と早川電力の合併契約」(『電華』第三〇号、一九二四年四月二八日、四二~四三頁)。
(33)早川電力株式会社『第拾参回報告書』(一九二四年下期)三頁。
(34)前掲「東邦電と早川電力の合併契約」四二頁。
(35)東邦電力副社長松永安左エ門「『東邦電力』の上期業態」(『電華』第三二号、一九二四年六月三〇日、一一~一三頁)。
(36)同前、三頁。

(37)「早川興業の設立と合併」(『電華』第三〇号、一九二四年四月二八日、四七頁)。
(38)前掲「『東邦電力』の上期業態」三頁。
(39)「早川電力の本社移転」(『電華』第三〇号、一九二四年四月二八日、六二頁)。
(40)「邦電東京本店事務室膨張」(『電華』第三二号、一九二四年六月三〇日、七三〜七四頁)。
(41)早川電力社長松永安左ェ門「早川群馬合併事由」(『電華』第三九号、一九二五年一月二八日、七〜九頁)。
(42)「早川群馬両電力の合併」(『電華』第三八号、一九二四年一二月二六日、三九〜四〇頁)。
(43)「東京電力創立総会」(『電華』第四一号、一九二五年三月二八日、六五頁)。
(44)「東京電力重役決定」(『電華』第四一号、一九二五年三月二八日、六七〜六八頁)。
(45)「東力と上毛電力との提携」(『電華』第五〇号、一九二五年一二月二八日、六五〜六七頁)。
(46)「東力臨時東京建設部設置」(『電華』第五三号、一九二六年三月二八日、五五〜五六頁)。
(47)「東力臨時送電課新設」(『電華』第五五号、一九二六年五月二八日、九一頁)。
(48)「東力田島発電所概要」(『電華』第五六号、一九二六年六月二八日、五一〜五三頁)。
(49)「東力より間組へ感状」(『電華』第五六号、一九二六年六月二八日、五五〜五六頁)。
(50)「東力東京火力発電所施設」(『電華』第六二号、一九二七年一月三〇日、七九〜八二頁)、「東京電力下期総会」(『電華』第六二号、一九二七年一月三〇日、九〇〜九三頁)。
(51)「東力より請負人へ感状と金壱封」(『電華』第六三号、一九二七年一月三〇日、七七〜七八頁)。
(52)「東京電力の事業大要」(『電華』第六四号、一九二七年二月二八日、七二頁)。
(53)東京電力副社長松永安左ェ門「東力東京施設概要」(『電華』第六四号、一九二七年二月二八日、五頁)。
(54)東京電力株式会社『第一回報告書』(一九二五年上期)六頁。
(55)「東電と東邦　争覇策戦」(『大阪時事新報』一九二四年三月二九日)。
(56)「東京電力愈々東電区域侵入」(『大阪毎日新聞』一九二六年五月二九日)。
(57)「市政方針(概要)　有吉市長の声明」(『東京日々新聞』一九二七年四月一日、横浜市会事務局編『横浜市会史』第四巻、一九八八年、一一四頁)。
(58)「そろ〳〵台頭の電力独占の制肘　東電外の供給制限を五十キロに　会社競争による料金低下策　一方市が自給対策」

（『横浜貿易新報』一九二六年四月一六日）。
(59) 「電力競争激しく　東力協定を破る　東電その対策に腐心」（『時事新報』一九二六年七月一〇日）。
(60) 東京電力株式会社『東京電力株式会社の実態』（『電華』第六六号、一九二七年四月二八日、一〇頁）。
(61) 「大埋立地供給の発電沙汰やみ　いろ〳〵考究の結果東電と東京電力へ瀬踏み」（『横浜貿易新報』一九二七年五月一一日）。
(62) 東京電力副社長松永安左エ門「東京電力東京電燈合併総会」（『電華』第七六号、一九二八年二月二九号、一頁）。
(63) 松永安左エ門「来るべき動力戦　電力革命方寸（上）」（『時事新報』一九二三年一〇月二四日）。
(64) 松永安左エ門「来るべき動力戦　電力革命方寸（中）」（『時事新報』一九二三年一〇月二六日）。
(65) 「商工会議所が電力の対策　料金引下は急務と工業部会実行運動に着手」（『横浜貿易新報』一九二九年二月二六日）。
(66) 「安い電力を簡便に市内供給　経済復興を助けよと商工会議所陳情」（『横浜貿易新報』一九二九年一〇月一一日）。
(67) 多田純二『横浜大成の一途』（横浜市電気局、一九三〇年）三六〜三七頁。

第10章　七十四銀行と横浜貯蓄銀行の破綻と整理

柴田善雅

はじめに

第一次大戦期の好景気の反動として、一九二〇（大正九）年の戦後恐慌は日本経済に大きな打撃を与えた。とりわけ輸出景気に沸いた産業ほど輸出需要の急減により恐慌の谷は深い。その代表的な産業が貿易業である。横浜の生糸輸出業者として知られた茂木合名会社は大戦中に輸入貿易にも参入し、手広く事業を拡張したが、戦後恐慌の荒波を受けて破綻した(1)。それに伴い茂木合名系の七十四銀行と横浜貯蓄銀行も破綻した。七十四銀行は第一次大戦終結に伴う戦後恐慌で破綻するまで横浜最大の地方銀行であり、横浜以外にも店舗を有し、多くの預金者から預金を吸収していた。横浜貯蓄銀行も七十四銀行の店舗網に付随し、長期の貯蓄性預金を吸収した。そのため両行破綻は多くの預金者と取引先に打撃を与えた。両行の破綻処理のために横浜興信銀行が設立される。横浜興信銀行設立は茂木合名系の両行の破綻処理と密接に連動している。そのため横浜興信銀行の業務の一部は七十四銀行と横浜貯蓄銀行といっても過言ではない。一九二〇年の両行破綻後も、両行は整理業務のみを残して長らく存続する。それは破綻処理に多くの時間と費用を要したことを意味する。本章では両行の第一次大戦期における業務の拡張を確認した上で、破綻の経緯を明らかにし、さらに横浜興信銀行設置後の破綻処理の経緯をまとめて紹介し、さらにその後の長引く整理業務を概観することで、銀行の破綻処理のあり方を検討したい。

従来の七十四銀行に言及するものとしては、破綻処理の受け皿となった横浜興信銀行社史がまとまった記述を与えている。しかもこの社史は破綻後の最終処理までの経緯を概述しておりきわめて有力である。(2)七十四銀行の前身の国立第七十四銀行について明治期の業態が説明されており、(3)また横浜興信銀行社史の説明を踏襲した上で、横浜地方史の編纂によりその概観の紹介が行われている。(4)そのほか伝記的記述としては事業が破綻する三代目茂木惣兵衛について紹介がなされている。(5)

これまでの七十四銀行と横浜貯蓄銀行に言及する研究でも、破綻前後の両行の業務についてのまとまった記述はない。本章では、これらの先行業績を踏まえた上で、横浜興信銀行社史の記述の水準を越え、さらに両行の破綻前の業務を精査して、茂木商店系銀行の大戦期に業務拡張した営業状態を確認し、その上で大戦後の両行破綻の構造を解明する。さらにその後の長期にわたる整理の過程を紹介し、銀行破綻処理のあり方を併せて考察する。今のところ両行の内部の営業資料は発掘されていないため、本章で扱う資料も両行の周辺資料であり、論述に限界はあるが、両行の業態を踏まえた破綻後処理のあり方を紹介したい。併せて「機関銀行」としての意味を七十四銀行について考えたい。

第一節　七十四銀行と横浜貯蓄銀行の破綻前の業務概要

1　七十四銀行の業務

「国立銀行条例」（一八七二年一一月一五日公布）に準拠し、国立第七十四銀行は一八七八（明治一一）年八月九日、横浜に設立された（南仲通二丁目二〇番地）。当初資本金四〇万円、発起人は茂木惣兵衛（初代）、大谷嘉兵衛、近藤良薫、箕田長二郎、森謙吾等であった。初代頭取は伏島近蔵であり、当初は特定の大株主はいなかったが、一八八一年に茂木惣兵衛が頭取となり、茂木商店系の銀行となる。その後一八九八年四月に「銀行条例」（一八九〇年八月二五日公布）に基づく普通銀行に転換し、横浜七十四銀行と改称した。頭取は大谷嘉兵衛となり資本金二百万円に増資した。茂木惣兵衛は取締役に列していた。他方、合名会社茂木商店（一八九六年設立）社長二代目茂木惣兵衛は一八九五年一二月に合名会社茂木銀行（本店高崎、資本金三百万円）を設立し、生糸取引で関連が深く、また茂木家の出身地の高崎で銀行業に参入した。[6]

一九一二年に三代目茂木惣兵衛が襲名すると、翌年六月に茂木合名会社を設立し、茂木合名は第一次大戦期の好景気に事業を大拡張した。三代目茂木惣兵衛の積極策の中で、大戦中に主力の生糸部、綿糸部のほか、雑貨部、機械部、鉱山部を設置し、従来の本業である糸偏商社から、取扱品目を鉱工業品目全般に手広く事業を拡張した。この事業資金の多くは横浜七十四銀行と茂木銀行から調達していた。[7] 横浜七十四銀行と茂木銀行は茂木合名の支配下にある典型的な機関銀行といえよう。[8] 横浜七十四銀行の営業報告書が二時点残っているが、それによると増資後の一九一五（大正四）年一二月株主は合計一六二名、新旧株式四〇千株のうち、合名会社茂木銀行社員茂木惣兵衛九三七一株、取締役箕田長三郎五九三二株、茂木惣兵衛三五八八株、大谷嘉兵衛三三七一株、横浜貯蓄銀行頭取大谷嘉兵衛一六六七株、茂木マツ（二代目茂木惣兵衛の娘）一〇〇〇株、取締役森謙吾八七〇株で、この七名で二万五七九九株、六四％を握り、[9] とりわけ茂木惣兵衛の強い経営権が確認できる。さらに横浜七十四銀行は一九一五年七月二四日に伊勢崎町と野

表10－1　1919年末横浜の普通銀行

（単位：千円）

銀行名	設立年月	払込資本	預金残高	貸付残高
七十四銀行	1878年　7月	3,100	60,819	69,479
第二銀行	1874年　7月	1,500	4,720	14,755
東陽銀行	1907年12月	658	873	1,382
平沼銀行	1910年　7月	500	3,109	3,063
渡辺銀行	1912年　4月	1,000	5,964	7,550
横浜貿易銀行	1896年　6月	238	858	1,101
横浜商業銀行	1895年12月	250	1,369	2,335
神奈川銀行	1896年　8月	200	3,299	2,926
横浜若尾銀行	1899年　3月	500	3,635	3,898
左右田銀行	1895年　9月	1,000	19,227	14,150
誠資銀行		30	…	57

出典：横浜市『横浜市史』第5巻（上），1971年，681頁.

毛町に支店開設を決議しており、それにより本店（横浜市南仲通二丁目二〇番地）と東京支店、元町支店、神奈川支店に加え、野毛町と伊勢崎町に店舗を増設し[10]、六店舗を有する銀行となった。横浜七十四銀行は輸出生糸金融を中心に取引をしていた[11]。他方、茂木銀行は高崎を本店とし、そのほか京都・大阪に店舗を有していた。特に高崎本店では小口預金を集め、その資金で生糸金融に従事していた。

一九一八年八月一日に茂木銀行は横浜七十四銀行と合併し、株式会社七十四銀行を設立した（資本金五百万円）。実質的には茂木銀行が横浜七十四銀行を吸収合併したものである。頭取茂木惣兵衛、常務取締役森謙吾、平沢越郎、取締役長井利右衛門、大谷幸之助であった[12]。七十四銀行は横浜に本店を置く銀行の中では、資本金・預金・貸付残高で傑出していた。そのため横浜本店銀行として横浜経済における比重は高いはずである（表10－1）。

七十四銀行は横浜七十四銀行旧本店を本店とし、旧横浜七十四銀行店舗の東京支店・元町支店・神奈川支店・野毛町支店・伊勢崎町支店のほか合併後の旧茂木銀行店舗の高崎支店・大阪支店・京都支店を店舗網に加え、店舗拡張した。それに併せて横浜貯蓄銀行店舗が旧茂木銀行店舗に追加された。合併後の七十四銀行の営業報告書は一九一八年下期からしか残っていない。一九一八年一二月期で払込資本金三一〇〇千円、定期預金を中心とした預金吸収に主として依存し、借入金やコールマネーへの依存は低い。コール市場は東京支店ついで大阪支店に集中しており、横浜の銀行ゆえのコール取り入れの相対的不利がありえる。総資産六六百万円、手形貸付と割引手形が多額で、長期貸付と短期貸付の両方に運用していたと見られる（表10－2）。

2　横浜貯蓄銀行の業務

一八八〇（明治二三）年八月二五日「貯蓄銀行条例」公布により、横浜貯蓄銀行は認可を受けた私設の貯蓄銀行として一八八二年一月に設立された。頭取茂木惣兵衛、取締役大谷幸之助ほか、役員構成は横浜七十四銀行と同様であった。第一次大戦期にやはり店舗を拡大する。本店は七十四銀行の隣り（横浜市南仲通二丁目二二番地）に設置された。七十四銀行と横浜貯蓄銀行の本店の概観を映す残存絵葉書によると[13]、横浜貯蓄銀行は七十四銀行とほぼ同規模の立派な建物である。本店以外の店舗は七十四銀行と同じであり、七十四銀行の店舗内に間借りしているような形となっている。支店では同じ店舗に二つの看板を掲げていた。横浜七十四銀行店舗と同時に設置されたものもあると見られる。横浜貯蓄銀行は茂木合名系の大手銀行として知られている七十四銀行の信用で、貯蓄性預金の獲得を行っていた。当時の事例としては「銀行条例」の銀行の店舗内に、同じ経営者が経営する貯蓄銀行が店舗を有する業態は珍しいものではなかった。横浜七十四銀行が茂木銀行と合併し、七十四銀行に改称後に、旧茂木銀行店舗にも横浜貯蓄銀行の店舗が開設された。

横浜貯蓄銀行の営業報告書は一九一六（大正五）年上期から残っている。横浜貯蓄銀行の資本金は一九一九年上期まで五〇千円で続いたが、同年下期に一〇倍増資し、その結果未払込資本金が三三三千円となる（表10－3）。資産規模は一九一八年下期の三百万円から増大し、一九一九年上期に急増し下期で一四百万円となる。定期預金と普通預金で資金を吸収し、運用は預け金が中心となっている。独立した貯蓄銀行であれば長期貸付金や証券投資で定期預金金利を上回る利息を上げる必要があるが、横浜貯蓄銀行はそうした経営方針ではなく、他銀行への預金で運用していた。その預け先が横浜七十四銀行、一九一八年以後は七十四銀行であった。その七十四銀行への預け金は一九一九年

表 10－2　横浜七十四銀行と七十四銀行の貸借対照表

(単位：千円)

	1913 年 6 月	1916 年 12 月	1919 年 12 月	1920 年 6 月	1920 年 12 月	1927 年 12 月	1932 年 12 月	1936 年 12 月	1940 年 12 月	1944 年 12 月
資産										
未払込資本金	600	1,900	1,900	—	—	—	27	27	27	27
諸貸付金	1,318	31,782	43,733	37,050	25,464	10,089	4,104	3,585	1,799	27
諸割引手形	7,602	19,719	28,238	11,447	6,272	—	—	—	—	—
滞貸金	—	—	—	29,040	26,590	18,224	18,177	18,174	18,169	16,491
買入外国為替	—	342	1,114	326	45	—	—	—	—	—
他店貸	44	1,413	3,666	3,354	568	—	—	—	—	—
支払承諾見返, 同滞貸金見込	—	3,045	2,037	3,568	1,622	142	—	—	—	—
諸公債証書	468	3,248	4,547	6,246	4,474	14,513	4,708	4,781	5,211	3,720
土地建物什器	129	264	762	778	765	995	967	1,050	549	524
その他	23	456	597	2,055	1,817	42	93	80	80	—
現金預け金	492	4,242	6,053	4,177	5,785	12540	—	1268	459	979
損失										
合計	10,679	66,417	92,654	98,051	73,410	58,128	28,160	28,943	26,280	21,743
負債										
資本金	2,000	5,000	5,000	5,000	5,000	5,000	5,500	5,500	5,500	5,500
諸準備金	610	1,125	1,430	1,670	—	—	—	—	—	—
諸預金	5,772	44,685	60,816	46,768	17,107	514	—	—	—	—
特別預金	—	—	—	—	20,603	24,288	5,556	5,538	1,573	—
他店借	187	3,897	8,561	4,832	1,038	—	—	—	—	—
支払承諾	—	3,045	2,037	3,568	1,622	143	—	—	—	—
借入金	—	3,400	6,160	24,600	17,053	18,153	4,641	5,440	6,739	5,238
特別借入金	—	—	—	—	10,000	10,000	11,000	11,000	11,000	11,000
コールマネー	—	1,950	5,440	5,780	623	—	—	—	—	—
再割引手形	1,908	2,100	1,786	1,413	63	—	—	—	—	—
その他	75	839	912	4,414	294	26	80	80	83	4
横浜興信銀行提供金	—	—	—	—	—	—	1,383	1,383	1,383	—
当期純益金	123	368	505	—	—	—	—	—	—	—
合計	10,679	66,417	92,654	98,051	73,410	58,128	28,160	28,943	26,280	21,743

出典：横浜七十四銀行『営業報告書』第 31 期，1913 年上期，第 38 期，1916 年下期，七十四銀行『報告書』第 44 期～第 46 期，1919 年下期～20 年下期，第 60 期，1927 年下期，第 70 期，1932 年下期，第 78 期，1936 年下期，七十四商事株式会社『報告書』第 88 期，1940 年下期，第 96 期，1944 年下期.

注：準備金に行員退職慰労積立金を含む．再割引手形に当座借越を含む.

表10－3　横浜貯蓄銀行の貸借対照表

（単位：千円）

	1917年12月	1918年12月	1919年12月	1920年6月	1920年12月	1921年6月	1925年12月	1932年6月
資産								
諸貸付金	156	177	212	295	218	99	36	17
滞貸金	—	—	—	—	5,162	5,120	5,084	4,545
預け金	1,925	2,458	13,489	10,539	374	116	780	0
特別預け金	—	—	—	—	5,141	5,138	3,979	1,576
証券	480	594	688	880	940	198	9	—
その他	68	63	134	468	100	136	260	83
現金	44	48	61	46	70	—	—	—
支払承諾見返	—	—	—	—	—	—	—	5,000
未払込資本金	—	—	333	333	333	196	27	27
当期損失	—	—	—	55	213		191	629
合計	2,676	3,343	14,918	12,619	12,555	11,008	10,370	11,879
負債								
諸預金	2,416	3,069	14,119	11,677	1,748	49	15	—
特別預金	—	—	—	—	4,266	4,457	3,694	299
特別借入金	—	—	—	—	6,000	6,000	6,000	6,000
その他	13	8	47	217	39	0	160	80
支払承諾	—	—	—	—	—	—	—	5,000
資本金	50	50	500	500	500	500	500	500
諸積立金	155	159	201	222	—	—	—	—
当期利益	38	55	47	—	—	—	—	—
合計	2,676	3,343	14,918	12,619	12,555	11,008	10,370	11,879

出典：横浜貯蓄銀行『営業報告書』第69期～第101期，1916年下期～32年上期．

注：1925年12月で特殊提供金160千円，大谷幸之助からの未入金が資産負債に計上，1932年6月で80千円に減少．

表10－4　横浜貯蓄銀行支店別預け金

（単位：千円）

	1916年6月	1918年12月	1919年12月	1920年6月	1920年12月
本店	234	236	683	405	5,148
東京支店	66	107	4,637	1,307	23
本町支店	—	—	741	600	—
麻布支店	—	—	119	123	—
大阪支店	—	—	1,422	786	27
京都支店	—	—	1,604	1,450	41
川崎支店	58	322	478	1,114	22
元町支店	428	769	1,212	1,662	92
神奈川支店	192	378	765	736	51
伊勢佐木町支店	206	362	992	1,203	10
野毛町支店	190	281	616	714	47
長者町支店	—	—	219	433	50
合計	1,377	2,458	13,493	10,539	5,515
総資産	2,034	3,343	14,918	12,619	12,555

出典：横浜貯蓄銀行『第69期営業報告書』1916年上期，『第74期営業報告書』1918年下期，『第76期報告書』1919年下期，『第77期報告書』1920年上期，『第78期報告書』1920年下期.

下期で一三百万円となっている。預け金の店舗別残高を見ると（表10－4）、一九一八年末までほぼ各店舗とも大きな開きはないが、一九一九年に東京支店が急増した。そのほか京都・大阪両新規店舗の預け金も増大した。都市部での大戦期の流動性の余剰を銀行預金として吸収することができた。

第二節　七十四銀行と横浜貯蓄銀行の破綻経緯

1　七十四銀行の破綻

一九二〇（大正九）年の茂木商店の苦境が七十四銀行破綻に連動したが、単に七十四銀行のみならず、戦後恐慌で多数の銀行が取付けにあい、重大な経営危機に直面したことを確認しておこう。(14) 大戦期のバブル景気で膨張した諸産業の多くは、戦後恐慌の襲来で大戦期の好景気がはじけとぶが、銀行もまたバブルがはじける産業のひとつであった。一九二〇年四月～七月の間に銀行取付けが頻発した。取付けは本店銀行六七行、支店銀行一〇二店、合計一六九店で発生し、そのうち休業に追い込まれた銀行は二一行あり、二七行も特別の資金的救援を得てようやく破綻を免れたものといわれていた。(15) しかし銀行業界の動揺はその後も続き、一九二〇年下期から一九二三年上期の間に支払停止に追い込まれた銀行としては三六行が確認されているが、それには神奈川県の本店銀行は含まれていない。[16]

こうした連鎖的な中小銀行に対する取付けの発生の中で、七十四銀行も追い込まれる。茂木商店が綿糸その他で多額の損失を発生させたと伝えられ、茂木商店の機関銀行とみなされていた七十四銀行もその本支店で預金引出しと為替尻の取付けにあう。[17] 七十四銀行は流動性補給にさまざまな手を講じた。この間に七十四銀行は日銀から銀行支払準備資金特別融通を受けた。日銀の七十四銀行に対する特別融通承認限度額は一二二八〇千円で、一九二〇年六月末残高一〇二七四千円であった。しかし七十四銀行は耐え切れずに五月二四日に休業を発表した。休業後の年末残高は七七六八千円で、[18] 破綻した七十四銀行の貸借対照表を日銀資金が支えていた。東京で二一百万円、大阪で三百万円を調達していた。これが借入金となる（表10－5）。茂木商店の機関銀行として、七十四銀行の姉妹銀行である横浜貯蓄銀行も取付けにさらされて、支払停止に追い込まれた。[19]

戦後恐慌の中で取付けにより休業に追い込まれた銀行として七十四銀行は最大であり、その破綻の影響は大きく、神奈川県を主たる営業基盤とする、左右田銀行本店（横浜）と神奈川県内の小規模銀行に取付けが波及し、左右田銀行は破綻を免れたが、戸塚銀行等四銀行が休業に追い込まれた。また七十四銀行支店が置かれてある、高崎にも取付けが波及し、上州銀行は預金支払停止に追い込まれた。さらに左右田銀行京都支店も取付けにあい、それが波及して京都市内の名古屋銀行、村井銀行、近江銀行等の支店も取付けを受けた。[20] このように七十四銀行の破綻は神奈川県内の中小銀行の取付けを惹起し、大きな影響を与えたのみならず、その支店所在地でも取付けが波及

表10－5　日本銀行の七十四銀行貸出
（1920年5月24日現在）

（単位：千円）

店舗別	金額
本店	
担保付手形割引	14,893
商業手形再割引	1,005
無担保信用手形割引	9,000
小計	21,898
大阪支店	
担保付手形割引	2,115
商業手形再割引	982
小計	3,097
京都支店	
商業手形再割引	200
総計	25,195

出典：前掲『横浜市史』第5巻（上），684頁.

し、七十四銀行破綻の持つインパクトの大きさが理解できよう。

さらに七十四銀行の破綻は、同行が取り扱ってきた横浜向け生糸取引金融にも打撃を与えた。七十四銀行は諏訪地方の製糸業者と取引を持ち、横浜向け生糸取引に対して七〜八百万円は七十四銀行から供給されていたが、七十四銀行の休業でこの資金供給が止まり、この事態の中で生糸取引の各銀行とも担保価格引き下げ、貸出停止の措置に出て、蚕糸業者の打撃は一段と強いものであった。生糸の投売りが殺到し、蚕糸価格は暴落を辿った。そのため蚕糸業者の三割操業短縮、大蔵省預金部低利資金による繭価格暴落阻止、さらに蚕糸同業組合中央会は九月二五日に帝国蚕糸株式会社の設立（資本金一六百万円）を行った。そして同社に対して日本興業銀行と日本勧業銀行を経由した大蔵省預金部資金五千万円の融通を受け、蚕糸価格買い支えに向かった(21)。

七十四銀行は破綻直前に日銀からの一〇百万円を借り入れたまま破綻した。大蔵省の承認を得て休業後の預金支払を停止した。破綻整理により七十四銀行の貸借対照表は大きく変わった。茂木合名関係の貸出は不良債権となり、滞貸金に分類された。七十四銀行は後述の横浜興信銀行設立と小口預金および一五〇〇円までの払戻し後の残りの預金を特別預金として凍結した。それ以外の預金は公金預金を除きほとんど消滅した。貸出のうち健全債権として分類された残高にも不良債権に転じたものもありうる。その後の貸出の返済、不良債権に対する担保権行使により有価証券保有が増大する。破綻後の店舗別預金貸出をみると（表10－6）、本店債務は借入金・預金を上回る本支店勘定による債務で滞貸金と通常貸出を維持していた。支店では東京支店六百万円、その他各支店とも本支店勘定で本店に余剰資金を供給していた。東京支店と大阪支店では預金以外にもコールマネー・再割引や借入金で資金調達している。京都支店とその他の地方支店では貸出を上回る預金超過を本店に回していた。本店に集められた資金が茂木合名系事業に投入されていたといえよう。滞貸金以外の貸付けについては、担保価値は十分にあることになっているが（表10－7）、その後の景気後退で不良債権に転じ、また担保価値下落もありうるため、すべてが健全債権とはいえない。七

表 10－6　七十四銀行店舗別資産負債表（1920 年 6 月）

（単位：千円）

	本店	東京	本町	大阪	京都	高崎	川崎	元町	神奈川	伊勢佐木	野毛	長者町	麻布
資産													
滞貸金	29,040	—	—	—	—	—	—	—	—	—	—	—	—
諸貸付	31,757	7,137	1,971	3,227	873	3,837	344	112	818	277	95	102	177
証券	6,249	—	—	—	—	—	—	—	—	—	—	—	—
本支店勘定	—	6,451	—	2,727	2,484	2,728	2,136	2,519	436	1,901	1,170	798	291
合計	73,955	15,766	—	7,430	3,729	7,338	2,640	2,689	1,418	2,230	1,329	975	492
負債													
預金	11,056	8,284	1,834	4,246	3,541	6,479	2,513	2,593	1,351	2,156	1,329	949	481
借入金	22,720	—	—	1,880	—	—	—	—	—	—	—	—	—
コール・再割引	1,200	5,551	3	366	22	—	—	—	—	—	—	—	—
その他借入金	3,424	406	64	253	69	636	18	0	7	—	0	—	—
本支店勘定	23,525	—	121	—	—	—	—	—	—	—	—	—	—
資本金	5,000	—	—	—	—	—	—	—	—	—	—	—	—
諸積立金	1,670	—	—	—	—	—	—	—	—	—	—	—	—
合計	73,995	15,766	2,119	7,430	3,729	7,338	2,640	2,689	1,418	2,230	1,329	975	492

出典：七十四銀行『第 45 期報告書』1920 年上期，25～28 頁.

表 10－7　破綻直後の七十四銀行店舗別預金貸出

（単位：千円）

	1920 年 6月 期					1921 年 6 月期					
	預金		貸出		貸出担保	預金		特別預り金	貸出		貸出担保
	口数	金額	口数	金額	評価額	口数	金額	残高	口数	残高	評価額
本店	2,056	11,056	505	22,939	27,419	145	974	16,221	148	12,254	20,479
東京支店	1,076	8,284	149	4,637	4,641	215	20	7,562	99	2,560	2,847
本町支店	563	1,834	107	1,610	2,054	—	—	—	—	—	—
大阪支店	879	4,246	82	2,612	2,857	218	1	1,902	21	645	650
京都支店	822	3,541	51	569	613	30	0	1,504	26	347	348
高崎支店	8,573	6,479	536	3,446	5,227	1,281	5	2,578	116	1,189	1,461
川崎支店	755	2,513	60	232	480	9	0	700	15	103	161
元町支店	839	2,593	22	81	136	151	2	295	6	37	67
神奈川支店	824	1,351	64	424	695	145	13	150	59	361	375
伊勢佐木町支店	809	2,156	44	213	299	46	3	341	13	94	90
野毛町支店	648	1,282	25	74	140	31	0	161	6	25	44
長者町支店	607	949	26	78	105	22	0	116	7	39	41
麻布出張所	596	481	36	129	149	—	—	—	—	—	—
合計	19,047	46,771	1,707	37,051	44,822	2,293	1,023	31,533	516	17,660	26,573

出典：前掲『第 45 期報告書』1920 年上期，七十四銀行『第 47 期報告書』1921 年上期.

十四銀行の預金者数は高崎支店で最大で、高崎支店の小口預金吸収により高崎の預金者への打撃は大きかったとみられる。後述の整理方針の実施により預金一口一五〇〇円までの払戻しにより、一九二〇年末で小口預金は消滅し預金件数は減少した。大口預金の一五〇〇円以上の部分が特別預金となるが、本店・東京・高崎・大阪の順に多く、高崎支店でも大口預金をかなり集めていた。担保内訳は一九二〇年六月で土地建物・株式・商品の順に多く、いずれも戦後恐慌の中で下落したはずである。国債・地方債等の確定利回債券はほとんどない(22)。七十四銀行破綻処理のため、一九二一年一二月に茂木惣兵衛の私財提供がなされた。

2 横浜貯蓄銀行の破綻

横浜貯蓄銀行も五月二四日に休業に追い込まれた。横浜貯蓄銀行の破綻前の業務の特徴としては、貯蓄銀行業務にしては預け金が多額であり、しかも信用ある取引先として担保を取っていないことが指摘されている。「当銀行は七十四銀行ト密接ノ関係ヲ有セシヲ以テ」、一九二〇（大正九）年「財界激変ノ七十四銀行ニ与ヘタル影響ハ同シク当銀行ニ及ヒ連続シタル預金ノ引出ヲ惹起シ五月ニ入リテ其趨勢急調トナレリ当時当銀行ノ預金支払準備金ハ挙テ七十四銀行ニ預入シアリタルヲ以テ同銀行ノ蹉跌ト共ニ臨時休業ヲナスノ已ムナキニ至レリ(23)」と説明した。支店は七十四銀行に同居しているため、七十四銀行の預金取付けは直ちに横浜貯蓄銀行に波及した。破綻後に経営者責任として、未払込株式への払込徴収、第二回一二円、第三回一二円、第四回一三円、期限一九二一年二月二五日、四月二五日、六月二五日とした(24)。しかし破綻後の株式払込徴収に納得できない株主も現われ、株主で破産状態のため払えなかった者もいた。そのため全額の払込は実現しなかったが、他方、破綻後に経営者大谷幸之助の私財提供が一部なされた。

横浜貯蓄銀行の資産運用の特徴をさらに統計で確認しよう。横浜貯蓄銀行の資金運用は預金に特化していたといえる。その預金先は当該地域の七十四銀行への主として定期預金であった。店舗別預金は一九一九年一二月期の一三四九三千円から一九二〇年六月の一〇五三九千円へ減少した（表10－4）。特に東京支店の預金が四六三七千円から一三〇七千円へと激しく減少している。横浜貯蓄銀行東京支店が預金取付けにさらされ、同支店は七十四銀行から預金を回収し支払いに充当していた(25)。一九二〇年五月の破綻時点の七十四銀行への預け金はそのまま七十四銀行に対する滞貸付金五一六二千円に切換えられた（表10－3）。ただし預金契約がそのまま継続するため、契約満了まで新たな融資契約に切換えられるわけではない。以上のように横浜貯蓄銀行の破綻後の不良資産は七十四銀行に対する預金の固定により発生したものであった。不良資産が七十四銀行への預金として集中しているため、七十四銀行よりも滞貸金の回収による資産負債の処理は進まなかった。破綻処理方針確定後の一九二〇年一二月二六日の小口預金と一五〇〇円までの大口預金の払戻しで、横浜貯蓄銀行が預金者から集めていた大口預金の一五〇〇円以上の部分が、引出しを制限される特別預金に切換えられた。それでも預金払戻しを通じて三分の二の預金が払戻されている。そのため横浜貯蓄銀行は七十四銀行よりも払出し率は高かった。一九二一年三月二日に横浜貯蓄銀行の本店は横浜七十四銀行本店に移転した。旧本店資産は処分対象となったと思われる。

第三節　横浜興信銀行の設立と破綻後処理

1　七十四銀行と横浜貯蓄銀行の整理案とその預金者の承諾

一九二〇（大正九）年五月に七十四銀行が休業に追い込まれると、神奈川県知事井上孝哉は横浜市長久保田政周と横浜市内の主要銀行家と実業家を招集し、その結果、原富太郎（第二銀行頭取）、渡辺福三郎（渡辺銀行頭取）、若尾幾造（若尾銀行頭取）、井坂孝（横浜火災保険株式会社社長）を七十四銀行と横浜貯蓄銀行の整理相談役に推薦した。そして四名に整理処分案の立案を委嘱した。原と井坂が主としてこの任に当たり、帳簿検査の結果、欠損見込金額が多大で、かつ小口預金数も多数のため、政府ほかの支援を仰がなければ整理処分は不可能とみられ、小口預金支払資金として大蔵省預金部資金の貸下げと大口預金者の犠牲的損失分担の承諾を得る方針とした(26)。日本銀行総裁井上準之助は横浜正金銀行総裁を経ており、三代目茂木惣兵衛とも旧知であり、また横浜財界を代表した原富太郎の陳情を受け、救済の支援を約束する。政府に対しても総理大臣原敬に陳情し同意を取り付けたが、大蔵大臣高橋是清が預金者自己責任論を主張して譲らず、最後は総理大臣の説得で大蔵省預金部資金により救済する方針が固まったという(27)。そして一九二〇年七月には大蔵省預金部低利資金の横浜組合銀行の保証により貸下げの内示を得た。これにより、整理相談役は八月二四日に「七十四銀行及横浜貯蓄銀行整理処分案」を発表した。その処分案は次の内容であった(28)。

①横浜市の有志者は資本金一百万円の新銀行を設立し、その営業の一部として整理事務を引き受ける、②新銀行は整理完了まで無配とし、必要に応じて無償で整理勘定に繰り入れる、③七十四銀行の欠損額を査定し、現在資産のすべてと茂木物兵衛が提供する財産で補填し、不足分を準欠損とする、④七十四銀行の債務について、一口一五〇〇円までの小口預金と無担保債権は全部支払う、一五〇〇円を超える金額の預金と無担保債権は一五〇〇円まで支払うが無利息とする、一五〇〇円を超える部分については無利息一〇カ年償却とし、銀行財産処分・債権取立てで支払う、海外の銀行には別に償却する、担保付債権者に対しては二カ年担保権執行を猶予してもらい利息も放棄してもらう、⑤横浜貯蓄銀行の欠損額を査定し、現在の資産と未払込株式を払い込ませ純欠損額を確定する、ただし大谷嘉兵衛が任意に二〇万円を一〇年賦で提供する申し出があり、それを資産に計上する、⑥横浜貯蓄銀行の債務も一口一五〇〇円までの小口の支払と利子放棄、一五〇〇円超過分は銀行の財産で支払うが不足の部分については一〇カ年無利息とし銀行財産で償却する、⑦この案の実行の見込が立てば、新銀行は政府から一六〇〇万円を低利で一〇カ年貸下げを受け、新銀行は両行に支払資金を融通する、新銀行の対政府債務に対し、第二銀行、平沼銀行、左右田銀行、横浜貿

易銀行、横浜商業銀行、横浜実業銀行、神奈川銀行、渡辺銀行が連帯保証する、合名会社若尾銀行も株式会社に転換次第連帯保証に加わる、⑧整理完了後、新銀行が営業を継続する場合には両行と合併し資本増加の新株は一五〇〇円以上の預金者その他無担保債権者並びに両行の現在株主に対し、按分して優先引受けの権利を与えるものとする、とした。(29) この整理案に対して、債権者・預金者のすべての同意を取り付ける作業は困難なものであり、そのため整理相談役四名は各債権者・預金者に対し、「七十四銀行・横浜貯蓄銀行整理経過ニ就テ」なる文書を送り整理案への同意を求め、「万一不幸ニシテ一人ニテモ不同意者アル場合ニ於テハ遺憾ナガラ本整理案ハ全然之ヲ実現スルコト能ハザル結果」となると訴えた。(30) また両行の債権者・預金者の一部が七十四銀行・横浜貯蓄銀行整理後援会を結成し、整理案の未承諾者に交渉して整理案への同意を求め、承諾を取り付けることになる。(31)

この方針のもとで整理相談役は新銀行設立計画を進めた。しかし新銀行設立までの時期に、五万件を超える預金者から同意書を集めるという作業が必要となった。預金者にとって、立場により思惑は異なる。大口預金者の預金は塩漬けになるが、小口預金者は払戻しを受けることができる。そのため大口預金者が喜んでこの整理計画に乗るものではない。八月二四日の整理方針確定後、七十四銀行と横浜貯蓄銀行の預金者の大口の無利息預金への切換え、小口の業務再開による払戻しという方針の承諾を求めるが、しかし一片の文書の郵送だけで同意を得られるわけではなく、整理相談役は奔走することになる。大口預金には民間法人預金のみならず公金預金も含まれ、横浜市は水道事業の預金を含め三五〇万円を預金しており、(32) また川崎町では七十四銀行が破綻したため水道事業預金の払出しができず、工事が停頓する事態となり、(33) このまま七十四銀行が休業を続け預金払戻しが不可能のままとなると、今後の物価騰貴による工事予算の追加分を政府から低利資金を仰ぐしかないとみられていた。(34) 七十四銀行の整理相談役は全預金者からの同意を取り付けるために、時間がかかり、そのため整理方針確定後に七十四銀行と横浜貯蓄銀行は休業期間の再延長を重ねた。すなわち八月三〇日より三週間、九月二〇日より二週間、一〇月三日より二週間、一〇月一八日より二週間、一一月一日より二週間、一一月一五日より二週間、一一月二九日より一週間、一二月六日より一週間、さらに一二月一七日まで延長した。この間に整理相談役名で未承諾者に対して執拗に整理案承諾を求めた(35)。大口預金者の横浜市に対しても横浜市内預金者総代より承諾を求める陳情がなされた(36)。また実業団体の側からも、横浜輸出織物染色組合、横浜輸出織物加工組合が市役所に整理案実現を求めた(37)。しかし無利息特別預金への切換えについては市参事会での承諾が必要で、市役所預金の担保処分の二年猶予を含む整理案は一一月六日にようやく同意を取り付けた(38)。また個人の預金者に対しても個別に訪問して承諾を取り付けた。他方で、横浜興信銀行設立計画が進んでおり、一二月になり、その開業までにまにあわないとの予測がなされる事態となった。結局、最後の大口預金者東京トラスト株式会社から承諾を得たのは、横浜興信銀行創立総会後の一二月一五日であった(39)。

2 横浜興信銀行の設立

一九二〇(大正九)年一二月一〇日に発起人総会を開き、一五日に全預金者からの承諾を得て、一六日に大蔵省に新銀行設立認可を申請し、一二月一六日に株式会社横浜興信銀行が設立された(設立認可同月一八日)。名称の由来は庚申の年にあたるためそれをもじったといわれる。横浜興信銀行の資本金一百万円、頭取原富太郎、副頭取井坂孝、取締役渡辺福三郎、若尾幾造、左右田喜一郎(左右田銀行)、金子政吉(横浜貿易銀行)、木村庫之助、平沼久三郎(平沼銀行)、加藤八郎右衛門(神奈川銀行)、そのほか監査役に大谷嘉兵衛ほか四名が就任した。株主はこれらの一四名のほか計一七名で保有し、最大は原四一〇〇株、以下渡辺、左右田、若尾各二五〇〇株等であった(40)。横浜興信銀行の定款には七十四銀行と横浜貯蓄銀行の整理処分事務に従事すると謳っていた。本店を横浜市、支店を横浜市に五カ所、以下東京市、高崎市、川崎市、京都市、大阪市に各一店を置くとした。

一九二〇年一二月一七日に横浜興信銀行は七十四銀行および横浜貯蓄銀行と整理に関する一切の事務を引受ける契

約を締結し、ついで一二月二五日に政府低利資金の貸下げを受ける契約を日銀との間で交わした。日銀が横浜興信銀行に手形割引により一六〇〇万円を融資する、この資金は七十四銀行と横浜貯蓄銀行の一口一五〇〇円を限度とする預金その他無担保債務支払資金に充当する、横浜興信銀行は両行に対する融資は優先弁済権を有する、日銀からの借入金は一〇カ年以内に日銀に完済する、とし先述の七行が連帯保証をした。

七十四銀行と横浜貯蓄銀行の預金者は二五〇〇円まで払戻しが可能となったが、その払出しを横浜興信銀行に預金として取り込まないと、横浜興信銀行の営業が成り立たないため、両行預金者に対して七十四銀行・横浜貯蓄銀行整理後援会と地域預金者団有志が、払戻し預金をそのまま横浜興信銀行への預金とするように訴えた(41)。七十四銀行と横浜貯蓄銀行は一二月二六日より横浜興信銀行の開店と同時に業務再開し、預金払戻しを行うが、預金払戻し当日の混乱を押さえるため、預金者で横浜興信銀行に預け換えを行う場合には、一九二一年一月三一日までに手続をすれば、そのまま横浜興信銀行の開業日の預金とする便法を講じていた(42)。

横浜興信銀行設立で、七十四銀行と横浜貯蓄銀行は新規預金貸出を停止し、整理事務を横浜興信銀行にゆだねた。一九二一年二月二六日の七十四銀行株主総会で、頭取茂木惣兵衛以下役員は総退陣し、七十四銀行は定款を変更し、店舗を東京市五店から一店に縮小し、取締役五名以上、監査役二名以上を取締役三名以上、監査役一名以上とし、役員も圧縮した(43)。新たに選任された取締役は、横浜興信銀行の役員と同一の原富太郎、井坂孝、斉藤虎五郎（前日銀営業局調査役）、渡辺福三郎、若尾幾造、左右田喜一郎、金子政吉、木村庫之助、平沼久三郎、加藤八郎右衛門であった。七十四銀行整理のため日銀が送り込んだ斉藤虎五郎の就任は「一六百万円の持参金付きの花嫁」として話題になったという(44)。そして七十四銀行本町支店と麻布出張所は一九二一年三月一日に廃止し、その勘定は東京支店に組み込まれた(45)。

破綻後処理として、休業時における欠損額から両銀行資産のすべて、未払込資本金の払込金、七十四銀行の経営者の茂木惣兵衛、大谷幸之助の提供財産により充当する金額を控除した残額、二四百万円を純欠損額とし、これに対して毎年の利益およびその他利益で一〇年間、すなわち一九三〇年一二月で債務返済完了の計画を立案した。破綻した茂木商店の経営責任として、茂木惣兵衛は所有土地建物すべての茂木家財産整理のため共益不動産株式会社（一九二二年一月か二月に設置）に出資した(46)。こうして横浜興信銀行設立とそれを通じた政府資金融資により七十四銀行と横浜貯蓄銀行は業務整理に着手することができた。横浜貯蓄銀行の破綻後の整理着手で一九二〇年一二月期に七十四銀行への預け金を滞貸金勘定に付け替えた。ただし貸付金に契約を切り替えたものではなく、そのまま滞貸金として分類した。横浜貯蓄銀行の一九二〇年一二月期滞貸金は預け金五一四一千円、証書貸付一一千円、手形貸付九千円、合計五一六二千円となっている(47)。七十四銀行と横浜貯蓄銀行両行相互の資産負債関係を連結すれば、対外的な滞貸金はほぼ七十四銀行に特化する。

一九二〇年一二月二六日より両行の預金払戻しが実施された。この払戻しによると、六万円未満の預金は全額払戻しをしたことになっている。このため小口預金者の整理案同意を求めた強い動機が確認できる。また公金預金を含む預金額一五百万円は表10－1と表10－3の特別預金を控除した預金に対する引出の計画のようである。預金口座一五七一口で九九九〇千円の払出しが実施された。小口預金者の多かった本店以外の横浜市内の各支店や高崎支店の預金者の多くは全額払戻しを受けたとみられる。

3　大蔵省預金部資金による救済融資とその後の業務整理

先述の破綻処理計画には、損失消却財源として利益を得るための資金が必要であり、それを大蔵省預金部資金から借り入れるものとした(48)。横浜興信銀行設立計画には当初から預金部資金による救済融資が組み込まれていた。一九二〇（大正九）年一二月二四日に大蔵省預金部より七十四銀行と横浜貯蓄銀行救済のため日銀に一六百万円を預入れ、それをさらに横浜興信銀行に融資した。この資金については、一九二二年四月一日より国庫預金制度の導入により、日銀において従来の金庫制度より引継を受け、この資金を内地指定預金の預金部資金として、横浜興信銀行への預入金として整理した。その後、一九二五年度より大蔵省預金部特別会計として預金部資金の管理体制が改められるに伴い、大蔵省預金部特別会計の指定預金に切替えられた。この預入資金の償還期限は一九二〇年一二月より一〇年間である。その金利については大蔵省預金部より日銀に対する預入金利は年五％であるが、日銀より横浜興信銀行に対する預入金利は年二％と定められており、日銀の金利逆鞘負担が発生した。その逆鞘に対しては一九二二年国庫預金制度実施の際に、政府当座預金の無利子預金額算定で手心を加え調整した(49)。これにより横浜興信銀行は二％の低利資金調達により、貸出利鞘を得て、七十四銀行と横浜貯蓄銀行の損失処理に充当するというものであった。七十四銀行と横浜貯蓄銀行も横浜興信銀行からの特別借入金として長期資金を供給して貸借対照表を維持した。調達した預金部資金を原資とする特別借入金は、七十四銀行が一〇百万円、横浜貯蓄銀行が六百万円である。担保は横浜興信銀行がこの資金を両行に融資したことにより、横浜興信銀行が取得した債権および横浜市、株式会社第二銀行ほか二銀行二会社個人五名の連帯保証であった(50)。そのほか横浜興信銀行は七十四銀行の整理のため日銀からの特別融資を得て、七十四銀行への特別預金として一五四七三千円を入れた。この資金は貸借対照表上の不良債権処理のための有力な債務であり、それよりも回収の利鞘が大きければ十分採算に合うものであった。

七十四銀行と横浜貯蓄銀行の取締役の原、渡辺、若尾等は本業の銀行経営もあるため、七十四銀行・横浜貯蓄銀行の整理に専念できず、そのため両行は斉藤虎五郎を専務取締役に任じ、斉藤が両行を代表して整理業務に専念する体制となった。ところが一九二四年九月の関東大震災で横浜も甚大な被害を受けた。融資債権が悪化した例も少なくないと思われる。さらに一九二七（昭和二）年四月の金融恐慌の打撃を受けて、預金部資金からの資金調達による利鞘を充当することで計画どおりに整理することが不可能となった。一九二七年末で七十四銀行の滞貸金は一〇百万円の回収で残高一八百万円に減少していたが（表10－2）、その後も残高の減少は乏しく、整理は進捗していなかった。[51]一九三〇年一二月には一九二〇年の整理計画は期間満了となるが、このままでは整理完了できないため、横浜興信銀行・七十四銀行および横浜貯蓄銀行は預金部資金の日銀指定預金の延長により、整理を継続する方針を固めた。横浜興信銀行専務取締役斉藤は大蔵省・日銀に陳情した。預金部資金の指定預金は七十四銀行・横浜貯蓄銀行の預金払戻しよりも優先弁済を受けることとなっており、大蔵省理財局は預金者への預金払戻しを認めた延長を承認せず、換えて預金部資金の日銀肩代りも模索されたが、大蔵省の方針からそれはありえなかった。大蔵大臣井上準之助に陳情し、預金払戻しを認めた預金部資金指定預金の延長を求めた。井上準之助は日本銀行総裁時代に関わった関係からこの整理案を支持し、根回した上で預金部資金運用委員会に諮りこの第二次整理案は承諾を得た。当時の政友会系の同委員会委員には井上孝哉（前内務次官）がいたが、自ら神奈川県知事時代に救済計画に関わっており、第二次整理案に反対するはずもなかった。[52]

一九三〇年一二月に決定された第二次整理案によると、債務整理を一〇年で完了することとし、預金部資金の特別借入金一六百万円のうち五百万円を返済し、残額一一百万円については金利を四・二％に引下げて、日銀からの融資金利は一・二％に引き上げた。[53]預金部資金返済優先権を緩和して、特別預金も一〇百万円を払戻し、残る五四七三千円の低利の特別預金、すなわち破綻前の預金を継続してもらった。これにより一九四〇年一二月までに資産不足額三三四七千円を償却するものとした。これにより払戻支払が実施された。県庁分五〇〇千円は全額据置、五〇万円以上の大口と特殊銀行は三割払戻し、一五万円以上五〇万円未満三割払戻し、六万円未満全額払戻し等として払戻し率に差等を付して払戻しを実施した。その結果預金者一一五二名が僅か四三名に減少した。[54]これにより七十四銀行の預金部低利資金の特別借入金一〇百万円、横浜貯蓄銀行一百万円となり、特別預金払戻しで貸借対照表は圧縮されたが、滞貸金が早急に回収できる目処は建っていなかった。

さらに一九二九年以降の景気下降、物価下落、担保価値下落、低金利で不良債権回収は一段と困難になった。その後この整理計画が継続される中で、横浜貯蓄銀行は一九三二年一〇月に営業期限が満了して、一一月一日に七十四銀行に併合されて消滅した。一九三二年末の七十四銀行の貸借対照表は両行の統合となる。しかし一九三〇年代前半の国内経済情勢から、資産運用利回りの低下、滞貸債権からの回収停滞で資産内容は悪化していた。また約束した大谷幸之助からの私財提供は停頓していた。このままでは一〇年間で予定の収益を上げることは困難と見られていた。滞貸付金を細々と回収するだけの業務で銀行業として継続する必然性が既に消滅しているため、七十四銀行は一九三七年三月に銀行業を廃業し、七十四商事株式会社に商号変更した。そして七十四商事が旧七十四銀行の資産負債清算処理のための法人として存続することとなった。

その後七十四商事による事業清算は当初の見込より遅れた。そのため一九四〇年末を基点とする債務二〇八二万円（一般預金五五三万円、預金部資金借入金一一〇〇万円、日銀借入金四二八万円）に対し、六九八万円の資産を有するに過ぎず、債務の弁済は不可能であった。この処理のため「七十四商事株式会社整理案要綱」が決定され、一九四〇年一二月二三日預金部資金運用委員会で承認を受けた。すなわち一般預金五一口に対し四一二万円を支払い、残余の預金債務を免除してもらい、預金部資金については金利を二％に引下げた上で、一九四一年以降、一九五五年まで一五カ年で分割償還し、その償還財源として七十四商事の残存資産および運用益、横浜興信銀行の利益提供金を充当し、利子については全額日銀より補給を受け、さらに日銀は横浜興信銀行の負担を軽減するため、新に二百万円を金利一％一〇年の条件で融資し、一五年で整理を完了するものとした。預金部資金について最初の五年間毎半期一〇万円、次の五年間毎半期二〇万円、次の四年半毎半期三〇万円、一九五五年一二月残る五三〇万円を一括償還するものとした(55)。そして一二月二六日に第三次整理案が確定した。ただし債務償還のための七十四商事保有有価証券の市中売却は、戦時下における大蔵省の証券行政の中で価格に及ぼす影響を考慮されて事実上凍結されていた。この処理方針の中で預金部資金からの日銀への預金金利は四・二％から二％へ引き下げてもらうことで、日銀の金利逆鞘は解消された[56]。この第三次整理スキームにより七十四銀行の整理計画はさらに一五年間延長された。

その後一九四一年九月三〇日に日銀からの一七百万円の特別融資を受け、この資金で預金部資金からの日銀経由借入金を処理し、長期救済資金は日銀からのものに統一した。この預金部資金運用方針の転換の趣旨は不明であるが、預金部資金低利預け金という資金の固定的運用を廃止し、日銀特別融資に救済計画を一本化したもののようである。それによりいつでも日銀の負担により債権償却が可能な体制となった。政府による整理業務監督銀行としての立場は消滅した。政府救済融資が消滅したため横浜興信銀行は一九四一年一二月期に株主に対して配当を開始した[57]。

一九四五年八月日本敗戦後、高率のインフレが発生し、その結果日銀からの長期債務の実質負担が急減した。戦後に発生した不良資産処理が発生し、特に戦時補償打切り（一九四六年一〇月一九日「戦時補償特別措置法」）により巨額不良資産が膨れ上がったが、金融機関再建整備（一九四六年一〇月一九日「金融機関再建整備法」）により銀行業の不良債権処理が行われた[58]。一九四一年に借り入れた横浜興信銀行の日銀借入金一七百万円は一九四七年に全額免除され、これに伴い横浜興信銀行は対七十四商事に対する資産を償却し、横浜興信銀行の旧七十四銀行との資産負債関係は消滅した。七十四商事は横浜興信銀行よりの債務免除により、不良債権を償却して清算業務を終了したため、一九四八年三月二日に七十四商事は清算総会を開催し、解散を決議して消滅した[59]。こうして一九二〇年五月に破綻した七十四銀行と横浜貯蓄銀行の破綻後整理は二八年ほどをかけてようやく終結した。

おわりに

茂木合名の機関銀行の七十四銀行と横浜貯蓄銀行は、戦後恐慌の襲来で商品価格が急落し、茂木合名が経営危機に陥り倒産した。それが両行に波及して預金取付けにさらされ、休業に追い込まれた。この破綻の経緯は、機関銀行の親会社への道連れ破綻といえよう。こうした事態は弱小中小銀行でも多数見られたが、七十四銀行は戦後恐慌の中で破綻した最大の銀行であり、その預金者の件数、預金額からして格段に大きなものであった。そのためその事業資産を承継した横浜興信銀行が設置され、新たな預金貸出を営む横浜の有力な銀行となった。破綻した七十四銀行と横浜貯蓄銀行の預金払戻しによる業務整理のため政府は預金部資金を日銀指定預金とし、日銀経由で横浜興信銀行に低利貸出を行い、その利鞘で両行の損失処理にあてるという方針をとった。新銀行設立で預金払戻しを部分的に実施し、景気回復の中で債権回収の目途を付ける方針であった。破綻法制不備が多数預金者に対する合意取付けに時間を要した。しかしその後の関東大震災や金融恐慌、世界恐慌の打撃の中で、両行の整理は遅れ、預金部低利資金の融資継続で整理を続けた。預金部資金の長期運用方針は金利固定であり、日銀からの借入金利は二％に押さえられたが、不良債権の固まりのような七十四銀行と横浜貯蓄銀行にとって貸出金利下降局面での利子負担はかなりのものとなる。結局、原富太郎が期待したような、一〇年に一回は景気が上昇するときがありその時に不良債権処理ができるという目論見は外れた。七十四銀行と横浜貯蓄銀行の清算業務が長期にわたったため、両行が支払った預金部資金特別借入金への利子払累計は借入金元本を越えていた。日銀借入金は金利がさらに高いはずであり、この利子負担もかなりのものである。その後、横浜貯蓄銀行は営業期限を満了したため一九三二（昭和七）年に七十四銀行に併合され、さらに七十四銀行も一九三七年に七十商事に改称し銀行の名称を返上して整理を続けた。最終的に日銀借り入れにより預金部資金特別借入金を肩代りし、敗戦後に借入金免除を受けて、一九四八年三月二日に整理が完了し七十四商事は解散した。

資金供給を経営者の事業法人に傾注した場合、銀行の経営は事実上の事業法人の運命共同体として巻き込まれる。事業法人への資金供給に特化したと言ってもよい状況となる。預金で調達した資金を、親会社の事業法人に投入する銀行を日本では機関銀行と称したが、この関係の中では銀行による事業法人に対する融資審査は事実上機能していない。資本金による銀行経営支配だけではなく、事業法人の経営者が銀行役員を兼務していれば、事業法人による銀行経営への過剰な介入は十分ありうる。これでは銀行による親会社への適切な融資審査はありえない。親会社の経営に銀行は介入できるものではない。戦後恐慌を踏まえ、一九二一年四月一四日に「貯蓄銀行法」が公布され、大蔵省は監督を強化したが、「銀行条例」は一九二七年三月三〇日公布の「銀行法」まで続いた。「銀行法」上の大口融資先規制を規定しないかぎり、このような支配事業法人への多額貸出の事態は幾らでも発生する。しかも迂回融資することによる抜け道は幾らでもありうる。「商法」上の業務上背任として摘発する体制が確立していなければ、事業法人の経営を重視する限り機関銀行の与信審査は甘くならざるをえない。そのような関係は中小規模の銀行等で常に発生する可能性がある。現在も旧相互銀行や信用組合で珍しくない。機関銀行論の有効性は今も消滅していない。

銀行が破綻した場合には、吸収合併のような処理がなされなければ、銀行破綻処理には時間がかかる。破綻法制の不備により、七十四銀行と横浜貯蓄銀行の清算に長い時間を要した。この破綻処理に伴う全預金者同意取付けのような措置を不要とする「和議法」（一九二二年四月二五日公布）が制定されるひとつの要因となる。第三次整理案で預金債務切捨てと日銀の債権放棄をしたが、清算処理を促進するためには、もっと早期に債務免除を採用することがふさわしかったのかもしれない。両行が長期にわたり支払った金利負担は破綻処理コストの高さを確認させる。営業譲渡と預金者負担による損失切捨て、別銀行は清算負担を引受けない形で営業を継続したほうが、事後処理の負担ははるかに軽減される。七十四銀行と横浜貯蓄銀行の特別預金として長期にわたり凍結された預金者の無利息預金の機会費用は大きい。この事例では景気の回復を期待した当初の見通しが甘かったということになる。しかし破綻と清算処理を行っても、預金保険制度が導入されていないため、預金者の自己責任に押し付けることになる。両行の清算に伴う多額の預金切捨てという事態を回避する場合には、当時としてはこれ以外の選択はありえなかった。

横浜興信銀行は政府資金による支援を受け続けたため、政府介入下で配当は出せないが潰れない、あるいは潰せない大手の地方銀行として存続する。他方、横浜興信銀行設立の支援に立ち上がった実業家が経営する銀行のいくつかは営業不振で淘汰される。皮肉なことに淘汰の際の処理は横浜興信銀行への吸収合併であった。(60)

注

(1) 第一次大戦期の横浜の貿易全般と生糸輸出についてはさしあたり横浜市『横浜市史第五巻（上）』参照。日本資本主義の中での蚕糸業全般については、石井寛治『日本蚕糸業史分析』（東京大学出版会、一九七二年）参照。
(2) 横浜興信銀行『横浜興信銀行三〇年史』（一九五〇年）。
(3) 杉山和雄「創業期の横浜第七十四国立銀行―開港場地方銀行の一事例」（金融経済研究所『金融経済』第七七号、一九六二年一二月）が、横浜七十四銀行の前身の国立銀行時代を検討している。また一九二〇年前半の銀行整理の事例として伊牟田敏充「銀行整理と預金支払」（石井寛治・杉山和雄編『金融危機と地方銀行―戦間期の分析』東京大学出版会、二〇〇一年）が七十四銀行を紹介している。
(4) 前掲『横浜市史　第五巻（上）』（山口和雄執筆）が前掲『横浜興信銀行三〇年史』を用いて概要を与えている。
(5) 山口和雄「原富太郎と三代目茂木惣兵衛」（『明治大学経営論集』第二二巻第二・三・四号、一九七五年三月）。
(6) 前掲『横浜興信銀行三〇年史』六～一一頁。大谷幸之助は大谷嘉兵衛の養子。茂木家については、前掲「原富太郎と三代目茂木惣兵衛」、平野正裕「茂木惣兵衛」（横浜開港資料館『横浜商人とその時代』有隣堂、一九九四年）および平野正裕「三代目惣兵衛・悲運の生涯」（横浜開港資料館『開港のひろば』第七四号、二〇〇一年一〇月）を参照。
(7) 前掲『横浜興信銀行三〇年史』一六～一七頁。事業を破綻させる三代目茂木惣兵衛の回想的記述としては、茂木惣兵衛氏遺文編纂委員『茂木惣兵衛遺文集』（一九三六年）がある。
(8) 横浜七十四銀行『第三六期営業報告書』一九一五年下半期、「株式会社横浜七十四銀行株主姓名表」（「小野昭子家文書」二一―一五、横浜市史編集室所蔵）。
(9) 前掲『第三六期営業報告書』一～九頁。
(10) 同前、五～七頁。

(11) 同前、四〜五頁。
(12) 機関銀行の定義を拡張した従来の機関銀行論への批判として、寺西重郎『日本の経済発展と金融』(岩波書店、一九八二年)がある。寺西によれば、資産多様化の利益を犠牲にし、特定企業に優先的に資金供給する産業銀行に限定される(同前、三〇八頁)。
(13) 絵葉書「七十四銀行」、「横浜貯蓄銀行」(「小野昭子家文書」二七一三)。
(14) 戦後恐慌における銀行の破綻の概観は、後藤新一『銀行破綻史』(日本金融通信社、一九八三年)ほか参照。
(15) 日本銀行調査局「世界戦争終了後ニ於ケル本邦財界動揺史」(日本銀行調査局『日本金融史資料』明治大正編、第二二巻、大蔵省印刷局)五四七頁。
(16) 同前、七一二〜一三頁。
(17) 同前、五三七頁。三代目茂木惣兵衛はこの経緯を次のように説明する。株の暴落の中で、「私の茂木合名会社の輸出入業の経営だけは、破綻の運命とはならなかったであろうが、不幸にして私が関係してゐた七十四銀行が、生糸金融の中心機関であったので、生糸が暴落したので、銀行が損をしたとの噂を立てられ、四月に入つて取付けをうけた。そしてその取付けが次第に激甚となり、五月二五日から日本銀行の救済資金を得ることが出来ない状態になったので」休業することになったという(前掲『茂木惣兵衛遺文集』二七七頁)。この説明では七十四銀行が破綻したため茂木合名が破綻に追い詰められたことになるが、七十四銀行の融資先の固定状況から見て、にわかには信じがたい。
(18) 日本銀行百年史編纂委員会『日本銀行百年史』第三巻(日本信用調査、一九八三年)一四〜一六頁。
(19) 前掲「世界戦争終了後ニ於ケル本邦財界動揺史」五三七頁。
(20) 同前、五三七頁。
(21) 同前、五二二〜二三頁、五三九頁。
(22) 七十四銀行『第四五期報告書』一九二〇年六月。
(23) 横浜貯蓄銀行『第七七期報告書』一九二〇年上半期、七頁。
(24) 横浜貯蓄銀行『第七九期報告書』一九二一年上期、五頁。
(25) 横浜貯蓄銀行『第七六期報告書』一九一九年下期、七頁、前掲『第七七期報告書』五三頁。
(26) 七十四銀行『第四六期報告書』一九二〇年下期、七〜八頁。これより先に預金者側の要望により横浜市組合銀行の保証のもとに小口預金払戻資金を借り入れる案が提案されたが、一、二の銀行が反対してこの案は成立しなかった（『横浜貿易新聞』一九二〇年七月五日）。小口預金者のみを優遇する措置への反発があって当然であった。

(27) 斉藤虎五郎述「金融史談速記録」一四七～五一頁（日本銀行調査局『日本金融史資料』昭和編、第三五巻、大蔵省印刷局、一九七四年）。

(28) 前掲『第四六期報告書』七～八頁。

(29) 同前、九～一三頁。

(30) 整理相談役原、渡辺、若尾、井坂「七十四銀行・横浜貯蓄銀行整理経過ニ就テ」一九二〇年（「小野昭子家文書」一六―二五）。

(31) 七十四銀行・横浜貯蓄銀行整理後援会「宣言書」一九二〇年一一月（「小野昭子家文書」一五―三五）。この後援会は横浜公園地社交倶楽部に置かれた。

(32) 『横浜貿易新聞』一九二〇年八月二七日。

(33) 『横浜貿易新聞』一九二〇年七月一四日。

(34) 『横浜貿易新聞』一九二〇年七月一七日。

(35) 『横浜貿易新聞』一九二〇年一〇月三一日。

(36) 『横浜貿易新聞』一九二〇年一〇月二八日。

(37) 『横浜貿易新聞』一九二〇年一一月六日。

(38) 『横浜貿易新聞』一九二〇年一一月七日。

(39) 『横浜貿易新聞』一九二〇年一二月一六日、同二三日。

(40) 前掲『横浜興信銀行三〇年史』五八～六一頁。

(41) 七十四銀行・横浜貯蓄銀行整理後援会委員一同、同関内預金者団有志、同神奈川預金者団有志、同野毛町預金者団有志、同伊勢崎町預金者団有志、同長者町預金者団有志、同元町預金者団有志、同川崎町預金者団有志「横浜興信銀行への預金の勧め」（仮題）一九二〇年一二月（「小野昭子家文書」一五―一二）。

(42) 「小野昭子家文書」一五―一二九。

(43) そのほか定款では静岡市の店舗も廃止したが、破綻時点で静岡に店舗を持っていない（「株主総会議案」「小野昭子家文書」一五一一九)。
(44) 前掲「金融史談速記録」一五三頁。
(45) 七十四銀行『第四七期報告書』六頁。
(46) 茂木地所部・共益不動産株式会社「茂木家整理に付所有土地建物の件」一九二三年二月二四日(「小野昭子家文書」二四一二)。
(47) 横浜貯蓄銀行『第七八期報告書』一九二〇年一二月期、三四頁。
(48) 預金部資金局『特別貸付参考書』一九三七年一二月、一一二～一一三頁。
(49) 日本銀行『日本銀行沿革史』第二輯第一〇巻「国庫」、二四四～四五頁。
(50) 前掲『特別貸付参考書』一一一～一一三頁。
(51) 同前、一一一～一一二頁。
(52) 前掲「金融史談速記録」一五七～五九頁。
(53) 前掲『特別貸付参考書』一一二～一一三頁。
(54) 前掲「金融史談速記録」一五八頁。
(55) 預金部資金局『第七六回預金部資金運用委員会会議議事録』一九四〇年一〇月二三日、七三～七八頁。
(56) 大蔵省昭和財政史編集室『昭和財政史』第一二巻(東洋経済新報社、一九六二年)「大蔵省預金部」四三五～三六頁、預金部資金局『預金部資金運用一口別明細書』一九四〇年一二月、三六二頁。
(57) 前掲『横浜興信銀行三〇年史』付録八二頁。
(58) 金融機関経理応急措置を経た金融機関再建整備については『昭和財政史―終戦から講和まで』第一三巻(東洋経済新報社、一九八三年)、「金融制度」(原司郎執筆)第一章参照。
(59) 前掲『横浜興信銀行三〇年史』二二八～二九頁。
(60) 左右田銀行は一九二七年一二月に、第二銀行は一九二八年四月に、横浜貿易銀行は同年五月に横浜興信銀行に吸収された(同前、九五～一〇二頁)。

執筆者略歴（執筆順，生年，現職，主な業績）

大豆生田　稔（おおまめうだ・みのる）
1954年生．東洋大学文学部教授．『近代日本の食糧政策』（ミネルヴァ書房，1993年），『商品流通と東京市場』（共編著，日本経済評論社，2000年）．

松本洋幸（まつもと・ひろゆき）
1971年生．横浜開港資料館調査研究員．「戦間期における修史事業―横浜市史稿の編纂過程」（『横浜開港資料館紀要』19，2001年）．

大西比呂志（おおにし・ひろし）
1955年生．横浜市史編集室．『宇垣一成とその時代』（共著，新評論，1999年），『伊沢多喜男関係文書』（共編著，芙蓉書房出版，2000年）．

本宮一男（もとみや・かずお）
1958年生．横浜市立大学商学部教授．「電化の進展と横浜近郊農村――一九二〇年代の橘樹郡大綱村の状況」（『横浜の近代』日本経済評論社，1997年），「茅ヶ崎民衆駅計画―その登場から挫折に至る経緯」（『茅ヶ崎市史研究』26，2002年）．

吉良芳恵（きら・よしえ）
1948年生．日本女子大学文学部助教授．『地域政治と近代日本』（共著，日本経済評論社，1998年），『帝都と軍隊』（共著，日本経済評論社，2001年）．

百瀬敏夫（ももせ・としお）
1961年生．横浜市史編集室．「大正期横浜における青果市場の統合と生産者」（『市史研究よこはま』第11号，1999年），「横浜市中央卸売市場の敷地選定過程」（『市史研究よこはま』第13号，2001年）．

八田恵子（やだ・けいこ）
1957年生．横浜市史編集室調査員．「都市近郊の小作争議と小作地返還――一九二〇年代前半の神奈川県，横浜周辺を中心に」（『横浜の近代』日本経済評論社，1997年）．

中村尚史（なかむら・なおふみ）
1966年生．東京大学社会科学研究所助教授．『日本鉄道業の形成』（日本経済評論社，1998年）．

老川慶喜（おいかわ・よしのぶ）
1950年生．立教大学経済学部教授．『産業革命期の地域交通と輸送』（日本経済評論社，1992年），『商品流通と東京市場』（共編著，日本経済評論社，2000年）．

柴田善雅（しばた・よしまさ）
1949年生．大東文化大学国際関係学部教授．『占領地通貨金融政策の展開』（日本経済評論社，1999年），『戦時日本の特別会計』（日本経済評論社，2002年）．

横浜近郊の近代史——橘樹郡にみる都市化・工業化——

2002年7月20日　第1刷発行　定価（本体4200円＋税）

編　者　横浜近代史研究会
横浜開港資料館

発行者　栗　原　哲　也

発行所　株式会社　日本経済評論社
〒101-0051　東京都千代田区神田神保町3-2
電話 03-3230-1661　FAX 03-3265-2993
URL : http : //www.nikkeihyo. co. jp

装幀＊渡辺美知子　文昇堂印刷・山本製本所

乱丁落丁はお取替えいたします。　Printed in Japan

ISBN4-8188-1423-7